信息化教学中的富媒体工具应用

张文忠 孙晓翠 主编

朱军 杨扬 刘成 副主编

上海大学出版社

·上海·

图书在版编目(CIP)数据

信息化教学中的富媒体工具应用/张文忠，孙晓翠主编．—上海：上海大学出版社，2021.10
ISBN 978-7-5671-4327-2

Ⅰ.①信… Ⅱ.①张… ②孙… Ⅲ.①计算机辅助教学—应用软件—高等职业教育—教材 Ⅳ.①G434

中国版本图书馆CIP数据核字（2021）第197775号

责任编辑　陈　露
封面设计　柯国富
技术编辑　金　鑫　钱宇坤

信息化教学中的富媒体工具应用
张文忠　孙晓翠　主编
上海大学出版社出版发行
（上海市上大路99号　邮政编码200444）
（http://www.shupress.cn　发行热线021-66135112）
出版人　戴骏豪

*

南京展望文化发展有限公司排版
江苏凤凰数码印务有限公司印刷　各地新华书店经销
开本787 mm×1092 mm　1/16　印张21　字数460千
2021年10月第1版　2021年10月第1次印刷
ISBN 978-7-5671-4327-2/G·3384　定价　98.00元

版权所有　侵权必究
如发现本书有印装质量问题请与印刷厂质量科联系
联系电话：025-57718474

《信息化教学中的富媒体工具应用》
编委会

主　编　张文忠　孙晓翠
副主编　朱　军　杨　扬　刘　成
编　委　（以姓氏笔画排序）
　　　　马文凯　朱克旺　李　彬　吴　婧　邱芸芸
　　　　张锜伟　陈晓筠　邵　希　郝妍妍　荆杨杨
　　　　姚进德　高　寒　景晓梅

前　言

近年来，随着互联网技术的快速发展与普及应用，教育信息化发展也迈上了新的台阶。信息化教学不再局限于传统意义上的多媒体形式，如 PPT、幻灯片、视频动画课程、教育小游戏等，而是通过移动互联网、数字交互、人工智能等与富媒体技术的融合，覆盖教学内容、教学方法、教学模式全流程，全面打破传统教学过程中师与生、教与学之间的多重壁垒，构建教学效率全面提升的、更深层次场景感的智慧课堂。

本书围绕富媒体技术的理论和实践内容进行总结，分析和探索了富媒体技术的应用模式和发展方向。全书首先对富媒体技术的核心理念、发展历程和教学应用场景进行诠释，其次对富媒体课件的选题、设计、提炼和脚本编写过程进行描述，着重介绍了常见图文类和视频类课件的制作开发方法，最后对 Storyline、Diibee 两个常用富媒体课件开发工具的基本功能、操作方法和实用技巧进行总结。

在编写过程中，我们对本书的内容结构做了精心设计，按照"富媒体理论介绍→富媒体在教学中的应用场景→富媒体课件的设计流程及规范→富媒体工具的实用案例说明"的思路安排对应内容，体现了系统化、全面化的特色。文字表达方面，注意简洁明快、通俗易懂、图文混排；图片安排方面，更多采用软件或项目实例样图，尽量达到真实有效的实训效果；工具讲解方面，尽可能采取实用性和针对性较强的典型工具进行逐步讲解。

本书凝聚了企业一线工程师的丰富经验，广泛适用于日常工作和学习场景，以期对相关领域的教育工作者、研究者及感兴趣的读者提供有价值的参考和借鉴，并可作为教材供相关专业的学生学习使用。

书中不妥或未尽之处，敬请广大读者批评指正。

编者
2021 年 6 月

目　录

第一章　信息化教学与富媒体技术概述 ··· 001
　　第一节　信息化教学 ··· 001
　　第二节　富媒体技术 ··· 007

第二章　富媒体技术在信息化教学中的应用场景 ·· 016
　　第一节　富媒体技术和信息化教学的理论基础 ··· 016
　　第二节　富媒体技术的信息化教学功能 ··· 021
　　第三节　基于富媒体技术的信息化教学设计与策略 ································· 026

第三章　富媒体课件主题选择、设计和提炼 ··· 030
　　第一节　富媒体课件主题选择 ··· 030
　　第二节　富媒体课件的设计 ··· 039
　　第三节　富媒体课件的提炼 ··· 043

第四章　富媒体课件脚本的设计编写 ·· 047
　　第一节　课件脚本概述 ··· 047
　　第二节　课件脚本形式 ··· 049
　　第三节　课件脚本的设计编写 ··· 055

第五章　信息图类课件的开发方法 ·· 067
　　第一节　认识信息图 ··· 067
　　第二节　信息图的制作 ··· 072
　　第三节　PowerPoint 操作技巧 ··· 085

第六章　视频（音频）类课件的开发方法 ··· 105
　　第一节　视频（音频）类课件开发流程和工具介绍 ································· 105
　　第二节　Camtasia Studio 9 介绍 ·· 108

第七章　Storyline 课件开发工具的使用 ·········· 154
　　第一节　Storyline 软件概述 ················· 154
　　第二节　用 Storyline 制作课件的基础操作 ········ 155
　　第三节　用 Storyline 制作课件的必备技能 ········ 186
　　第四节　设置播放器 ···················· 218
　　第五节　Storyline 课件的发布 ··············· 229

第八章　Diibee 富媒体工具的使用 ············· 234
　　第一节　Diibee 工具介绍 ················· 234
　　第二节　Diibee 界面结构 ················· 237
　　第三节　Diibee 基础操作 ················· 251
　　第四节　Diibee 进阶操作 ················· 306
　　第五节　Diibee 文件管理与发布 ············· 320

参考文献 ·························· 325

第一章 信息化教学与富媒体技术概述

第一节 信息化教学

一、信息化教学的核心概念

信息化教学是以信息技术为支持,以现代教学理念为指导,利用信息技术手段将教学环节数字化,从而提高教学质量和教学效率的一种现代教学方法。信息化教学的特点就是信息源丰富、知识量大,能够帮助师生互动,进行协作式学习。信息化教学明确了在教学中要以学生为中心,并强调情境和协作学习对信息化教学的重要作用[1]。

二、信息化教学的发展演变历程

自20世纪中叶以来,以电子计算机和通信技术为代表的现代信息技术的出现带来了"信息技术革命",带来了人类有史以来最为迅速、广泛、深刻的变化[2]。信息化教学突破了传统面对面教学的时空限制,催生了教学方式的转变,构建了全新的教学生态。现今,将信息技术融入日常教学已经成为越来越多高校教育教学创新的重要因素。我国的信息化教学自20世纪20年代以来,经历了近百年的嬗变。回顾我国信息化教学发展演变的近百年历程,可以分为"视听教学阶段"(1920—1987年)、"计算机教学阶段"(1987—1997年)、"网络教学阶段"(1998—2013年)以及"智能教学阶段"(2014年至今)四个阶段[2]。

（一）信息化教学1.0——视听教学阶段（1920—1987年）

20世纪20年代,我国的信息化教学进入了第一个阶段——视听教学阶段。最早开始于我国一些东部沿海城市如上海、南京等地,一直到20世纪30年代,才逐渐被各级学校广泛应用于课堂教学上。该阶段具体可分为以下三个时期。

1. 萌芽起步期（1920—1948年）

1920年,国光影片公司拍摄了《盲童教育》《养真幼儿园》《女子体育》《陆军教练》《养蚕》等无声教育片,这些影片常配有某些讲演和报告放映。从1930年起,金陵大学理学院经常使用无声教学影片配合有关学科的教学，并与上海柯达公司合作，共翻译了 60 多部教学影片[3]。1936 年，江苏省立教育学院开始设立我国最早的电教专业——电影广播专修科。1945 年，我国最早的电化教育系在苏州国立社会教育学院成立[3]。因为当时全国大部分地域的经济、科技和教育都非常落后，故视听教学在当时只在较少数城市、学校和机关开展。

2. 初步发展期（1949—1977 年）

1949 年以后，我国各项教育事业开始逐渐恢复，信息化教学得到初步发展。1955 年，广播函授学校在北京市、天津市创办。1964 年，国内第一幢电化教学楼在上海外国语学院建造[3]。也是在这一时期，一些城市的中小学以及外语、医学等高等院校开始在课堂教学中采用幻灯片、录影、播放电影等方式进行教学。汉语语音教学唱片、外语教学唱片和教学幻灯片等电教工具也逐渐开始成批生产。而一些外语院校为了更好地提高学生的外语水平，开始修建同声翻译室和简易型语言实验室等电教设备。同时期，北京市、沈阳市成立了电化教育馆，北京市各区、县相继成立了电教站，积极开展电教工作[3]。

3. 专业建设期（1978—1987 年）

1978 年 4 月，邓小平同志在全国教育工作会议上指出"要制定发展电视、广播等现代化教育手段的措施，这是多快好省地发展我国教育事业的重要途径，必须引起充分重视"[2]。1978 年，我国成立了中央电化教育馆[2]，第二年，成立中央广播电视大学。之后全国各省、自治区、直辖市都相继建立了广播电视大学，有些地区还开设了电视中专、电视中学和电视职业学校，也有独立行使职能的电教机构。从 1984 年起，电化教育专业在全国 30 多所高校陆续开办，自此逐渐形成较为完整的电教人才体系，覆盖专科、本科、研究生三个层次[3]。1987 年，我国建立了中国电视师范学院，正式开始卫星电视教育。全国建卫星地面接收站 1 万多个，教育电视台 1 200 多座，教学放像点 6.6 万多个，覆盖全国及亚太地区总人数约 12 亿，形成了世界上最大的教育电视传输网络[3]。

在信息化教学的第一个阶段——视听教学阶段，幻灯片、投影、广播、录音、录像、电影、电视和卫星电视系统等依赖新技术的新媒体开始进入教育教学领域，形成了一些新的教学模式。其中电视和录像因其发展较早较快，成为这个阶段的主流媒体。

（二）信息化教学 2.0——计算机教学阶段（1987—1997 年）

1987 年 9 月，钱天白教授发出了一封内容为"越过长城，通向世界"的电子邮件，这是我国发出的第一封电子邮件，从此拉开了中国人使用互联网的大幕。1990 年 11 月，钱天白教授代表中国正式注册登记了中国的顶级域名——"CN"。1994 年 5 月，在钱天白教授和德国卡尔斯鲁厄大学的协助下，中国国家顶级域名服务器在中国科学院计算机网络信息中心完成了设置，这标志着中国的 CN 顶级域名服务器将不再放在国外。钱天白教授也因对中国互联网发展做出的巨大贡献而被誉为"中国互联网之父"。

在这段时期，我国的信息化教学正在经历第二个阶段——计算机教学阶段。这个阶段的信息化教学主要表现为计算机教学实验和计算机辅助教学，面临的任务主要是落实"三个面向"和"计算机普及要从娃娃抓起"的两个教育任务[2]。1987年，国务院批准建立教育部教育管理信息中心，该中心是我国教育管理信息化的重要机构。同年，教育部颁布《普通中学电子计算机选修课教学纲要（试行）》，要求中学生初步了解计算机工作原理，学会使用与学习和实际生活相关的计算机工具和软件。1988年，国家教委印发《关于加强电化教育教材建设的意见》，其中提出根据课程、对象、时间、环境等因素设计幻灯片、投影片、录音带、录像带、计算机教学软件等电教教材[4]。1989年，国家教委成立中小学计算机教育领导小组，推动了全国中小学的计算机教学。在名称上，20世纪90年代中期之前称为电化教育或视听教育，之后称为信息化教育或电化教育[5]。1995年，《中华人民共和国教育法》颁布，该法律是我国第一次以法律条文的形式规定"电视教育""现代化教学手段"等内容[2]。

在计算机教学阶段，教学范畴引入了多媒体技术、网络技术、认知学习理论、行为主义学习理论、教学设计原理与方法等技术方法与理论。其中，行为主义学习理论对我国信息化教学的理论建设和实践都产生了重大影响[6]，使我国信息化教学跃上了一个新的台阶。

（三）信息化教学3.0——网络教学阶段（1998—2013年）

20世纪80年代以来，世界上很多发达国家已陆续建成国家级的教育和科研计算机网络。我国"中国教育与科研计算机网"初步开通之后，连接了近200所高校和一些设备较好的中小学校，信息化教学前景较好。1998年创建的中国人民大学网络教育学院是我国第一所完全采用互联网教学的网上大学；1999年，教育部明确清华大学等4所高校为我国第一批现代远程教育试点高校，自此，高校开始借助互联网来开展学历教育和非学历教育。2003年开始的农村中小学现代远程教育工程采取了教学光盘播放点、卫星教学收视点以及计算机教室等三种模式，将优质的教学资源输送到农村。2012年3月，教育部印发《教育信息化十年发展规划（2011—2020年）》，整体设计并全面部署了未来10年中国的教育信息化工作，以计算机和网络为核心的多媒体网络系统在教学中得到了广泛的应用[2]。线上课堂、慕课、微课等新的教学形式日渐流行。

（四）信息化教学4.0——智能教学阶段（2014年至今）

随着现代社会科技发展越来越迅速，结合了高新科技的智能产物也是日新月异。网络速率的提升以及智能手机的普及，使信息化教学不单单局限在电子计算机或是多媒体教室上，智能手机已经变成了一个全新的、更加便捷的载体。2014年6月9日，习近平总书记在中国科学院第十七次院士大会、中国工程院第十二次院士大会开幕式上强调，大数据、云计算、移动互联网等新一代信息技术同机器人技术相互融合步伐加快，3D 打印、人工智能迅猛发展，我们要审时度势、全盘考虑、抓紧谋划、扎实推进[7]。2017 年，国务院印发并实施《新一代人工智能发展规划》，在智能教育方面提出利用智能技术加快推动人才培养模式与教学方法改革，构建包含智能学习、交互式学习的新型教育体系。开展智能校园建设，推动人工智能在教学、管理、资源建设等全方位的应用[8]。国务院印发的《国家教育事业发展"十三五"规划》也提出要综合利用互联网、大数据、人工智能和虚拟现实等技术探索未来教育教学新模式。2018 年，教育部印发《高等学校人工智能创新行动计划》，进一步明确了人工智能在新时代人才培养中的重要性。

现代的信息化教学，正在结合人工智能、虚拟现实、增强现实等新技术不断地改造已有的教学生态。除了在各大高校越来越多地使用多媒体教学工具进行教学、用信息化系统进行学生管理外，在中小学也有越来越多的课堂开始使用移动智能终端进行教学。在互联网上，越来越多的在线课程、慕课等便利了人们的自主学习。在智能教学阶段，世界各国高校都在将各种高新技术融入教学过程中，以此来推进传统教育方式的改革与创新。

随着大数据、云服务和互联网技术的不断发展，在国家"互联网+"、大数据、人工智能等重大战略决策背景下，我国的信息化教学行动计划为推进信息技术和智能技术融入日常教学、贯穿整个教学活动创造了条件。人工智能正在潜移默化地改变着教学方式以及培养人才的模式，推动着教育向数字化、智能化方向发展。

三、信息化教学百年发展取得的成就与面临的问题

近百年来，信息化教学发展给我国的传统教学带来了巨大的改变，取得了引人瞩目的成就，但同时也带来了一些问题。

（一）取得的成就

1. 打破学习空间限制

我国的教学媒体从一开始的电声类、影视类，发展到如今的人工智能、虚拟现实等新兴的教学媒体。教学教材也由过去静态的、二维的，发展到如今富含声音、文字、图像、视频等动态的、多维的新媒体教材。从前我们获取知识的途径是在课堂、书店，如今通过网络教学，我们足不出户就可以获取与课堂面对面教学相同内容的知识，打破了学习空间的限制。另外，网络教学的另一个特点就是任何时间都能进行学习，只要有一部能够联网的智能终端，或是在联网时将自己想要学习的内容下载至智能终端，即可随时学习。

网络教学给教育带来的另一个重要的进步是缩小了发达地区与偏远地区之间教育质

量的差距。通过互联网，可以将一些优质的教学资源向偏远地区进行输送，促进教育资源的地区相对平衡。

2. 加速转变传统的教学范式

从农业时代开始，教学范式经历经验模仿教学范式、计算机辅助教学范式、数据驱动教学范式三个阶段[9]。随着三个教学泛式阶段的转变，教学过程中的科学性和智能化也在逐渐增强。随着科技的不断发展与进步，教学的观念在转变、教学的理论在不断发展、教学的技术在升级、教学的环境在优化、教学的时空界限变得越来越模糊、教学的范式在演变，所有与教学相关的因素都在向着创新与优化的方向改变。线上教学平台、多媒体互动教室、线上教学分析系统等新技术使线上课堂教学过程中的数据可以被捕捉，并在进行深入分析后，不断调整和优化教学策略。对于教师而言，可以在教学过程中实时精准掌握学生群体或个体的学习情况，及时得到反馈并进行调整。

另一方面，随着人工智能逐步走入课堂，各种利用虚拟现实技术搭建的学习场景与传统的学习资源相融合，使得学生的学习范式从单一空间向多元空间进行转变。在这些新型教学资源的推动下，教学模式从传统范式转变为多元教师角色跨时空教学，教学的主体可以是教师也可以是智能机器人。传统教学与智能技术相结合，可以让学生在不同时空或是虚实场景中进行学习。

3. 重新构建了课堂教学的生态

在传统教学中，教师掌握着课程的进度，所有学生一起在教室中接收相同的教学内容。而互联网的普及和计算机技术在教育领域的应用，使得一种全新的教学模式——"翻转课堂式"教学模式开始出现在日常教学中。翻转课堂式教学模式，是指学生不再单纯依靠教师在课堂上讲解知识，而是在课前或课外通过互联网观看教师的视频讲解，使得教师和学生在课堂上能够有更多的互动，从而达到更好的教学效果。

"翻转课堂"起源于美国。在美国林地公园高中，为解决学生碰到学习困难而无法获得教师帮助这一难题，提出了翻转课堂教学流程，主张知识讲授在课外、知识内化在课堂，转换了学生学习角色定位，创造了翻转课堂这一新兴课堂教学模式[2]。这种模式鼓励学生以自主、探究作为主要学习方式，发挥学生在学习上的自主性与创造性。在这个过程中，教学结构也发生了变化，由传统的以教师为中心转变为以学生为中心。每一位学生都可以根据自身不同的学习需要来安排观看视频。可以随时暂停，也不需要担心错过重要内容；随时重新播放，不用担心知识掌握不牢固；随时快进，不在一些已掌握的知识上重复浪费时间。通过多种学习方式的结合，解决传统课堂在授课时，信息技术资源利用率不高、学生参与度不够的问题。另外，教师也可以根据学生课前课外的学习情况，为不同的学生在课堂上进行差异化授课，在课堂外进行辅导答疑。

显而易见的是，信息技术给教学方式带来的改变，已经因其独特的运行机制重新构建了课堂教学的生态。

(二)面临的问题

信息技术的快速发展,给我们的生活、学习带来很多便利的同时,也暴露了一些问题。

1. 师生间面对面的交流减少

信息化教学不断发展所带来的最直观的问题,就是师生间面对面交流的机会在减少。线上课程的日益丰富,有助于学生获得全世界最优质的课程内容与教学资源。但是,也大大减少了学生和教师在实体课堂中面对面交流和接触的机会。虽然在网络上,学生也可以和教师进行线上交流,但是借助互联网进行的交流终究是冰冷的、没有情感的,人际交往中的情感交流无法通过互联网实现。在信息化教育不断发展的今天,教育中最重要的人际关系——师生关系正在变得越来越淡。

如今,课堂不再仅仅是讲桌黑板等组成的一个固定空间,而可以是任何能够传递知识的场所,学生和教师也不再必须待在课堂之内。如果过去亲密的师生关系不复存在,那么师生之间及时、有效且高质量的良性互动可能会被削弱,最终影响教学的质量[10]。因为,教师的一言一行其实都在潜移默化地影响着学生,同时,学生对于教学的反馈,在课堂上的学习行为、学习态度也在影响着教师在课堂上的教学方式。人与人之间的情感培育无法被任何现代化的先进工具取代。构建主体间性的师生关系,既要求双方外在的民主与平等,也要双方内在精神能够"相遇",处于主体间性师生关系的教师和学生往往能够因为情感的共鸣和心灵的共振而达到"精神同一"[11]。

2. 隐私管理措施需要加强

人工智能会是未来重点发展的科学技术之一。但是由于人工智能技术多依赖互联网,所以个人信息安全以及个人隐私的保护将会是一个全新的问题。现如今的智能教学系统多是通过指纹、人脸、虹膜等独一无二的生理特征来识别用户身份的,而这些都涉及个人的隐私。另外,师生教学教育数据、访问记录等也是通过互联网存储在云端,如果管理措施不到位,会带来严重的安全事故。美国的教育大数据存储机构 inBloom 因为教育数据开放过程中导致了安全问题,在运行15个月后就被关闭[12]。

很显然,如何妥善地保管这些数据是接下来智能教学发展过程中亟须解决的一个问题。智能系统掌握着大量的用户数据,这些数据包含了个人隐私和个人学习情况,合理正当地使用可以帮助学生提升自身学习行为,而若是违规使用,则会造成隐私泄露,甚至是违法事件发生,这会极大阻碍智能教学的发展。来自杜克大学、斯坦福大学、哈佛大学等高校的17位教授和科学家联合在 Nature 发表文章,指出现在需要对培养人脑组织的行为作出伦理反思,并提出亟须建立伦理道德框架以应对这一难题[13]。如果违背伦理不加约束地开发人工智能技术,那么机器将会获得超越人类智力水平的智能,引发难以控制的安全隐患[14]。所以,信息安全是人工智能教学发展道路上必须解决的一个问题,首先应加强对人工智能在教育领域的监管,制定相关的行业标准并完善相关的法律条文。这样才有利于推动人工智能在信息化教学中的良性发展。

第二节 富媒体技术

一、富媒体技术的核心概念

随着网络的高速发展，基于富媒体技术的服务因其良好的媒体资源整合能力，出色的表现力以及极强的用户交互性，而被广泛应用于电子杂志、远程教育等多个领域。富媒体技术作为一种依托网络、媒体且表现力丰富、交互性强的技术，如今已发展得非常成熟。

（一）富媒体的内涵

"富媒体"一词来自英文 rich media，目前还没有一个明确的学术定义，其最早应用于网络广告中，并取得了革命性的发展[15]。1997年，国外网络广告界制作了一条精美的交互式广告，上面写道："最震撼的新闻：消息来自 CNET 公司的一个技术人员。"通常网络横幅广告的点击率在 1.5%~2%，但是这条广告的点击率达到了 8%，点击率提高了 4 倍多。人们在惊喜之后认真分析和总结，认识到丰富的媒体表现形式+丰富的操作交互+丰富的信息交互是这条广告成功的关键所在——即注意力持续。由此，人们提出了富媒体（rich media）这个概念[16]。富媒体广告主要是指区别于传统广告的一种数字广告形式，其特点是互动性强、包含大量信息、引人入胜[15]。

"富媒体"这一专用词汇用来形容一类广泛数字互动媒体，可被下载或嵌入到网页之中。富媒体应用可以在类似 Media Players、Real Networks 的 RealPlayer、微软媒体播放器或者苹果的 QuickTim 等播放器中被查看或离线使用。富媒体的显著特性是动态驱动，这种驱动机制能够持续作用一段时间，或者间接响应用户操作[17]。

不难看出，富媒体并不是某一种具体的互联网媒体形式，而是指具有动画、声音、视频等内容并具有交互性的信息承载方式。富媒体具有数字化媒体、交互性、一次性下载、跨平台展示等特征。富媒体技术响应速度快，图形丰富且用户界面包含各种控件，同时允许使用多种技术来构建图形。富媒体通常具有丰富的 UI 展现和深度的用户交互等显著特性，并融合了桌面应用和网络应用。

（二）富媒体技术与多媒体技术的区别

富媒体技术和多媒体技术这两个概念在很多场合都被混用，但两者是有区别的。

1. 基本定义不同

多媒体技术是利用电脑把文字、图形、影像、动画、声音及视频等媒体信息都数位化，并将其整合在一定的交互式界面上，使电脑具有交互展示不同媒体形态的能力。

富媒体技术是一种可以在网络环境下通过网页、流媒体、互联网应用（RIA）、Flash 技术、Flex 技术、Ajax 技术、SilverLight 等先进技术对多种媒体元素进行渲染展现和交互控制的技术[16]。

通过以上多媒体技术与富媒体技术的基本定义，我们可以发现，多媒体技术强调的更多是两种媒体的结合以及资源类型的多样性，而富媒体技术则更加强调丰富的页面展示以及页面的交互控制，这是两者基本定义上的不同。

2. 传播模式不同

多媒体技术的传播模式为信息发布者将媒体信息传递给受众，是一个单向传播。富媒体技术的传播模式为受众与发布者之间可以进行双向通信，使受众与媒体、受众与受众、受众与信息发布者之间都能够进行互动，从而提高用户参与度。

通过对两者传播模式的比较，我们不难发现，富媒体技术相较于多媒体技术更能让用户参与其中，以此来提升用户体验。对于信息发布者而言，富媒体技术能够使得自己与受众之间进行互动，信息发布者可以及时得到受众的反馈，并做出调整，更好地为用户提供服务。这是两者传播模式的不同。

3. 交互功能不同

多媒体技术的交互是页面控制与后台服务器的交互，操作交互与信息交互虽较好，但受网络质量影响可能会有延时性。富媒体技术的交互是页面控制与客户端的交互，响应实时，且控制元素更为丰富。

二、富媒体技术的发展演变过程

富媒体技术在国内最早的应用是 2002 年新浪和互动通公司联合推出的一个"新浪视窗-iCast"的富媒体广告形式。2002 年底，双方公司合作的第一支富媒体广告——《英雄》片花在新浪网投放。2003 年，富媒体广告开始正式跃入业界的视线。这一阶段的富媒体广告以视频类富媒体为主，这种网络视频广告形式受到了大家的欢迎，开始被 IBM 等大客户所采用[18]。

三、富媒体技术在信息化教学应用中的优势

网络课程如今已经日趋成熟，除了一些教育机构开设的各种线上教学平台外，一些高校也相继开设了自己的线上教学平台。目前的网络课程具备了开放性、交互性等特性，这一定程度上是因为富媒体技术的广泛应用。

（一）富媒体技术提高了网络课程以及网络教材的质量

曾经，网络课程与网络教材的资源呈现了单一性和封闭性等特性，学生只能在平台按照预先设定好的计划进行学习，无法自由控制学习过程中的难易度、学习时长等。平

台和教师不能根据学生能力的不同进行差异化的调整，而富媒体技术的应用则很好地解决了这个问题。学生与教师在线上平台上的互动增多，学生的学习情况可以通过平台实时反馈给教师，教师能够及时做出调整。学生可以自由选择想学习的内容，随时暂停、快进或是后退。

1.富媒体技术的信息表现力丰富了网络课程以及网络教材的展现形式

富媒体技术相较于多媒体技术及其他传统媒体技术强调更加丰富的UI界面以及更加吸引读者的展现方式。富媒体技术的有效应用能够吸引学生的注意力并促进学生更加主动地学习。结合人工智能与大数据技术，能够实时为学生准确地提供动态的、专属的综合学习内容。同时，借助多样化的媒体表现形式，将信息动态呈现出来。

2.富媒体技术的交互性加强了网络课程以及网络教材的教学功能

富媒体技术相较于多媒体技术及其他传统媒体技术更加强调其交互性，因其实时响应等特性，加强了客户终端与使用者之间的交互。富媒体技术模糊了桌面应用与Web应用的界限，使桌面及网络浏览器更加便捷地接入网络，在数据层面上完成交互。

同时，富媒体技术通过收集用户行为数据，创造出用户专属的数据交互环境。在应用了富媒体技术所创造的学习环境下，除了在界面UI上足够吸引眼球外，配合后台数据分析、数据挖掘等技术，也可以形成强大的数据交互能力。在富媒体技术的帮助下，学生的线上学习不再必须在线上进行，在学生下载完自己所需要的学习资源后，不论是在线或离线的环境下均可满足学习者的学习需求，同时也可以在学习过程中推送与正在学习内容相关的内容，实时地展示学习进度，加强学生对自身学习情况的了解。

（二）富媒体技术能够优化教学网站的运行

在现有的一些学科专业网站中，一些富媒体技术已经被应用。为了获得更好的教学传播效果及相关资源的有效利用，应该更加广泛地应用富媒体技术并进行优化，提升用户体验。主要有以下两个途径。

1.增加流媒体应用数量的同时改善其播放质量

目前一些专业学科网站上流媒体的数量不多，且大都集中在课堂教学录像等内容上。受限于网页播放器或网络质量等多种原因，流媒体的实际播放效果并不理想，且形式单一。可以增加一些其他教学资源的流媒体内容，对网络进行优化，避免出现缓冲慢甚至是无法下载等降低用户体验的情况。

2.研究更适合教学课程网站内容传播的新富媒体技术

以上提到的专业学科网站流媒体实际播放质量不佳的问题，可以通过尽快研发出更适合教学课程网站内容传播的新富媒体技术来解决。如不利用其他插件实现的媒体流形式iCAST和eyeBlaster等技术是富媒体广告中应用的一些新技术，可以研究类似技术服务于专业学科网站[16]。新富媒体技术的出现和应用，能够产生并推进专业学科网站建设的快速发展。

（三）富媒体技术改进了教学信息资源的服务方式

通过富媒体技术，可以为学习者提供精准的、个性化的信息资源服务，为不同学习者提供所需要的不同学习资源，大大地减少了学习者进行信息检索的时间。富媒体技术要做到这一点，需要运用一些定向手段。首先，富媒体技术对学习者的年龄、学习能力和搜索习惯等信息进行收集并分析；其次通过对学习者正在学习或浏览的资料进行分析；最后，富媒体技术通过掌握上网习惯，对用户上网时间、经常登录的网站等有效信息进行搜集，从而锁定目标人群。

根据不同用户的不同需求以弹出式、浮动式等形式向用户投放对应的内容推荐，以满足不同学习者的不同需求。这样的信息服务方式，能够精准定位并提高信息资源的使用率。

1. 精准定位

在内容信息推荐给用户之前，就已经进行了一次过滤，避免与学习者目标资源无关的信息资源被推荐，提升学习者的效率。

2. 提高信息资源使用率

富媒体技术改进下的信息服务方式采用点对点的有效传播，提高信息资源使用率的同时也减少了用户智能终端的硬件使用率。

新富媒体技术的应用，可以使教学信息资源仅需要一次更新就能完成部署，且不需要用户手动去更新数据，并直接将信息从客户端推送到桌面终端。这种更为主动的数据更新机制，能够降低反复自动刷新或用户手动更新机制所带来的数据服务延迟。

（四）富媒体技术加强教学信息资源的统计分析

富媒体技术可以建立实时统计系统，该系统能够对教学信息资源的使用情况进行全面的监管并进行统计。统计内容可包括信息资源的总播放次数、总下载次数、总分享次数等，并通过使用者的后续反馈，分析用户的上网习惯，追踪用户兴趣以及关注用户行为，便于开发者对教学信息资源的使用情况随时进行监测，为优化用户体验提供依据。

四、富媒体技术在考试系统应用中的优势

现代社会，各行各业的考试都在逐渐向无纸化方向发展。这种无纸化考试，除了将理论题目转变为上机考试外，如何将需要现场动手操作完成的考试完整地转换为上机考试，是将富媒体技术应用在考试系统中的一个特点。依托富媒体应用技术，将声、图、影像等信息融入操作考试，能够仿真地将现场实操考试转化为数字化交互考试。实时展现考试内容，并实时存储考试信息。根据富媒体技术改进的考试系统具有易操作、便于管理等特点，可将一些复杂的现场手动操作考试转换为便捷的上机操作考试。

五、富媒体技术在高等学校管理系统改革中的应用

高等学校（以下简称高校）是我国目前科研的主力军，如今大部分的科研成果都是通过网页发布的，并且有部分高校正在研发并使用科研管理信息系统。将信息化技术应用到信息管理中去，能够实现管理模式的改革。通过高校科研管理改革实现科研管理真正以科研活动为中心、以提高管理绩效为根本任务，更好地服务于我国高校科研实力提升和创新型国家建设[21]。

（一）提升管理的自动化程度

目前在中国知网、万方数据等学术平台进行论文、科研等统计信息的录入过程中，根据其校验功能，管理员只需手动进行校对，就可以在平台上进行相应的检索。这样大大减少了管理员的查询工作量，提升了工作效率和准确性，并进一步提升了管理的自动化程度。

（二）对接知识管理机制与平台

知识管理是随着网络技术不断发展和完善而发展起来的管理理论，其精髓在于通过知识导向型的组织结构和知识共享的文化创建，在组织内部激励产生持续学习和创新知识的动力，并借助各种传媒技术，达到知识的实时共享和创新[22]。系统将纸质的论文更改成图片或 PDF 文件形式进行存档，向全校开放分享。富媒体技术的应用在科研资料还不够透明的年代对提升高校科研的创新能力起到了助推作用，高校管理系统被打造成一个全面的科研数据库。

六、未来富媒体教学发展建议

（一）未来富媒体教学资源建设

教学资源是信息化教学顺利开展的基础，基于富媒体技术，信息化教学在未来可以有更多可利用的条件，主要包括教学资料与教学环境。

1. 教学资料

教学资料是指富媒体教学资料，是有教育价值的信息化教学资源，例如数字化教学、数字化课堂演示、数字化课件等，并通过多种数字化媒体在教学过程中呈现。富媒体教学资料的发展。首先需要依托一些技术，包括 E-link 电子书技术、Flash 网页动画技术、VR（虚拟现实技术）等多媒体技术。其次要保证富媒体资料开发流程的系统性，包括内容设计方案、内容审核、价值评估等环节。最后，教学资料的开发要同时兼顾不同媒体的特性和不同感官的体验，实现富媒体教学资料的互动性与适应性。

2. 教学环境

富媒体教学环境有线上富媒体环境和线下富媒体环境两种。线下富媒体教学环境依赖于富媒体教室内的媒体设施及教师的教学内容,教师和学生在富媒体系统的支持下开展教学,在很多高校现有的富媒体教室的硬件环境下,应注意多媒体交互性的呈现以取得更好的效果。而线上富媒体教学则为网络富媒体教学环境,应多注重 VR、AR(增强现实)等虚拟技术情景的应用,使学生在线上可以获得足够丰富的教学体验。

(二)未来富媒体教室

富媒体教室可以定义为融合多种媒体信息的非交互式和交互式数字化教育体验和参与中心[23]。富媒体教室的实现基础是先进媒体设施的开发及应用。与学生和教师在数字化终端上进行的学习交流不同,富媒体教室是一个真实的师生面对面交互的教学场景,可一定程度上解决之前提到的智能化教学带来的师生之间面对面人际交往变少的问题。

富媒体教室是线下富媒体教学的主要活动场所,是富媒体教育活动开展的主要保障。富媒体教室的建设实质上是数字化场景和感知智能化场景的搭建。

首先要探索多种媒体技术之间的融合。目前大部分的传统教室以及一些多媒体教室内的多媒体教学设备多为一台电脑、一个投影仪和一个幕布。涵盖的内容也多以文字和图片为主,较少时候会用到音、视频内容。造成这种情况的原因除了教师的教学习惯及学生的学习习惯外,还有现阶段很少的富媒体教室能够达到多种不同媒体技术相融合的硬件条件。

其次要加强硬件设施的建设。多媒体硬件设施是富媒体教室的基础,目前很多高校已经开始投资引进先进的多媒体教学硬件来建设新型的富媒体教室,同时也对以前的多媒体教室进行改建。大部分的富媒体教室都加设了网络直播、课程录播的硬件设施,包括引进先进的 VR 设备,帮助搭建虚拟化教学情景。

最后,富媒体教室的发展在注重软硬件设备提升的同时,更不能忽略的是教学本身的差异化教学需求,应针对不同专业、不同需求学生的实际情况,分类搭建专业化的富媒体教室。例如法学专业,可以搭建虚拟法庭,给学生带来更真实的感官情境。

(三)未来教学模式

"互联网+"教育会是未来教育的主要发展方向,结合了富媒体技术、云处理技术和网络技术等多种技术,融合富媒体正逐渐成为媒体技术发展的主流。在富媒体平台支持下的未来教学,最重要的是教学理念的转变,其次是教学资源和教学环境的转变,这将是创新的未来教学模式。

教学模式体现了教学活动的主体及过程。传统教学,以"教"为主;未来富媒体教学则是以"学"为主,将学生当作教学的主体。未来富媒体教学的特点是以资源为基础,在教学系统的帮助下将学习模式虚拟化、案例化及智能化,构建集成化的未来教学模式。在实际教学实践中，学生根据自身情况自学为主，教师根据不同学生、不同进度、不同能力进行辅助式教学，并与学生在线上线下积极互动，加深师生间的联系。

七、富媒体教学下教师如何教学相长

目前，已经出现了很多基于富媒体技术的网络教学平台，如微课网、超星学习通等网络教学平台。在富媒体教学时代，老教师应在保留优秀传统教学方法的同时，也能快速适应新的教学模式，使用新型的教学工具，做到教学相长。

随着智能化设备的普及，智能手机如今已经是人手一部的产品，它不仅仅是教师教学与学生学习的称手工具，也是教师与学生之间互动教学的工具。在智能设备与工具的应用上，中老年教师接触新鲜事物热情相比于青年教师较少，熟练使用需要花费更多的时间。因而，中老年教师应主动向青年教师学习和请教，快速掌握新型的富媒体教育教学手段，及时在自己的课堂教学中应用，并结合自身丰富的教学经验，不断提高运用富媒体手段教学的方式与能力，将传统教学与富媒体手段相结合，实现教师与学生在课堂教学中的互动，提高课堂教学效率。

另外，中老年教师丰富的教学经验和扎实的专业理论知识也是很多青年教师所欠缺的，中老年教师应主动地、无保留地向青年教师传授优秀的教育教学经验，耐心细致地指导青年教师，起到教学实践中的"传、帮、带"作用，帮助青年教师迅速成长。因为随着时代的进步，只有将优秀的传统教育教学方法与富媒体手段进行有机结合，才能更好地适应当下信息化教学中教与学的需求。

八、富媒体教材出版的应用

富媒体教材是数字教材的新形态，以富媒体相关技术为支撑，将视频、文字、图像等各种富媒体资源融为一体，内容设计符合教学大纲、课程标准、教材编写规范等，蕴含先进的教学理念和个性化学习路径，学习方式更加自由，能极大地提升学习者的参与度和资源的黏合度[24,25]。目前，富媒体教材文档格式有亚马逊的KF8、苹果公司的iBooks、北大方正的DPUB以及国际数字出版论坛（IDPF）推出的国际电子书开放标准EPUB3.0等[26]。

（一）富媒体教材的出版模式

1. 传统出版物的富媒体化

将传统出版物进行富媒体化是富媒体教材出版的早期简单模式，主要通过二维码技术和AR技术来实现。二维码技术，是将资源内容存储在云服务器中，将网址存储在二维码中，读者通过扫描二维码，来获得该网址内的内容。AR技术应用，则是将蕴含AR技术的标识印刻在平面出版物上，用户通过使用智能终端的摄像头对准识别，在智能终端上生成虚拟的信息化内容,这种将虚拟对象叠加在现实情境中的方法,是对出版物内容的扩展补充,将平面内容进行立体化呈现。

2. 电子出版物的富媒体化

随着学习者情景化、动态化的学习需求日益上升,传统纸质教材和新型电子教材内容可利用富媒体进行重新编排设计,并最终面向移动终端设备进行呈现,可提供丰富的互动学习体验。富媒体教材相比早期的电子书更容易携带,同时存储量大,便于检索。该出版模式也是目前富媒体教材出版的主要模式之一。

3. 富媒体资源的教材化

富媒体资源的教材化是指根据用户访问富媒体数据库的行为,基于大数据技术搭建用户行为数据库,从而针对个人用户推荐相匹配的教学资源,并应用人工智能技术生成符合用户教学习惯的富媒体教材。这种出版模式满足了用户的个性化学习需求,减少了内容过滤的时间,降低了资源浪费,提升了资源的使用率。

(二)富媒体教材的出版力量

富媒体教材的出版力量主要有学校、出版社、信息技术公司等,也是富媒体教材出版的重要力量。

1. 富媒体教材出版的主要推动力量——学校和教育行政部门

学校和教育行政部门是其所处地区范围内教育事业的主要推动力量,因其拥有大量的教育教学资源和需求,通过众多的师生群体,能够真实充分地了解教与学的需求,也是富媒体教材最终的消费者。目前很多高校和教育行政部门已成功推出了富媒体教材的出版,如常州工程职业技术学院、兰州石化职业技术学院以及上海市、广东省教育行政部门[27]。以高校为主出版的富媒体教材,不仅内容质量优秀,且更贴近教学实践。

2. 富媒体教材出版的主动参与者——传统出版社

虽然因为互联网技术和移动智能终端的冲击,传统出版社的黄金时期不再,但很多传统出版社已开始积极寻求数字化转型以适应新时代发展。传统出版社拥有更专业的编辑力量和更广阔的发行渠道,因而其出版的富媒体教材,具备时效性更强、学科覆盖面更广、资源设计更权威等特点,如清华大学出版社、中国人民大学出版社等机构出版的富媒体教材。

(三)富媒体教材在教学中的应用

1. 应用现状

发达国家的教育信息化起步较早,对富媒体教材的研究进行了很多有益的探索。法国从 2000 年开始电子教材的开发和教学试验;到 2014 年,韩国有约 11% 的公立学校已经在使用数字教材;美国加利福尼亚州的公立学校,在 2009 年发起免费使用电子教材的规划,2012 年,Inkling 公司推出 Habitat 数字化教材出版平台;新加坡于 2006 年推出了"IN2015 教育目标"计划,计划在 2015 年让所有学生都能使用网络课本;2015

年,英国推出数字教材平台 Kortext,将其整合进入微软的办公软件 365 云计算平台中,扩大了平台的普及程度[28]。

在我国,北上广等经济较发达地区率先推行了数字教材的使用。截至 2014 年,上海市虹口区已经在全区 18 所学校开展了数字教材的试点工作,教学阶段从幼儿园开始覆盖到高中;北京吉利学院商学院也在同年引入移动富媒体交互式的数字教材和云端移动教学平台;同年 9 月,广东省推出了名为"粤教云"的富媒体数字教材产品。而目前应用比较广泛的富媒体教材平台有"e 读汇""云展网""蓝墨书城""人教数字教材""人大芸窗数字教材"等[29]。

2. 应用场景

富媒体教材在教育教学中主要有以下几种应用场景。

(1)探究教学:探究教学是学生在教师帮助下,采用类似学科专业探究的方式来获取知识并良好地应用知识的一种教学活动。富媒体教材之间的连接是网状的,学生可以自主选择知识模块并构建成自己的学习网络。师生之间,学生与学生之间可随时进行讨论与交流,从而获取最新的知识。

(2)丰富第二课堂:随着移动智能终端的普及,碎片化学习已经是学习者全新的学习习惯。富媒体教材为学生提供了自主学习的平台,学生可自由选择课前预习、课后复习等学习方式。通过平台的交互性,还可以随时向教师进行提问,教师也可随时进行解答和知识的巩固。富媒体教材突破了时间与空间的限制,弥补了传统教学中单向知识传输的弊端,丰富了传统教学的第二课堂。

第二章 富媒体技术在信息化教学中的应用场景

第一节 富媒体技术和信息化教学的理论基础

一、行为主义学习/教学理论

行为主义理论是 20 世纪最早引领一代教学改革的教育思潮，也是机器辅助教学的思想之源。机器辅助教学（computer-assisted instruction，CAI）通过教学机器为学生提供程序化的教材，以供学生进行自主学习和反复练习。"程序化"即教学设计者将课程总目标划分为若干单元并为每个单元设计若干学习步骤，让学生顺次完成。这种教学方式主要受行为主义流派"程序教学法"的启发，理论根源可一直追溯 19 世纪末俄国生理学家巴甫洛夫（Ivan Petrovich Pavlov，1849—1936）的经典条件反射理论。所谓条件反射（conditioned response）指的是"动物和人在后天生活经历中经过学习和训练而形成的反射"，是一种建立在非条件反射之上的复杂行为[30]。众所周知，狗看到食物流口水便是一种非条件反射，不需要专门训练便可实现。而在一次对狗的消化腺的研究中，巴甫洛夫发现如果一边打开蜂鸣器，一边将食物端到狗的跟前，如此反复数次后，狗在只听到蜂鸣声的情况下也会分泌唾液，这种依靠训练获得的反射如果一段时间不强化便会逐渐消退。这一意外发现吸引了巴甫洛夫对条件反射这一生理现象展开深入研究，巴甫洛夫也凭借在此领域的丰硕成果获得诺贝尔奖。在这之后还出现过许多经典的条件反射实验，比如华生（John Broadus Watson，1878—1958）颇具争议的小艾伯特实验、桑代克（Edward Lee Thorndike，1874—1949）的"迷笼中的猫"实验等，为行为主义在教育领域的扩散和应用提供了生理学和心理学依据。

在行为主义的视角下，学习者的经验与知识获取是通过不断形成和强化"外部刺激-行为反应"的联结（简称"S-R"联结）实现的，故而在教学上格外强调环境对学习者的影响，教育工作者的任务是创建和提供有助于学习者形成和强化有益"S-R"联结的学习环境、课程与教材。关于"S-R"联结的形成与强化机制，桑代克认为"S-R"联结是在一种渐进式的试错过程中自动完成的，不需要人的意识作为中介；人的试错学习比动物更为复杂，主要依循以下三项定律[31, 32]：

- 准备律：学习者在开始学习前要有所准备，特别是学习动机、学习能力等内在准备。
- 练习律：学习者通过不断练习巩固已经学习过的知识和技能，但也要避免过度练习。
- 效果律：在学习者取得进步时予以适当奖励有助于强化所取得的成就。

桑代克学习三定律的提出为程序教学法和 CAI 实践提供了坚实的理论支撑。1924 年，美国心理学家普莱西（Sidney Leavitt Pressy，1888—1979）依循三项定律设计出世界第一台自动教学机器[33]。然而要论对程序教学理论做出最大贡献者，当是美国心理学家斯金纳（Burrhus Frederic Skinner，1904—1990）。斯金纳是行为主义学习理论的集大成者，他认为相比于"巴甫洛夫的狗"这样依赖外界刺激的应答式反应行为，人们为适应环境而主动做出的操作性条件反射才是学习的关键。操作性条件反射的建立主要依赖"操作"和"强化"两个要素，也就是需要学习者先进行操作反应行为以获取相应的反馈刺激，从而强化反应行为的频率和倾向性[4]。具体而言，强化主要有两种分类方式：一是按照反馈频率分为连续强化和间歇强化，区别在于是否在学习者每做出一次正确反应后都给予强化；二是按照刺激的存在与否分为正强化和负强化，前者指通过添加某种刺激而实现的强化，后者指通过排除某种刺激实现的强化。基于此，程序教学法一般要遵循五项基本原则，分别是：

- 小步骤原则：将教学目标分为若干单元，为每一个单元设计若干学习步骤，以便学生按顺序完成和反复练习。
- 积极反应原则：应调动学生的积极性，让学生在学习过程中保持兴奋状态，以实际行动主动探索和适应学习环境，对外界的刺激与启发做出响应。
- 及时反馈原则：对学生的反应做出及时的反馈，以便学生知晓自己的学习状况和成果，强化正确的思想和做法。
- 自主步调原则：允许学生根据自身的实际情况决定和调整其学习步调和节奏，为之提供适合其学习的课程教材和教学辅导支持。
- 低错误率原则：尽可能地减少学生执行错误操作的次数与频率。

二、认知主义学习 / 教学理论

行为主义强调外界环境对学习者的刺激与影响，却忽略了学习者的主观能动性和目的性，对学习过程的理解与处理过于机械化。20 世纪 50 年代末，教育心理学迎来"第一次认知革命"，关注重心由外部影响转向学习者的认知结构与过程。认知结构（cognitive structure）指人关于现实世界的内在编码系统，是一系列相互关联、非具体性的类目，是人用来感知、加工外界信息以及进行推理活动的参照框架，通俗来讲就是学习者脑海中的知识结构、有观念的全部内容及其组织[35]。在认知主义的视角下，学习者基于已有的认知结构对外部环境的刺激与影响做出回应，借助大脑对外界信息的加工与处理将新概念与新知识融入现有的认知结构当中，让旧的知识体系得以改造，新的知识获得意义[36]。

从历史发展来看，格式塔学派和托尔曼的"认知-目的"论奠定了认知学习理论的雏形，皮亚杰（Jean Piaget，1896—1980）、布鲁纳（Jerome Seymour Bruner，1915—2016）、加涅（Robert Mills Gagne，1916—2002）等世界级教育学大师将之推向成熟和高潮，引领了新一轮的教育改革。

具体来看：皮亚杰认为学习是学习者主动进行知识与心理建构的过程，整个学习过程具有鲜明的个体化和阶段性特征，不同年龄段有其各自的学习规律与目标，学习者已有的知识结构在各个阶段发挥着重要作用。在皮亚杰看来，学习者基于以往经验中构建起来的"图式"对外部环境的刺激展开"同化"或者"顺化"，以达到个体内部状态与外界环境之间的平衡。在这里面，图式（schema）指学习者脑海中对外界客体和活动信息进行抽象概括而形成的框架，同化（asassimilation）指学习者将能够处理的刺激整合到已有的认知结构当中，对于无法利用已有图式进行解释和吸收的刺激要调整已有图式来适应环境，即顺化（adaptation）。布鲁纳继承了皮亚杰的教育心理学观点，认为学习是一个主动选择、记忆和改造知识的过程，并进一步提出要让学生学习、掌握各学科领域经过概念化的基本原理或思想，引导学生通过关联的方式去理解这些学科知识。

加涅运用心理学和现代信息论的观点与方法对人类的学习活动展开研究，参照信息加工论提出了学习的基本过程。如图2-1-1中所示，人用于加工和存储信息的心理结构分为短时记忆和长时记忆，短时记忆（short-term memory）又称工作记忆，是学习者用来处理和加工外部信息的心理结构，长时记忆（long-term memory）是对工作记忆加工过的信息赋予意义并长期存储的心理结构。整个学习过程由信息接收、编码、检索、提取等一系列步骤环节构成。具体来讲，外部环境通过对人体感官施加刺激传递信息，人体器官接收后先利用工作记忆进行加工，编码存入长期记忆，待到学习者需要调用时先在长期记忆中检索，使之重新进入活跃的短时记忆，再由人体反应器将这些信息指令转化为行动，作用于环境。除了提出这一学习过程模型之外，加涅还给出了他理想中的学习目标与学习内容体系，即一个人的学习目标应该涵盖言语信息、智慧技能、认知策略、动作技能和态度5个方面，学习内容从简单到复杂依次包括信号学习、刺激-反应学习、动作链索、言语联想、辨别学习、概念学习、规则学习、问题解决或高级规则学

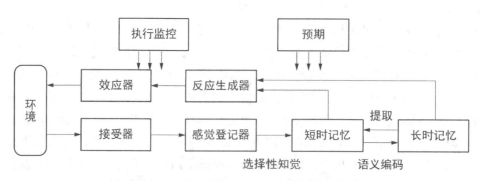

图2-1-1　学习过程中的信息加工与处理模型

习 8 个层次[37]。可见教师进行教学设计时应考虑学生的信息处理能力与习惯，由简到难地安排学习任务，促进学生全方位的学习发展，而不是局限于死记硬背。

基于前述认知学习理论的观点与研究成果，澳大利亚心理学家斯威勒（John Sweller）于 1988 年首次提出了认知负荷理论（cognitive load theory, CLT），试图对学习者认知结构与外界信息结构的交互作用机制进行抽象和阐释，这对信息化教学设计特别是富媒体学习资源的设计具有良好的启发性。认知负荷（cognitive load）指人在特定场合下施加到短时工作记忆中的智力活动的数量，学习即通过向大脑施加精确水平的认知负荷来促进图式的建构。根据来源和对学习的作用，认知负荷分为以下 3 种：

• 原生性认知负荷（intrinsic coginitive load），指由学习材料固有属性决定的认知负荷。例如一本教科书、一套习题、一部教育短片所承载和传递的知识信息、呈现这些知识信息的方式、能够进行的交互形式等内部元素一旦设计完成和定型之后便很难再进行大规模变动。正是由于这种稳定性，学习者是否能够消化学习材料中的知识信息还要取决于其是否掌握了完成学习任务需要的图式以及教师的教学方式是否得当。

• 无关认知负荷（extrateneous cognitive load），又称为外部认知负荷，指那些因为教学设计的缺损和不当而造成的额外的认知加工活动。不难想象，即便是在对同一批学生使用同一套教材，教学效果会因为教师所采用的教学策略与活动安排而有所差异。通常我们评价一堂课上得好，是因为我们觉得能够以一种更为轻松的方式达到相同的学习效果，不在与学习无关的活动上耗费精力，也就是无关认知负荷较少。

• 相关认知负荷（germane cognitive load），指能够促进图式建构与自动化的认知负荷，是在学习过程中发挥正面作用的认知负荷，因此又被称为有效认知负荷。

CLT 理论假设学习者在一次学习过程中能够用于认知活动的短时工作记忆和能够承受的认知负荷总量是有限的。有研究表明，人的短时记忆一次性只能同时处理 7 个左右的信息块，能同时记忆的则只有 2—3 个。因此，教学设计的一个核心目标在于确保学生的认知负荷在工作记忆容量允许的范围内，不会出现认知负荷过载的情况，同时要尽可能多地将无关认知负荷转化为有效认知负荷。对于如何减少无关认知负荷，需要综合考虑学习材料的复杂性、学习者的知识水平、学习相关信息的形式等方面，具体可从以下两个方面着手：

• 提供问题解决样例和脚手架，为学生减少不必要的负担。教师可直接向学生逐步告知和展示解决不同问题所需要的方法和程序，即提供能够呈现学生解决问题需具备的认知结构的样例，在学生的认知与能力范围内提供合适的学习材料与辅导，帮助学生避免在处理无意义、不必要的信息和学习操作上浪费时间和精力。

• 优化学习材料和过程设计，避免出现信息冗余和注意力分散。教学设计者应注意知识信息的精炼和把关，着重展示学生真正要掌握的核心内容，尽可能减少对学习无用的细枝末节。一方面要控制好媒体的类型数量，在保障知识体系完整、意思表达清楚的情况下，应尽可能地减少媒体的种类，选择最适宜的一种或少数几种整合性好的媒体即可，切忌为追求媒体形式的"丰盛"而进行不必要的重复，这样不仅带来资源浪费，还会给学生造成额外的负担。另一方面，要不断优化学习的视听体验，利用符合学生信息处理与认知规律的版式设计、视听线索与交互操作设置等手段，确保将学生的注意力一直聚焦到其需要记忆和掌握的知识信息上，避免因学习材料与过程设计上的缺陷导致学习者注意力被分散掉。

三、建构主义学习/教学理论

建构主义是认知主义的深化发展，主张学习者基于已有的知识基础，在与社会环境的互动过程中主动实现知识的建构，教育工作者应摒弃以自我为中心、单向性知识传递的传统教学模式，转而以学生为中心，致力于创建能鼓励其主动建构知识和意义的学习环境与文化氛围[38]。基于此，美国认知心理学家柯林斯（Allen Collins）和布朗（John Seely Brown）团队在结合与吸收机器辅助学习最新进展的情况下提出了认知学徒制（Cognitive Apprenticeship）理论，主张让学生通过观察、参与和实践，经过外显化的认知过程学会在不同情境下灵活运用知识[39]。据此，教学设计者为学生设计和搭建的信息化学习环境要能通过提供学习方法、学习活动与路径、社会化实践三方面的支持，帮助学生掌握学科领域知识和知识应用技能、元认知等学习策略。学习方法支持包括为学生演示如何完成学习任务；"观察"学生阅读教材和执行教材学习任务的过程，提供脚手架支持，比如提供符合学生认知和操作水平的学习工具，给予提示、建议、鼓励、挑战等形式的即时反馈。学习活动与路径支持即根据学生的学习情况和需求，安排和调整学习材料和学习活动的结构顺序、复杂程度和多样性，或是为学生自行制定学习计划提供参考。社会化实践支持包括创建虚拟现实环境供学生练习专业技能和问题解决方法；提供学习经验交流，向老师和专家请教问题，与同伴进行协作学习的空间、途径和工具；激发学生树立学习目标，主动解决问题的潜能等（见表2-1-1）。

表2-1-1 设计认知学徒制环境的原则框架

设计元素			描述
内容	专家技能需要的知识类型	领域知识	学科具体的概念、事实和程序
		启发式策略	完成任务所需的一般应用技术
		元认知策略	知道解决过程的一般方法
		学习策略	如何学习新概念、事实和程序性知识
方法	促进专家技能发展的方法	示范	演示专家执行任务的过程，让学生形成概念模型
		辅导	观察学生学习过程，提供建议、脚手架、反馈、示范和提醒等反馈
		脚手架	为帮助学生执行学习任务提供的支持
		表达	任何让学生明确陈述某个领域中的知识、推理或问题解决的过程

（续表）

设计元素			描述
方法	促进专家技能发展的方法	反思	学生将自己完成学习任务、解决问题的过程与专家、其他学生比对
		探索	引导学生自主寻找解决问题的模型
学习活动与路径	安排学习活动顺序	增加复杂性	逐渐加大学习任务难度
		增加多样性	逐渐增多学习任务涉及的专业领域与技能
		全局到局部	在执行局部任务前将整个任务概念化
社会化实践	学习环境的社会特征	情境化学习	让学生在一种反映现实世界任务本质的环境中执行任务并解决问题
		实践共同体	交流用于完成有意义学习任务的不同方法
		内部动机	学生建立个人目标来寻求技能和解决方案
		合作	学生一起完成目标

第二节 富媒体技术的信息化教学功能

一、作为学习对象

1. 数字素养的培育

随着数字技术和互联网的高速发展，公民的数字素养成为世界各国视为重要的人才竞争战略要素，数字素养教育的重要性日益凸显。2019年，联合国教科文组织（UNESCO）正式发布《数字素养全球框架》（Digital Literacy Global Framework，DLGF）及评估建议报告，为各国开展数字素养的培育和评估工作提供参考。该框架明确了设备与软件操作、信息与数据素养、沟通协作、数字内容创作、数字安全、问题解决和职业相关能力7个能力领域和26个具体能力（见表2-2-1）[40]。

表2-2-1 UNESCO《数字素养全球框架》

能力领域	具体能力	能力描述
设备与软件操作	操作数字设备实物	确认和使用硬件工具和技术的功能和特性
	操作数字设备软件	了解和理解操作软件工具与技术所需的数据、信息和（或）数字内容
信息与数据素养	浏览、搜索和筛选数据、信息与数字内容	准确的信息需求，在数字环境中搜索和评估数据、信息与内容，并在其间导航；创建和更新个性化搜索策略

(续表)

能力领域	具体能力	能力描述
信息与数据素养	评价数据、信息与数字内容	分析、比较和批判性地评估数据，信息与数字内容来源的可信度；分析、解释和批判性地评估数据、信息与数字内容
	管理数据、信息与数字内容	在数字环境中组织，存储和提取数据、信息与内容；在结构化环境中进行组织和加工
沟通协作	使用数字技术互动	使用数字技术互动，理解给定背景下适当进行数字沟通的意义
	使用数字技术分享	使用数字技术与他人分享数据、信息与数字内容；像中介一样穿针引线，了解引用和注明出处的方式
	使用数字技术参与公民事务	使用公共与私人数字服务参与社会事务；合理使用数字技术，寻求自我赋权和参与公民事务的机会
	使用数字技术协作	使用数字工具与技术促进协作进程以及对资源与知识的重构和再创造
	网络礼仪	了解数字环境中使用数字技术与互动的行为规范和具体做法；制定与特定受众相匹配的沟通策略，了解数字环境中文化与代际差异
	管理数字身份	创建和管理一个或多个数字身份，能够保护自己的声誉，通过数字工具、环境与服务产生的数据进行处理
数字内容创作	创建数字内容	创建和编辑不同形式的数字内容，使用数字工具表达自己的想法
	整合和重构数字内容	修改、精炼、改进信息与内容，将其与现有的知识体系相整合，以创建新的相关内容和知识
	版权与许可	理解版权和数据、信息以及数字内容的授权步骤
	编程	规划和创建计算机系统能够理解的指令以解决问题，完成任务
数字安全	保护设备	保护设备与数字内容，理解数字环境中的险境与威胁；知道安全与安保措施，适当考虑可靠性和潜力
	保护个人数据与隐私	保护数字环境中的个人数据与隐私；了解使用和分享个人身份信息的方式，同时保护自己与他人相关利益不受损害；理解数字服务通过"隐私政策"告知用户，其个人数据将被如何使用
	保护健康与福祉	能够在使用数字技术时，避免其对身体健康造成威胁；能够在数字环境中保护自己与其他利益相关者不受损害；了解数字技术对社会福利与社会整合的作用
	保护环境	了解数字技术及其使用对环境的影响
问题解决	解决技术问题	确认和解决操作设备与使用数字环境过程中的技术问题（从故障检测到解决复杂问题）
	确认需求与技术方案	评估需求，确认、评价、选择和使用数字工具与可能的技术方案以满足需求；调整和自定义数字环境与满足个人需求
	创造性使用数字技术	使用数字工具与技术创造知识并创新流程与产品；独立和合作参与认知加工，以理解和解决数字环境的概念性问题及情境

（续表）

能力领域	具体能力	能力描述
问题解决	明确数字素养差距	理解需要在哪些方面提升数字素养；能够支持他人提升数字素养；寻求自我发展的机会，紧跟数字化发展潮流
	计算思维	将可计算问题转化为一系列有逻辑顺序的步骤，为人机系统提供解决方案
职业相关能力	使用特定专业领域的数字技术	确认和使用特定专业领域的数字工具与技术
	解释和运用特定领域数字、信息与数字内容	在数字环境中理解、分析和评价特定专业领域的数据、信息与数字内容

2. 富媒体技术学习内容

富媒体技术作为重要的数字技术类型，自然也是学习者需要了解和掌握的对象。我们在前面谈到，学习者不再像过去那样被动地接受和记忆老师传授的课本知识，而是积极地参与知识的建构，甚至直接参与到教学设计当中，比如承担部分教材的编写工作，代替教师讲解知识，在演讲和解释中学习等，这些都需要学会使用富媒体工具。教师不仅要以学生为中心，为其提供合适的富媒体学习工具，还要确保学生能够掌握这些工具的使用方式，具备相应的技术素养。以富媒体技术为对象的学习应至少涵盖以下方面：

（1）富媒体技术的历史、现状与未来发展趋势。和其他数字技术一样，富媒体技术也凝聚了人类的智慧。在技术高速更新迭代的今天，学生不仅要了解富媒体技术的来龙去脉，熟知当下主流的富媒体技术体系，以便定位和选择自己所需要的富媒体工具，更要对未来的发展趋势有一定的研判和把握，做好适应新型技术环境和条件的准备。

（2）富媒体技术的原理、操作与应用模式。在熟悉技术原理的基础上，学生既要能够操作与富媒体技术相关的硬件设备，如计算机、摄影（像）机、投影仪等，还要能够操作富媒体制作与加工处理等软件，学会将这些技能科学合理地运用到各个生活与学习场景当中。

（3）富媒体技术带来的社会影响与问题。我们在享受富媒体技术赋予的巨大便利和潜能的同时，也应随时清楚地意识到它可能给社会造成不良的影响。只有当我们清楚富媒体技术是如何被研发出来，如何在人类社会中扩散和应用，带来了怎样的变化和影响，对历史经验进行总结和反思的情况下，我们才能真正客观和全面地理解富媒体技术的真实效能，对未来可能发生的负面状况进行预防。

（4）富媒体技术应用相关的技术伦理与素养。富媒体技术的应用效果与影响不仅取决于技术本身的特质，也取决于我们如何看待和使用技术，围绕富媒体技术制定了怎样的伦理准则，让所有富媒体技术的利益相关者明白什么能做、什么不能做，是否能以高标准的技术素养将富媒体技术的潜能朝着好的方向发挥到极致，因此有必要对学生加强这方面的教育。

（5）利用富媒体技术学习的策略与方法。富媒体技术是进行数字学习的重要手段，需要基于一定的策略和方法加以运用。

二、作为信息化教学与学习探索环境

计算机与网络技术的应用将人们的学习活动延展到虚拟世界中，由此产生了虚拟学习环境（virtual learning environment，VLE）这一说法。广义的 VLE 泛指任何用于支持学习的数字媒介与技术，是一个持续进化的生态范畴，在新的教育思潮和技术发展的推动下不断出现新的类型和特征，而旧的 VLE 也不会立即消失。狭义的 VLE 指以网站、软件系统、移动应用等形式存在的虚拟学习平台和工具簇[41,42]。

1. 富媒体技术搭建 VLE 的应用形式

富媒体技术是搭建 VLE 不可或缺的技术之一，主要有以下应用形式：

（1）虚拟校园。教育工作者可利用富媒体技术对现实校园的三维景观和教学环境进行数字化和虚拟化，学生可以在其中漫游，了解校园环境、文化历史和工作动态。

（2）MOOC（慕课）平台。可供教师将教材和录制好的视频课程上传，供学生随时随地学习，教师还可以在平台上与学生进行答疑、讨论、提问等互动。

（3）虚拟实验教学系统。基于富媒体与网络技术的虚拟仿真实验室可供实验者在更低的设备损耗和安全事故风险的情况下反复实验、试错和复盘，具有更强的可复制性、安全性和耐久性，可弥补传统实验室场地和设备受限、成本高等痛点，同时也让实验内容得到了扩充。

2. 富媒体技术搭建 VLE 的维度

一般而言，在利用富媒体技术搭建这些 VLE 的时候可从以下 6 个维度予以考虑：

（1）物理维度。指可供开展教学活动的人工制品、场所和网络配置，比如由四面环墙的房间和实验仪器、实验课本、黑板等实验教学用具构成的实验室，虚拟学习环境正常运行所需要的网络机房和电子阅读器、电子白板等终端设备。

（2）社会维度。依托 VLE 形成的学习组织、社交活动和人际关系网络要能帮助学习者协同完成学习任务，分享知识信息和学习经验，从他人处获取学习支持，比如学生可从教师处听取讲授和教导，与同伴合作完成实验任务等。

（3）信息维度。除了常规的学科教材和课程内容外，更包括社会学习过程中产生的符号表征与行为信息，如实验小组对话、实验观察与结果记录等，可供学生了解学习内容和策略，获取专家行为参考。这些信息存储、传输和呈现于特定的物质载体，以静态图文、音视频、动画、3D 等形式呈现。

（4）认知维度。指学习者探索 VLE 时的认知过程与结果，如学习者对学习过程与结果的回溯与反思，这些认知活动对教师和学生均具有一定的参考与分析价值，因此在搭建 VLE 的时候可适当考虑对这些认知活动进行数据搜集和处理，以可视化的形式予以呈现。

（5）虚拟维度。指可供师生进行人机交互操作、存储和处理 VLE 信息的计算机与网络配置环境，具有联通师生、调节社会教育活动的中介作用。它的功能核心即有着"自主记忆"的教育信息化系统，如前面提到的虚拟仿真实验软件，基于 Web 的 MOOC 学习平台等。

（6）教学维度。VLE 不是凭想象随意搭建起来的，而是要依循一定的教育思想和规律，比如在训练动手技能的时候，我们可以采用行为主义的方法，在学习抽象知识的时候则可采用认知学徒制的教学方法。这背后并没有绝对的要求和标准，而是需要教学设计者在搭建 VLE 的时候要综合考量教育目标、现实条件、学生需求和水平等多方面的因素之后选择真正适宜的指导思想和教学方法。

三、作为知识信息呈现工具

教师可以利用富媒体技术将抽象的知识以具象化的方式展现给学生，这也是富媒体技术从一开始用于教学的方式。相比于单纯的图文，视频、动画等动态视听媒体在很多时候都能达到更加直接明了的描述效果，比如在向学生讲解发动机原理的时候，教师用言语重复讲解数遍的效果可能还比不上在黑板上挂一幅载有发动机工作关键步骤的教学用图，抑或是播放一段动画更有效果。然而，这并不代表书面文字便失去了它的效力，特别是在涉及一些复杂的知识体系时，我们也可以通过 PPT 以图文结合的形式向学生提示关键的知识信息。总的来说，在教学的过程中教师通常还需要动用多种媒体形式，富媒体技术能够提供多样化的选择：一方面，随着开放教育资源运动和互联网共享文化广泛深入人们的生活，只要肯花时间，教师总能通过互联网、数字图书馆等途径获取所需要的资源；另一方面，即便一时无法获得符合要求的资源，教师也可以利用一些富媒体工具进行课件制作。

同样地，学生也可以利用富媒体技术将接触到的知识呈现出来，借助这一过程对知识进行整理，增强知识记忆和理解。教师可以鼓励学生使用类似 Microsoft OneNote、Mindmaster 等具有富媒体技术特征的笔记工具将知识体系以思维导图的形式呈现出来，或者是将自己思考的轨迹与过程用可视化的形式表达出来，以便与教师、学生和其他专业人士进行探讨，以获取修正和优化意见。

四、作为个性化辅导工具

目前有大量利用富媒体技术制作的计算机辅助教学课件可供学习者进行自我调节学习。课件（courseware）是"课程"（course）和"软件"（software）的组合概念，指经过精心设计和组织，具有特定教学情境和内容的教学程序。富媒体课件不仅能够利用多种媒体形式生动形象地向学生呈现一门课程的内容信息，还能让学生通过人机交互操作学习和强化相关领域的知识与技能。由于预先设定了教学程序，即便在没有老师的情况下，学生也能借助课件的引导和反馈推进学习，并且能够相对自由地安排学习进度和节奏。换言之，富媒体课件能够在学生进行自主调节学习的过程中扮演类似"辅导老师"的角色。具体来说，富媒体课件主要有以下类型：

（1）讲授教学型。即模仿传统课堂"讲授-问答"的形式，富媒体课件将教学内容切分为独立的知识单元，用图文、视频等方式进行讲解，然后针对讲解的知识点向学生提问，设置若干道练习题，学生只有在回答正确时才能进入下一环节的学习。目前有许多慕课采取的便是这一种形式，在教学视频间穿插选择题、连线题等需要学生进行键鼠操作的交互环节，一来可以保证学生的在线参与率，避免让慕课流于形式，二来可以让学生及时强化对知识点的记忆和体会。

（2）操作练习型。即针对动手操作要求较高的实践类课程设计的课件，其目的在于帮助学生熟悉和掌握相关领域的操作技能，理解其背后的原理，牢记操作注意事项，最好是通过反复练习形成所谓的"肌肉记忆"。这种课件通常要对真实情况展开模拟，以便学习者能够身临其境地体会如何利用所学知识与技能应对现实可能发生的情况。例如对飞行员的训练，可让其实际试飞之前先利用飞行模拟课件进行练习。

第三节　基于富媒体技术的信息化教学设计与策略

一、富媒体教学设计的 ADDIE 框架

一般来讲，一套完整的教学设计流程要依次经过分析（analysis）、设计（design）、研发（development）、实施（implement）、评价（evaluation）5 个要素环节，简称教学设计的 ADDIE 模式。对于富媒体教学设计来说，每个环节的工作内容大致如下：

（1）分析环节。首先要对富媒体技术是否为合适的教学手段展开论证，这是教学设计成立的大前提。要知道，富媒体技术在教学上虽然有着巨大的潜力，但最终是否能提升教学效果还受到诸多主客观因素和现实条件的制约，比如这门课程是否真的需要引入富媒体教学，教学现场是否具备相应的软硬件条件，学生的计算机操作水平和媒体素养是否能够支撑起完成学习任务等。因此，在正式开始教学设计之前要先对教学环境和学生情况展开调研，以确保富媒体教学的必要性、合理性与可行性，而后再根据前期调研的结果进行教学目标的设定，分析学生水平与目标水平之间的差距，分析背后的成因。

（2）设计环节。根据既定的教学目标和现实条件制订教学方案，包括进一步明确教学目标体系、选用合适的教学理论与方法策略、制定课程考核标准等，设计的成果要能为后续环节提供方向与参考，即绘制好整个富媒体教育的"蓝图"。

（3）研发环节。以教学设计方案为依据，分别面向教师和学生研发教学/学习课

件，如教师教学指南、教学课件、学生用书和练习册等。在正式投入教学之前，最好能组织一次或数次内容审核和试用，通过问卷调查、单人访谈、座谈会等方式了解师生对富媒体材料的技术接受度和持续使用意愿，尽可能获得更多的反馈和修改意见，以便对材料设计进行优化，尽可能地规避在未来教学过程中出现低级失误、故障甚至是重大教学事故。

（4）实施环节。按照之前的规划井然有序地开展教学活动，根据学生的反馈适时调整教学材料和教学策略。此外，由于富媒体教学属于一种新兴的教学形式，教师在进行教学的同时也要注意加大对优秀教学成果和方案的推广力度，比如尝试邀请同行、师生、家长到现场观摩，录制现场视频进行分享等，以此争取更多的制度创新和支持，使富媒体教学的实施深入日常教学考量与管理当中。这对富媒体教学的应用扩散和可持续发展来说具有非凡的意义，但也是最容易被忽视的工作。

（5）评价环节。即按照教学设计时形成的考核方案对学生的学习绩效进行评估，分析背后的影响因素，同时对教学过程进行自我评价和反思，持续对教学方案进行深化和改进。尤其是需要重点评估富媒体技术在整个教学过程中发挥的作用，比如富媒体技术在多大程度上提升了学生的学习绩效，发挥作用的机制是怎样的？是否给学生造成了额外的认知负荷？是否有助于提升学生的学习兴趣？学生对利用富媒体技术学习做何评价？此类问题一路追问和调查下来将十分有助于教师对富媒体教学的深入理解和把握，以便将来做出更好的教学设计，应该受到教学设计者的重视。

二、富媒体教学的模式与策略

（一）讲授式教学

讲授式教学即传统课堂中依赖老师结合教材内容，运用口述、板书等手段向学生传授知识和技能的教学方式。目前，这种经典的知识传授方式在信息化教学中仍占据较大比重，是数字时代不可或缺的教学和学习手段。在富媒体技术与远程教育理念的深度结合之下，讲授式教学已发展出了新的形式：

（1）同步直播讲授。师生在异地的情况下，借助网络直播平台、电话会议、社交媒体等技术中介进行实时讲授。教师可利用摄像头、展示台、屏幕分享等设备和软件功能向学生进行板书展示，与学生进行实时互动。

（2）异步录播讲授。教师提前将课程录制为视频发布在网络平台上，或是直接将拷贝文件发送给学生，供学生自行选择时间和地点观看。一些在线教学平台会支持教师在录播视频中间穿插互动式练习，为师生提供异步交流空间。

不难发现，富媒体技术除了前面谈到的能够给教师带来更多知识呈现工具的选择，还能够帮助师生打破传统讲授式教学的时空限制，丰富师生之间的交流与互动，让讲授式教学不再局限于枯燥乏味的"教师→学生"的单向灌输，而是呈现出"师生互动、生生交流"的多元化双向互动。因此，教师在利用富媒体技术进行讲授的时候，除了用作知识展示工具之外，还可考虑利用富媒体的交互特征激发学生的课堂参与和主动思考，可同时采用现场和远程讲授，方便学生及时参与课程和回顾学习内容。

（二）探究式教学

探究式教学（inquiry instruction）被称作基于问题的教学（problem-based instruction），简单来讲就是教师或教育机构提供问题列表，学生秉承科学求真的态度和精神，利用可找到的资源进行解答。严格意义上的探究式学习应具备以下 5 个基本特征[43]：

- 学习者的探究活动应围绕科学问题展开，即对客观世界中的事物提出问题，并且要与学生必须掌握的知识有所联系。
- 学习者掌握用于解释和评价问题的证据。
- 学习者根据事实证据进行问题解释与回答。
- 学习者通过比较其他可能的科学解释评价自己的问题解释质量。
- 学习者与他人分享和交流所提出的解释。

在这种教学模式下，教师不仅要为学生提供有意义和价值的探究问题，或者引导学生自己发现问题。理论上整个互联网都可作为学生查找资料的范围，但是为了将探索过程限定在教学可控范围内，避免学生陷入信息过载或者接触到不适宜内容，教学设计者一般会预先根据教学目标创设一个相对安全且足以满足学生探索需求的数字化内容资源空间，抑或是指定若干质量可靠的数据库供学生使用。在学生探索的过程中，教师可适当地给予必要的支持，比如信息查询操作和策略指导等，帮助学生将注意力聚焦到问题的解释上。待到学生找到自认为能够回答问题的解释时，再向其提供用来对比的其他解释方案，或者是将若干学生聚集在一起，相互比较问题解释之间的差异，引导学生对自己的解释进行反思和完善。这一过程可以在线下进行，也可以利用富媒体技术在线上进行。

> **案例 1：NASA 木星邮件列表**
>
> 美国宇航局（NASA）伽利略项目组曾为全美高中生设置了一个木星邮件列表，任何订阅了该邮件的学生都可以获得最新的木星观测记录和权威介绍。学生和教师可以通过邮件向项目组的专家请教问题。有时专家还会回复一些真实数据，供学生计算和预测天文现象的发生时间。这一做法极大地刺激了学生对木星的探索欲望。更加难能可贵的是，参加这一学习项目不需要支付任何费用，而是只需向该项目组发送一封邮件，便可加入这个学习社区。NASA 还在它的教育主页上提供了大量的天文学习资料供学生和教育工作者查询参考[44]。

(三）支架式教学

支架（scaffolding）原本是建筑行业的用语，在教育教学领域用来比喻为学生进行自主学习和探究提供的支持。支架式教学的核心主旨是在特定的教学情境下，在学生的"最近发展区"内提供能够帮助其逐步完成知识体系建构的学习工具和指导。所谓"最近发展区"，指的是儿童在教师、家长等专家的帮助下可以消除的原有能力和待达到水平的差距。只要教师能够以发展的眼光看待儿童的成长，并且时刻注意先于儿童实际发展一步，这种差距便可以在教学过程中不断创造，用来标的和引导学生持续向着更高阶的水平发展。

一般来讲，支架式教学主要包括以下环节：

- 第一步：根据既定教学主题、目标和概念框架，按最近发展区的要求搭建脚手架。
- 第二步：将学生引入特定的问题情境。
- 第三步：引导学生展开独立探索，而后逐渐减少帮助，让学生学会就近抓取可利用的脚手架，沿着概念框架由简到难逐层而上。
- 第四步：学习效果评价，通过与教师和同伴的交流，回顾和反思自己在脚手架上"攀援"的过程，包括自身的学习能力、对学习小组的贡献、知识建构的完成度等。

（四）项目式教学

项目式教学（program-based instruction，PBI），顾名思义指让学生围绕项目展开探究性学习的教学模式，让学生在尝试完成复杂任务的过程中习得知识和技能[46]，项目可以由教师、企业提供，也可以由学生自行设计。这种教学方式充分体现了杜威的实用主义教学思想——教育的核心目标在于帮助学生获取充满价值的生活经验，学会在真实的情境中思考和处理问题。它的好处在于能够显著提升学生的学习动力，鼓励他们将在学校学到的知识与现实生活联系起来，为之提供协作构建知识的机会，锻炼其沟通协作和问题解决能力，帮助青少年更好地为未来可能从事的工作做准备。一般来讲，项目式教学需要具备以下5个标准特征[47, 48]：

（1）项目居于课程的中心，是学生获取知识和锻炼技能的主要手段。
（2）关注引导学生关注学科核心概念和原理的问题，即在设计教学项目的时候需要考虑项目活动与需要学生掌握的学科概念与知识之间的关联。
（3）要能让学生参与建设性的调查，由此实现知识的转化和建构。
（4）学习过程以学生为主导，教师主要扮演项目指导和咨询者的角色。
（5）强调项目的真实性，项目探索得到的解决方案要具有实施的潜能。

教师为设计项目式课程通常要经过学科知识分析、知识应用范围分析、知识的项目式、开发学习资源系统、学习单元设计等步骤[49]。

第三章 富媒体课件主题选择、设计和提炼

第一节 富媒体课件主题选择

一、富媒体课件主题选择的内涵和意义

"主题"最初是一个音乐术语,是指乐曲中最具特征并处于优越地位的那段旋律——主旋律。而后这个术语被广泛用于一切文学艺术的创作之中,主要是指作者对现实的观察、体验、分析、研究以及对材料的处理、提炼而得出的思想结晶,是文艺作品中所表现的中心思想。

根据主题的原意,将"主题"的概念沿用到富媒体课件中是指课件画面所表达的中心思想,也就是教学内容。在富媒体课件中,关于"主题"一般是从以下两方面界定:

内容载体上,富媒体课件主题具有精、活、短的特点,它与课程的章、单元有相似性。主题在一定程度上规定了课件内容,主题虽然不是体系化的书本知识,但是学生在此过程中对知识的学习离不开主题。在课程中,课程内容是大的取向,为"主题"开拓了选择范围,"主题"则是课程内容的凝练表现。

课程组织形式上,有些课程偏向操作类、实践类,没有章节也没有教科书,这类课程可以根据不同的线索进行组织,进而构建相对丰富、完整和系统的课程体系。这个时候"主题"就可以规定课程组织形式,不同层级的主题就犹如密布的网络,贯穿于整个教学的过程。

(一)主题选择的内涵

主题选择即教师在制作富媒体课件之前发现、筛选进而确定主题的过程。选取一个恰当的主题并不是主题选择的唯一目的,通过主题选择过程挖掘课程重点、关注对学生自身发展的价值与意义应成为倡导主题选择的背后之意。主题选择应该根据课程内容、教学资源、学科特色,根据学生的兴趣、年龄心理特点等确定,同时,所选择的主题作为一种组织形式统领整个活动,为学生展开学习与研究奠定基础[51]。

（二）主题选择的意义

富媒体课件的主题选择是富媒体课件制作成功与否的关键环节，这也体现出富媒体课件制作的目的性与针对性。主题选择的过程不仅仅是学生选取一定的内容作为研究主题、教师帮助学生从生活和实践中发掘问题的过程，更是学生问题意识的建构、合作精神的养成以及寻求自身意义的过程，同时还是教师树立新的教学理念和践行新的教学方式的过程。由此看来，在富媒体课件主题选择过程中，我们在关注主题本身价值的同时还应该特别关注主题选择过程对学生发展和教师能力提升的价值与意义。

1. 对学生的意义

在选题过程中，我们倡导教师要适当放权给学生，赋予学生更多自主选择的权利，使学生能提出自己感兴趣的问题，有利于发展学生的问题意识。同时，鼓励学生从生活背景中选取感兴趣的主题，一改传统教学中学生绝对被动的观点，为维护学生的主体地位，发挥学生的主动性、积极性、自主性创造了条件，还为进一步发展学生的创造性开拓了空间。

鼓励学生个体参与以及个人观念的表达有助于学生增强学习的动机，满足学生表现的欲望，是学生拓展学习的方式，同时其本身也是主题选择所要追求的目标。只有这样，才能真正体现以学生的实际生活体验、生活背景为基础，为学生的学习寻找到取之不尽的资源库，从而促进学生个体性的发展与成长。

2. 对教师的意义

在富媒体课件主题的选择过程中，教师与学生的角色都发生了变化。教师由知识的传递转向情境的创设，由绝对的权威转向平等的交流。基于这种转变，教师不论是教学理念还是教学方式都需要做出调整，从树立新的教学理念开始，从摆正师生关系做起。所以，主题选择的过程不只是促进学生发展的过程，更是教师知其不足、不断提升的过程。

二、富媒体课件主题选择的步骤

教师在课程准备阶段，首先根据本次课程内容分析采取富媒体教学形式的适当性，并不是所有的课程都需要或必要采取富媒体教学。在确定基本形式以后，教师需要围绕课程进行重难点归纳与提炼，做到心中有数，然后再根据自身专业知识确定本次课件的主题及其基本框架。富媒体课件制作的过程实际上就是教师围绕教学主题组织实施的过程，同时也反映了教师的教学设计目标。课件主题要明确，突出重难点，提纲的设计要始终围绕主题进行。在确定课件主题与提纲安排时，需要综合考虑学生的认知结构及其心理结构特征，这样才能获得较好的教学效果。

在确定好课件主题之后，需要将课件主题（总教学内容）分解为不同的子主题（每个画面的教学内容）呈现在课件的每一个画面中，每个画面的主题必须是唯一的，否则信息之间相互干扰，无法提取主要信息，画面的主题也就得不到很好的表达。

从具体的实施步骤来说，富媒体课件主题选择过程包括：

（1）问题呈现。教师结合课堂内容，通过发散思维尽可能多地搜罗捕捉问题，然后通过课堂内容呈现出来。

（2）思考总结。教师要深化对问题的认识，拓宽研究的视角，生成讲授过程，要讲授什么，怎么讲授，从哪些方面进行讲授，这些问题都会有所涉及。

（3）主题表达。确定课程的问题、讲授的视角和切入点之后，要尝试用最凝练的语言将所要研究的问题表达出来[52]。

这一系列的过程组成富媒体课件主题选择完整的实施步骤，但在具体的实施过程中，还需要根据实际情况做进一步调整。

三、富媒体课件主题选择的依据

（一）根据主题内容选择

从宏观上，教学内容可以分为五大类：事实类、概念类、原理类、技能类、问题解决类。相应的，主题也依据教学内容的不同进行取舍。

事实类教学内容，指一般的名词术语、事件名称或可确定的基本事实，比如说历史课中的"中山舰事件"、生物课中动植物的名称等。此类课件在主题选择上应遵循经济性原则，将最主要的事实用最简洁的语言概括出来。

概念类教学内容，指描述事物的属性、特征的专有名词，它比较抽象，比如生物课中的食物链，地理课中的经纬度等概念。此类课件在主题选择上应该遵循直接性原则，可将该概念直接作为课件主题方便学生理解。

原理类教学内容，指描述事物过程的机制、因果关系、逻辑关系及多个概念的组合关系的知识，比如物理定律、数学中的公式、生物学中各种生长发育的过程等。此类课件的主题要尽量详细阐明原理内容，否则容易导致学生在理解时产生偏差。

技能类教学内容，是指各种动手操作方法、技巧及肢体运动技能等，比如化学中的实验操作、体育中的某项运动技能等。此类课件在主题选择时可以多用动词，并结合插图，使主题的表达通俗易懂。

问题解决类教学内容，是指发现问题、分析问题、解决问题的程序和方法，如思维方法、解决某一科学问题的方法、创造性想象、创作作品等。此类课件可以采用引导式主题，比如以提问的形式作为主题，起到引导学生思考的目的。

（二）根据主体选择

主题选择的主体除了教师自身之外，还包括学生、校领导以及其他同事等。根据主题选择主体的不同可以概括为以下三种方式：一是学校或教师通过综合考察当地的课程资源、学生的能力发展水平、地域特色以及学科课程等，指定某一主题或提供多个参考主题；二是学生根据兴趣、爱好、关注点，提出主题，教师则通过探讨，提炼主题，并找到课程的切入点；三是教师在事先了解学生的关注点、知识、能力结构等基本信息的基础上，通过与其他教师商议，拟定多个主题，然后通过多方研讨最终确定主题[53]。

四、富媒体课件主题选择的原则及策略

作为课程设计的首要环节，主题选择过程应担负起提示课堂重点、满足学生个体发展的需要、体现课程的个性特点等职责。富媒体课件的主题选择不仅要关注到内容选择，还应该注重选择过程，具体来说，富媒体课件的主题选择不仅要关注选什么、怎么选还应当关注为什么这样选。那么主题选择遵循的原则也应该从以下几个方面入手。

（一）"选什么"的原则及策略

"选什么"即主题的选择内容。通过实践观察和理论探讨可以发现，关于主题选择内容方面应遵循的原则有：

1. 兴趣性原则

捷克教育家夸美纽斯曾说："兴趣是创造一个乐观和光明的教育环境的主要途径之一。"同时兴趣还是学生最好的老师，学生感兴趣的主题能推动其克服困难不断深入研究。所以，首先要引导学生关注自己的兴趣所在，挖掘感兴趣的"话题"；其次在选题内容上要关注学生的兴趣点，尽量贴近学生的兴趣点；最后在选题过程中可以邀请学生加入，不断激发学生的兴趣，让其在选题中感受快乐。所以主题选择过程中应首先尊重学生的兴趣，促使学生将研究兴趣转化为激励学生深入学习的内驱力。

2. 生活性原则

一些实践类、技能类的课程要克服当前基础教育课程脱离学生自身生活和社会生活的倾向，面向学生完整的生活领域，引领学生走向现实的社会生活，促进学习与生活的联系。生活本身就是一本书，其浩如烟海的内容值得每一个人深入其中"上下求索"，所以在主题选择过程中要倡导从生活实践出发选择主题，这样的主题才更具有生命力。

3. 地域性原则

在适当的时候，课程的内容还要体现每一所学校的特色，反映每一所学校所在社区的特色。同时要根据当地的人文地理状况、政治经济文化特色、民俗传统等开发独具特色的课程资源。所以，主题选择应从当地风俗文化入手，选取体现地方特色的主题，这样的主题不仅与学生的生活息息相关，而且极具地方特色，能够真正地彰显自身文化的特质。

4. 适宜性原则

依据课程内容难度的不同，在主题内容选择上要体现课程的层次性和学生能力发展的"梯度要求"。同时，考虑到学生的个性，在主题选择时还要考虑学生的年龄特点、

心理特征、知识结构、生活经验等因素，适宜性应作为判定选题内容的重要指标。

在主题选择时，我们会看到原封不动地采用低年级课程设置方案的情况。这种生搬硬套而忽视学生发展特点的现象绝非偶然，甚至有些老师为了功利化的考量，选用过高过难的问题作为主题。这样的选题不仅影响学生的学习效果，还会直接拉低教师的教学质量，所以，教师在选题时要具有适宜性。

5. 综合性原则

课程并非孤立的存在，前后章节之间往往都具有很强的衔接性。有些学科还会产生学科交叉、知识共通的情况，所以主题的选择范围应打破学科界限，将学生与已有知识、社会状况以及与自我相关的问题有效整合作为主题进行研究，倡导选取跨学科式的主题。所以，综合性应成为我们选取主题参照的重要标准。

（二）"怎么选"的原则及策略

"怎么选"就是关注选择过程。通过以上的分析我们发现选题过程中应遵循的原则主要有：

1. 过程性原则

通常关于主题的选择往往集中于怎样才能帮助学生选取一个有价值、适宜的主题，将大部分的精力集中于所选主题本身的意义，忽视了主题选择作为过程性存在对学生发展的重要作用。选择一个合适的主题不是唯一目的，在选题过程中发展学生的问题意识、研究精神、交流合作能力才是选题的第一要义。

过程性原则强调要尊重学科逻辑体系，符合教育教学规律。要求加强学科知识之间的内在关联，妥善处理同一学科内部以及不同学科之间的逻辑架构，实现知识的重新组合；而且学生在参与建构知识的过程中，也实现了自我知识的进化。而对于老师来说，"课堂上要讲授什么主题""为什么选择该主题""是如何确定该主题的"，这几个问题就是对主题选择过程的关注。选题作为形成问题、确立课程主题、展开课程设计的过程，要全面考量课程重难点、学生掌握进度等，遵循过程性原则选择主题，循循善诱，培养学生发现问题、提出问题、分析问题、解决问题的能力。

2. 自主性原则

在主题选择的过程中，要尊重学生的兴趣、爱好，注重发挥学生的自主性。在选题过程中学生的自主性是指将选择的权利交还给学生，选题作为学生形成问题、确立研究主题、组成研究小组的过程，有利于发展学生的问题意识，因为"发现一个问题往往比解决一个问题更重要"；有利于促进学生与自然、社会、自我的沟通与交流，因为选题的过程就是鼓励学生融入自然与社会的过程。因此选题不仅仅是选取研究主题更是促进学生能力发展的过程。

（三）"为什么选"的原则及策略

"为什么"实质上关注的是为什么我们要选择该主题，这一主题对学生有什么价值与意义，也就是选题过程中应遵循价值性原则。主题的选择应关注两方面的价值：一是主题本身的价值，另一方面是对学生发展的价值。"这个主题是来源于什么""该主题解决什么问题""该主题能发展学生哪些方面的能力""该主题能否发展学生的问题意识、探究能力"等，这样的主题更能经受实践的检验和逻辑的推理。

一个有价值性的问题能反映学生的生活，在现实的教学活动中其实并不缺乏问题，教师为讲授某一知识提出的问题，巩固所学知识罗列出的练习题，为考核学生呈现在试卷上的问题。这些问题要么是学科知识的推演，要么是虚拟问题的逻辑推断，脱离学生的生活与经验，以此方式获取的知识是外在于学生的、静态的、片断式的。而真正有价值的问题应该是什么样的呢？一是来自学生对社会热点的关注，如中美贸易战，这样的主题聚焦于社会热点同时又是学生感兴趣的，极易调动学生的主动性与积极性；二是真正有价值的问题，可以是学生生活中的困惑，一个有价值的问题必然是根植于学生的生活与反映学生需要的问题。

一个有价值的问题对学生的发展具有重要意义。只有在真实问题的解决中，学生的自主性和创造性的发挥才能成为可能，有价值的问题能丰富学生的经验、发展学生深入社会生活实践的能力，形成学生的问题意识，养成学生的探究习惯。所以选题中应着重关注所选之题是否有深入研究的可能、能否给学生的发展带来契机、是否有利于学生发展解决问题的能力。

五、改进富媒体课件主题选择的具体措施

在富媒体课件主题选择过程中，教师帮助学生选取恰当的研究主题是其最根本的任务。但这并不是其唯一目的，学生能力的发展、问题意识的提升、研究品质的养成都是主题选择过程所追求的重要目标。在当前的主题选择过程中不论是对主题选择过程的认识、主题内容的选取还是教师在主题选择过程中的指导都存在这样那样的问题。主题选择中离不开立足学生身心发展的现实水平、适应社会发展的现实要求、尊重学科逻辑体系等基本原则，避免步入学生在选择活动中拥有绝对自主权、教师在选择活动中的独断专行、主题选择缺少计划性与可行性等误区，通过考虑实际需要、体现地方文化特色、坚持主题利用的可持续性、重视经验的衔接等方面进行改进[54]。这不仅需要教师的指导、学生的努力，还需要学校的综合协调。具体来说主要有以下几方面。

（一）教师方面

在主题选择过程中教师的指导应聚焦于以下几个方面：

1.端正选题目的，深化对主题选择过程的认识

教师要想切实掌控课堂节奏，必须首先明了主题选择过程具有怎样的价值与意义、应遵循什么原则、促进学生哪些方面的发展，什么样的主题才是一个好的主题等问题。只有对富媒体课件的主题选择过程有一个系统的认知，教师的指导才能游刃有余。

首先，教师应加强对富媒体课件主题选择过程的学习认识，从理论上充实，在实践中优化，在交流合作中成长，多管齐下从而实现真正的成长。其次，教师自身端正选题目的，将学生的全面发展置于首位，而非为追求各种功利性的目的，放弃学生感兴趣的主题。最后，从教师来说学校要组织学习交流活动，为教师搭建交流平台，从而促进教师的共同发展。同时为教师创设轻松良好的氛围，减轻教师的心理压力，使教师的指导更能"随心所欲"。

只有端正选题目的，深刻地认识到主题选择过程对学生发展的价值与意义，并将学生的发展置于首位，以此为根基，教师的指导才更具有方向性，也更有价值与意义，这应成为教师指导活动的首要之举。

2. 倾听学生声音，给学生自主选择主题的机会

倾听是教师指导选题活动的一项重要技能，俯下身子倾听能使教师最快捷地了解到学生的所思所想，从而抓住学生的兴趣点；倾听，也是给学生一个自主表达的机会。教师的倾听也要讲究方式方法，要做到谦虚、等待和回应。

（1）谦虚。以谦虚的态度倾听，将学生作为对等的个体去倾听。《论语》有言："三人行，必有我师焉"，学生的想法有的尽管不是很成熟，但是细心聆听就会有意想不到的发现，所谓教学相长也是这个道理。教师应以虚怀若谷的心态接纳学生的想法，而不是简单粗暴地将学生的想法掩埋或者直接将想法传授学生。

（2）等待。等待的过程就是给学生留有充分的思考空间，让学生在学习中一点一点地发掘问题，提炼主题。在这一时间中要不断地给生命提供有效能量，不能无条件地追求立竿见影，不能以确定性的态度对待生命的成长。不能给学生过多的压力，不能过多地干涉学生，要给学生表达自己想法的机会，给学生自主发展的机会。

（3）回应。回应主要指教师的倾听不只是单纯地听，要适时地对学生的想法做出回应。老师的回应可以帮助学生将模糊的想法逐渐明晰，还能使学生得到支持与鼓励，能有勇气坚持自己的想法。

总之在倾听的过程中可以有效地矫正学生的思想，帮助学生建构自己的主题，还可以促进相互交流与发展。"理越辩越明"在交流倾听的过程中学生的想法会不断被激发出来，逐渐走向明晰，同时有利于他们摆脱自我中心的思维倾向，有助于激发彼此的灵感，促进彼此建构出新的假设和更深层次的理解，有助于学生自主选题。

3. 创设问题情境，发展学生的问题与探究意识

一个根植于情境的问题往往更能引发学生的共鸣，在我们的传统教学中并不缺乏问题，但这样的问题一般是关于学科知识逻辑的，总有固定的解题套路，也很难生成演化为课程的主题。这样的问题在学生那就直接等同于"考试考什么、老师讲什么"的问题，学生没有自主空间，难以发展探究能力。所以教师为帮助学生选取好的主题，发展学生的问题与探究意识，要为学生创造问题情境，使学生通过情境中的感知生发问题。

为激发学生的问题与探究意识，教师在鼓励学生体验生活、参与实践选取主题的同时，要为学生创设相应的情境，通过在情境中的感知、思考，激发学生的问题意识，从

而生成主题。

4. 积极引导反思，发展学生甄别提炼问题的能力

在生活与实践中学生会遭遇各种各样的问题，但并不是所有的问题都能上升为课程的主题，也并不是所有的学生都能将生活中的困惑上升为问题。所以，教师的指导作用体现为要引导学生多问一个为什么，凡事多一点点反思，提升学生甄别以及提炼问题的能力。

要多鼓励学生带着发现的眼睛深入具体的生活实践中，面对生活中不可避免的困惑，遇到自己感兴趣的问题，遭遇生活中的不便，甚至是学科学习中的难题，这都有可能转化为主题。教师应引导学生在遭遇这些问题时要不断地提问自己：这是我想研究的吗？它吸引我的地方在哪里？我对它了解有多少？我为什么要研究它？我研究它的便利条件有哪些？然后将宽泛的问题变窄，将模糊的问题清晰化，将粗陋的问题精细化，将暂时不适宜研究的问题舍弃，将一些老旧的问题转换认识角度，最终通过语言组织提炼出想要的主题。

通过教师在这一过程中的引导，可以帮助学生挖掘隐藏在更深层面的问题；可以帮助学生分析自身的优势与不足，为后期的学习做准备；可以帮助学生发现问题背后的价值与意义，为深入研究做铺垫，还可以帮助学生发展判别和提炼问题的能力。

5. 适时引导启发，抓住机遇促进新主题的生成

学生在具体的学习过程中，有时会对新的问题产生兴趣或随着学习的深入产生新的问题，这都应成为生成新主题的契机。而要想实现这种生成就需要教师的适时干预。

对学生在研究过程中提出的新问题教师应采取"道而弗牵，强而弗抑，开而弗达"的态度。不直接给出确定的答案，引导学生自己去探究解决的途径，从而使问题上升为新的主题；对学生在学习过程中对其他领域产生的新兴趣，教师要及时地捕捉这种研究的新动向，给予充分的肯定与鼓励，而不是简单的否定与扼杀。在具体的学习过程中总会遇到各种各样的问题，教师能否帮助学生将这些问题转化为生成新主题的契机，直接关系到课程能否持续开展，这也是教师指导策略和教学机制的体现。

所以在课程活动实施的过程中面对学生偏离"正轨"，对其他领域表现出的兴趣或在探究过程中产生的新问题，教师不能因为不符合当前正在进行的研究而进行简单的否定，要充分肯定这些主题或者研究兴趣的价值，深入挖掘潜藏在问题背后的主题，从而帮助学生获取新的主题，进行新的研究，为课程活动的持续开展奠定基础。

（二）学生方面

主题选择要建构在学生直接经验的基础之上。学生是主题选择的主体，学生享有自主选择的权利，在主题选择过程中学生还要学会发现新问题，生成主题，所以对学生来说要通过以下几方面的努力提升主题选择能力。

1. 学会从生活中捕捉问题

"教育即生活，生活即教育"。生活是学生主题选择的最基本领域，它犹如辽阔的大

海，拥有丰富的资源，需要学生畅游其中，在实际的生活体验中通过与自然、社会、他人以及自我的际遇中捕捉问题、提炼主题。

学生很多好的选题都是根据生活中的发现、疑惑以及观察而来的。从生活中选取的选题往往更具生命力和现实意义。所以为帮助学生选取一个"好"的主题，应鼓励学生摆脱学科的桎梏，倡导学生深入实践，走进生活，在现实的际遇中捕捉问题，同时要鼓励学生凡事多问"为什么"，多一点点反思，多一点点质疑。在生活的际遇中、在观察的灵感中、在实践的反思中捕捉问题，生成主题。

2. 勇于发出自己的"声音"

我们应当充分认识到学生自主表达内心想法的重要性，要想帮助学生自主选择感兴趣的、适切的、有助于自身发展的主题，首先应当鼓励学生勇敢地发出自己的"声音"，这也应当成为学生自主选题的第一步。

勇于发出自己的声音是指学生要善于表达自己的想法，敢于对"司空见惯"的问题进行质疑，这不仅有助于发展学生的问题意识，更能帮助学生挖掘"事实"背后的问题。

在主题选择过程中，学生要敢于更要善于发出自己的声音，将重点聚焦于自己的兴趣、爱好、关注点上，以此出发选取适宜于自身知识结构、能力水平的主题。学生在发出自己声音的同时，也是不断提升自我，积极思考的过程，这也与主题选择过程中促进学生发展的目标不谋而合。

（三）学校方面

1. 搭建师生交流合作平台，促进主题的交流共生

师生交流互动的过程实质上是对主题思考反思的过程，能帮助学生不断把问题聚焦，找到研究问题的切入口；能帮助学生发现所选主题中存在的问题，加深对主题的了解；同时也有助于教师把握学生的思维动向和心理动向，从而更好地指导学生的选题以及促成新的主题。通过学生与学生间的交流可以使他们找到"志同道合"的人，共同完成研究；师生间的交流可以帮助学生发现选题中的不足，更好地优化选题；教师与教师间的交流可以互相分享指导经验，不断改进指导方法，进行优势互补。

学校要致力于为师生间的交流合作搭建平台。可以通过选题讲座让主题选择做得比较好的同学介绍其选题的经历，让有经验的教师介绍选题过程中需注意的问题；可以开展主题选择交流会，让不同年级的学生有交流的机会，开拓学生看问题的角度，让师生有深入对话的机会；还可以组织教师内部的主题选择交流会，教师可以就在主题选择过程中遇到的具体问题进行讨论，集合集体的力量共同解决，可以是关于怎样帮助学生选取好的主题进行讨论。学校通过种种形式组织师生间的交流，为主题的交流共享创造了条件。

2. 协同家长、社区以及社会，为主题选择提供便利条件

学校外的课程资源也是十分丰富的，如社区的生活环境、文化设施、风土人情，学生的家庭环境、家长素质等，都可以纳入校外课程资源的范畴。所以主题选择的过程要

充分挖掘这些资源背后的价值与意义,充分利用这些资源为学生的选题活动创设相应的情境。

学校的职责就是协同家长、社会以及社区,为学生的选题提供便利条件。学生的家长从事不同的职业,有着不同的职业背景、专业知识、社会经验以及技能;社会各个部门都独具特色,是内容丰富的资源库;学校外的专家学者具有更加专业的知识和独到的眼光,他们都能成为学生主题选择的有力支撑,关键要学校在其中进行相应的协调组织。学校可以通过动员家长组建家长会,专门为学生的主题选择提供便利;还可以通过与社会机构组建合作基地,为学生深入实践进行主题选择提供实地体验;还可以聘请专家学者帮助学生解决主题选择过程中的问题。学校的作用之一就是协调各方,为学生的主题选择提供最便利的条件。

综上所述,一个"好"的富媒体课件主题的产生必定是学生自主选择的结果,但这并不是唯一必要条件,好主题的诞生还需要教师的参与式指导,学校、社区、家长的通力合作。所以我们在关注学生自主选择的同时,还应当注重对教师指导的培训以及联合家长、社区,共同努力为学生主题选择创造良好的条件。

第二节　富媒体课件的设计

课件主题对课件的整体形象有至关重要的影响。简单清晰、美观大方的课件主题会留给读者良好的第一印象,刺激读者继续愉悦地赏析;反之,课件主题选择或者设计不合理,不仅影响课件的外观效果,甚至会为课件的后续制作带来麻烦。因此在选择或设计课件主题时,既要保证主题的背景画面有足量空白位置放置课件内容,也要保证主题的封面和其他页面的风格一致、有整体感,而且还要注意主题风格色调等符合课件的内容,比如理工类课件利用冷色调、古文课件选用水墨背景等[55]。

一、主题设计内容

(一)主题定位

一个课件的好坏,会因每个人的思想认识不同,审美观念的不同,评判标准的不同而产生不同的结果。正因为这样,在制作课件时就必须注意大家对一个事情、一个主题的普遍观点和审美价值。基于这样的考虑,在制作课件时,要首先进行主题定位。

一是正规严肃类主题。对于这类课件,一般应用于传统的具有严肃性质的事件上。例如:介绍"5·12"汶川大地震,讲解国家、军队等发展史,揭露腐败和犯罪等内容的课件就属于正规严肃类的主题。这些主题的表现手法和运用色彩都要求端正、严肃。

二是个性活泼类主题。这类主题主要表现在祥和、趣味和喜庆事件。例如：表现国家、民族等的喜庆节日，学生趣味教学，表彰奖励，旅游婚庆等课件就是具有鲜明个性的活泼类主题。这类主题课件的制作注重表现自身特点并给人以心情愉悦、积极进取的感受。可以根据表现的内容结合声图并使用夸张的手法突出局部内容或个性点面，达到令人过目不忘的效果。

三是常用中性类主题。这类主题涉及的内容非常广泛，生活中的大部分课件都可以归入这一类。这一类主题的课件制作过程中特别要注意有新意，能引人入胜。例如教学类课件要特别注意不能拖泥带水、乏而无味、引人入睡[56]。

（二）主题背景的设计

背景画面是多媒体课件所有视觉元素的载体，对课件的色彩基调具有一定的调控作用。背景画面的设计，需要注意以下两个方面。

一要简洁明了，清爽淡雅。这样能够尽可能地突出主题，有利于减轻眼睛的疲劳和观众对主体内容的感知、理解和记忆。

二是除了美化画面的线条以外，尽量少用很写实的图案，写实的图案会冲淡主题。换言之，就是要摆正背景画面在整个课件中的位置，它是为中心内容服务的，要给人一种不用背景好像缺了点什么，用了背景，课件变得完美了，但人还不容易发觉背景的存在的感觉[57]。

（三）主题内容的设计

1. 内容要把准

把准选题就是要弄清楚我们要做一个"以什么为内容"的课件。对一个课程体系或者一个课题而言，在确立选题时，应该根据教学需要对内容有所取舍，以避免造成投入和产出的不成比例。根据这样选题设计的课件，就能很好地体现教学要求，也就会更科学，更实用[58]。

2. 内容要有针对性

这里所说的针对性有两层含义：一是在选题时，要充分考虑不同年龄、不同职业、不同层次水平的需求特点，根据不同对象进行有针对性的选题；二是多媒体课件的选题应该源于书本又高于书本的，要选择能够突出教学重点、难点的内容，同时还可以对课本之外的相关知识做出相应的扩充，以扩大学生的知识面。

例如，《马克思主义基本原理概论》教学的基本要求就是以马列主义、毛泽东思想、邓小平理论以及"三个代表"重要思想、科学发展观、习近平新时代中国特色社会主义思想为指导，坚持正确的舆论导向，用科学的思想理论武装学生头脑，培养社会主义的建设者和接班人。因此，《马克思主义基本原理概论》多媒体课件设计必须有明确的教学目标，即教学目的就是要使学生系统地掌握马克思主义理论。《马克思主义基本原理概论》多媒体课件设计必须服务于课堂教学目的，课件设计要更好地突出和体现思想政治教育主题、服务于这个主题[59]。

3. 内容要"新、奇、趣"

兴趣是最好的老师。课件的选题也要以激发学生强烈的求知欲，使他们处于主动地位，以形成直接的学习动机。为了激发学生学习兴趣，可以适时引入图文声像并茂的元素，给枯燥的内容创设新颖有趣的情景，充分调动学生的脑、耳、口、手等多种感官，达到理性和感性认识的有机结合。

（四）主题图片的设计

多媒体课件中，图形、图像及动画既能对所要表达的主题内容进行诠释，又能美化、平衡画面，打破一成不变的呆板局面。图形能形象地表现主题，用直观的视觉语言来传播信息，具有形象化、具体化、直接化的特性。画面所表现的内容一般是围绕主题来展开的，因而要紧紧围绕主题，通俗易懂，简洁明快地使观众认识、理解和记忆主题。图形来源有传统的资料，如照片、画片、书本插图等，通过扫描仪输入计算机；还有计算机中现成的图片资料，包括多媒体出版物、专门的图库以及数码照片等。这些都需要多媒体课件制作人员平时的积累、收集和整理，特别是一些专业性很强的图片，更需要做个有心人，对专业领域内方方面面的图片收集待用。

（五）主题声音的设计

声音能充分体现多媒体课件的特色。在课件中，它是以教学媒体出现的，它服从画面所表现的内容需要，与其他媒体相融合，形成一个有机的整体，为教学主题服务。在多媒体课件中，声音有解说、音响和音乐，除了解说外需不需要音响和音乐的出现，要根据具体情况而定。在讲课型和汇报型课件中一般不用或少用，课堂讲课、汇报工作需要在肃静的气氛中进行，加上听众习惯在安静的环境中学习、思考。这时加上音乐、音响、效果声，不但不能促进教学效果，反而成为一种干扰思维的噪声。其他类型的多媒体课件，因为画面丰富多彩，交互层次较多，时空延伸相对较长，有必要加入音响和音乐，给人一个适当的轻松环境来调节神经，刺激观看者的视觉和听觉器官，去感受、体味课件的内容，提高教学效果。

（六）主题字体的设计

在多媒体课件中，文字除了表词达意外，作为课件的媒体要素之一出现，其本身也需要用艺术的形式来表现。因而文字的美化，处于第一位。

首先是字体的运用。每一种字体，都有它自身的表情。如黑体有醒目严肃的感觉，宋体、楷体有端庄刚直的表情；仿宋、行书有清秀自由的意趣；而篆书则有华贵古朴的风貌；印刷体则相当于宋体楷体，具有端庄明快的感觉；手写体则相当于仿宋、行、草，有轻松活泼的体态。因此多媒体课件中选用字体时，应该按讲课内容的性质而定。这样才能表里一致，发挥出字体的感染力。字体的选用，除了被大家共识外，最重要的是要人性化，选择一种比较自然、跟人亲近的，容易被人接受的，使人能在第一感觉中一下子拉近距离的字体，在教学中可以起到事半功倍的效果。至于变化形式，有透视法、立体投影、空心变化等，也可以用 Photoshop 加以处理，加强其装饰意义，使之美化。各种标题在设计上一般采用基本字体或略加变化，不宜太花，要力求醒目，形式上具有一定的象征意义更好。

其次是字体颜色的确立。字体颜色要与背景色相协调，两者相互衬托、相互融合，在衬托之中产生出文字与背景的对比关系，突出地显示出文字。

再次是在需要投影的课件中，字体除了考虑以上因素外，还必须注意投影仪投出后的效果。字体笔画一般要稍粗一点，如果太细，如横细竖粗或横粗竖细，可能有些笔画显不出来，影响效果。课件中文字不是越多越好，过多的文字会将课件变成电子版的书籍，使画面失去魅力，使观众厌烦。所以文字内容要力求简明扼要，突出重点。

（七）主题色调的设计

主题色调是整个课件的魂，决定着整个课件的基调，只有确定好基调以后，我们才能够进行后期的颜色设计和配置。那么，如何来确定课件基调，确定成什么颜色才比较合适？确定主色调，要根据课件的主题与内容、学生的年龄特征来决定，不同的主题，不同的内容，应用不同的色调来表现。根据教学的意境，有的需要明快，有的需要低沉，如在表现财政金融领域、描述生产领域、卫生保健领域时通常用绿色。同时，还要注意各年龄阶段的特点。小学生具有好奇、活泼、好动、想象力丰富的心理特征，大多喜欢鲜艳、丰富、大胆、纯度高的颜色，如红、橙、黄、绿色等；进入中学阶段的学生表现得相对成熟、相对理性，同时也进入喜欢幻想的阶段，因此，这个阶段的学生大多喜欢蓝、青、黑、红色等代表理性、智慧的颜色以及紫色、粉红色、白色等能让人产生遐想、发挥想象力的颜色。确定了主色调，然后调整透明度或者饱和度，产生新的色彩用于课件。这样的课件看起来色彩统一，有层次感[60]。

（八）主题动画的设计

多媒体动画课件要体现主题，每个多媒体动画课件都是为了完成课件教学问题而设计的，问题不同设计的效果也不同。因此，在多媒体主题动画课件设计过程中要突出此次教学的难点、重点及目的，同时要注意这三者之间的联系，从而促使课件教学效果达到事半功倍的效果[61]。

二、主题设计流程

一是教学目标分析。分析本门课程的教学目标，细化教学单元，确立知识"主题"，设定课件主线。

二是情境创设。创设教学情境，结合主题内容，以真实情境激发学生的发散性思维。让学生主动思考,联系自己知识结构中的内容,关联原有经验,对新知识产生兴趣,同时能在新旧知识中形成联系,加强新知识的记忆。

三是信息资源设计。信息资源的设计是指:在课件制作过程中,确定涉及主题需要的信息资源的种类和这些信息资源在学习过程中的作用。当学生不知道从何处获取信息资源或不了解如何有效利用这些信息资源时,课件应能够给予有效的指导和帮助。

四是自主学习设计。"支架式教学法""抛锚式教学法"和"随机进入教学法"是以"学生"为中心的常用教学方法。根据教学方法的不同,课件在制作过程中针对自主学习的设计也有所不同。

(1)支架式教学,是以主题为基础,建立相关概念框架。框架的建立应遵循维果斯基的"最近发展区"理论,同时依据各人不同情况,呈水平阶梯状不断提升,进而形成类似于脚手架攀升的模式,引导学生智力发展。

(2)抛锚式教学,也称"实例式教学"或"基于问题的教学"。结合主题在相关情境中确立真实的时间或问题,围绕这个问题开展思考,用已有知识无法解释时,再进一步阐述新知识并给出解释,根据解释来制定解决问题的规划,并在实施过程中不断完善原有知识及补充新的知识[62]。

(3)随机进入教学,主题的表现方式不固定。能从不同角度、不同侧面表现主题的多种情境,发散性地使学生随机进入主题情境,自主探索学习。

(4)发挥学生的首创精神,外化知识和实现自我反馈。所有教学方法在"自主学习设计"的时候都是应该必须考虑的[63]。

第三节 富媒体课件的提炼

课件主题的提炼主要是指在丰富的素材中选择与主题相关的内容并进行整合,提取最符合教学内容的主题,以主题为节点,制作符合教学目标,教学内容的多媒体课件。主题的提炼是对课件整体内容的把握,通过对素材的层层筛选保证主题的合理性,同时能够对教学内容进行升华,主题提炼是多媒体课件制作最重要的环节。

一、主题提炼的原则

(一)教学性原则

主题的提炼是为所要表达的内容服务的,因此在选择使用图像、声音、动画等各种媒体时,关键是能表达学习内容,突出学习主题。要克服媒体设计与学习设计相脱离的常见毛病,过分烦琐的界面,使用起来不方便,过于花哨的界面也容易使学习者分散注意力，与主题无关的或不能为主题服务的素材不要采用，不要片面追求"技术含量"。界面要力求简洁、文字精练，有效地突出教学内容、教学主题。作为基础教材的多媒体课件，应全面反映这门课程的基础知识，内容不能脱离教学大纲，作为补充教材的多媒体课件，可以介绍与本课程有关的超出大纲的补充知识。

（二）针对性原则

主题提炼需要针对特定教学对象，中小学生对事物的感知基本上只能依靠直觉上的喜恶，缺乏理性的分析。因此在课堂中他们对感兴趣的内容听得兴致勃勃，而那些兴趣索然的知识完全不理，这种认知倾向就直观地展现出来了。所以在素材中提炼主题时要充分考虑学生心理、认知、行为等各个方面，提炼出适合学生的教学课题，在讲授教学内容时做到事半功倍[64]。

（三）科学性原则

多媒体课件不仅仅是一种教学辅助工具，更是教学中的一部分，所以多媒体课件的设计与制作作为教学活动的一个方面，必须保证其本质的科学性。这就体现在对于课件主题的提炼上，好的主题能够充分反映课件内容。学生第一眼看到的就是课件的主题，对于学生接受课件教学有极为重要的作用，同时也体现对教学内容的理解与应用，所以一个科学的主题是教学课件的灵魂。教育应当是科学的，才能够给大学生传递正确的知识。

（四）集成性原则

主题承担了领军者的角色，需要课件设计者将所有素材进行整合处理，遵循教学目标，传达教学内容的原则提炼符合课件内容的主题。主题也许只是十几个字的形式，却是众多素材集中精练的表现。这就体现出了主题的集成性。集中所有相关的素材内容，根据各方面的要求总结出一个能够迅速了解教学内容的主题。所以在提炼主题的过程中，应将所有有用的素材进行梳理归纳，对素材进行集中的考量，通过对教学现状的思考，结合学生认知状态，全方位地得出主题内容[65]。

（五）兼顾广度和深度原则

主题应既不偏离教学目标，也不局限于该课程主体，兼具广度与深度，以更好地辅助教学。

一是教学资料要多收集一些，覆盖面要"广"一些，古今中外的、各个方面的资料都可以收集一点。资料面广，在准备课件时有助于自己对问题理解得准确全面，并选择典型的例证。对收集的资料，要进行认真地分析研究，以求全面深刻地认识资料的意义。一份资料可能会有不同方面的意义，如有本质意义和非本质的意义，旁属意义和主属意义等。所以要了解清楚材料的内容意义，以便在使用时容易选择。

二是要收集有对比作用的资料，课件教学中，经常要用对比的方法。对比方法可以体现出资料的深度，以便能够挖掘出更深层次的内容应用于课件，不止流于教学内容的表面，而是通过提炼主题的方式引导学生探索课程的重要性，对教学内容进行充分延伸，让学生学得言之有理、言之有物[66]。

（六）新颖性原则

一篇文章要告诉读者一个不曾了解或意想不到的观点，才能吸引读者、打动读者，才能引导他们做以前不曾有过的思考。首先要体现时代精神，其次要对生活有独特的发现和新的感受。

二、提炼主题的步骤

（一）素材整理

应提前搜集教学时所需的各类素材，为将来制作多媒体课件做好准备。另外，对于网络资源的充分利用和加工也是十分有效的补充。在课件制作过程中，不同类型的素材可以极大地丰富课件的展现形式，素材通常包括文字、图形、图片、声音、背景音乐、动画、视频等多种类型。同时，还要结合课题内容规划好课件的色彩搭配、构图方式，力求课件给使用者带来清新明快的视觉感受。

（1）文字的准备。多媒体课件使用的文字应和教案一样，突出重点和难点。

（2）图片的准备。图片是使文字的内容直观、形象、生动，解决文字和语言难以描述的问题。因此，图片应能形象地展示教学内容，清晰明了地阐明主题。

（3）视频资料的准备。视频资料能帮助教师更加生动、形象地展现出课堂上无法实际操作的内容。虽然视频资料在课件中的使用相对较少，但如果对阐明课件的主题有用，使用视频效果会理想。

（二）挖掘材料的含义

每一份材料都有各个方面的含义，教师需要挖掘内在的意义用于课件主题延伸，做到正确、准确。把最有用的知识点用最有效的方式传递给学生，这是多媒体课件的意义所在。

（三）延伸和扩展

素材只是课件主题的一个组成部分，更多的是教师对有关课件的思考和总结。课件主题的选择是有主观性和倾向性的，这就取决于教师所要重点教授的内容是什么，能够将固有的知识点进行延伸，要通过主题一针见血地呈现出来。

（四）选择和概括

所有的前期准备工作完成，需要教师对所有的资料和假设进行归纳和整理，这是提炼主题最重要的部分。教学内容和教学目标会成为主题提炼最主要的参考资料，还有教师对课程的理解，对于资料的应用都要通过主题去展现出来。所以，提炼出来的主题要具体、有效，更要符合学生发展状态，更要生动有趣，一下子吸引学生的兴趣，以便对课程的吸收。

（五）明确主题

这是课件制作的重要环节。在制作之前，要先做好选题的工作，因为并不是每一节课都需要用到多媒体课件，课题选得好，可以极大提高学生学习的主动性和学习效率。反之，如果选题不当，流于形式，就会起到画蛇添足，甚至相反的作用[67]。

三、主题提炼的方法

同一素材，从不同的角度、不同层次上去挖掘，会产生不同的主旨，关键是概括和归纳。所谓概括，简言之就是把事物的共同特征归结在一起。

一是充分地发挥想象和联想，发掘客观事物本身所蕴含的思想意义。

二是要用心去感知和体验生活，通过对生活的观察、分析和思考来寻找和发现问题，去寻求感悟和感动，从中提炼出好的主题。

联想是发现客观事物本身所蕴含的思想意义的最基本、最主要的方法。联想总是以现实生活中的某事、某物为出发点的，联想的翅膀一旦张开，就必然会由此及彼、触类旁通。把这一事、一物和生活中的种种事物联系起来，促使作者的想象发生质的飞跃，从而使作者有所感悟和发现，最终发掘出事物本身所蕴含的思想意义。从另一个角度讲，联想是一种心理活动，通过联想，使生活中存在的客观事实与作者的心灵发生"碰撞"，使其内心深处迸发出思想与感情的火花，继而使其思想和感情得以"燃烧""升华"，最终凝练成好的主题。

第四章　富媒体课件脚本的设计编写

第一节　课件脚本概述

一、课件脚本的概念和要素

课件脚本的设计编写，是制作课件的重要环节，需要对教学内容的选择、结构的布局、视听形象的表现、人机界面的形式、解说词的撰写、音响和配乐的手段等进行周密的考虑和细致的安排。

课件脚本相当于影视剧本，包括：内容脚本、制作脚本。本章节主要讲的是课件脚本中的制作脚本，内容脚本可以包含在制作脚本中。

课件脚本可以帮助教师梳理内容，描述知识内容的呈现方式，达到知识性要求；同时，课件脚本能向制作人员清晰明了地说明各种图片、文字、声音、动画、视频等素材的表现方式，即技术性要求。概括来说，课件脚本就是对课件呈现及最终成品的文字描述。

合格的课件脚本是课件开发成功的保障。在设计课件时，我们需要决定：重难点的划分、讲解方式、呈现方式、教学策略等。这些内容具体呈现在课件脚本上，即为：① 基本的逻辑结构；② 基本的呈现风格；③ 配音风格及配音文档；④ 人设、场景等需要素材；⑤ 内容设计；⑥ 交互。这些内容，也就是课件脚本需要包含的要素。

二、脚本的作用

我们写脚本的主要目的是：① 记录内容和构思；② 根据大纲把内容适当地分布在每页；③ 决定每一页的文字、图片、动画、程序、声音的设计内容和风格；④ 为接下来的课件制作环节，提供工作指导。由此不难发现，脚本能够作为制作的指导，进而减少内容风险、减少工作量。

作为制作的指导——课件脚本，对课件的制作有着重要的意义。一个合格的课件脚本，能够清楚描述知识内容的呈现方式，能够清晰明了地说明各种图片、文字、声音、动画、视频等素材的表现方式。我们正是以脚本为依据，完成平面、动画、交互等各环节的制作,最终完成课件成品。

减少内容风险、减少工作量——脚本中的描述,能够使我们预先了解到课件成品的效果。在对脚本进行审核后,若发现有需要进行完善、修正的地方,可以在脚本环节就及时修改。若等到课件成品完成后,再进行修改的话,不仅耗费各环节的人力及制作成本,也会影响课件定稿的时间进度。因此,提前从脚本环节开始,就对课件的质量进行把关,尤为重要。

从课件制作的角度看,脚本的主要指导作用体现在以下6个方面:
(1)应用适当的教学策略,以达到教学目标。
(2)完整的脚本结构包括片头、课程导入、内容讲解、课程总结(测试)等环节。
(3)每个主题(知识点)之间应用顺畅的链接和过渡。
(4)测试题以匹配教学目标为基准进行组织。
(5)控制页面文字的字数,配音字数,控制课件播放时长及学习时长。
(6)以统一的风格进行设计。

三、课件脚本撰写的设计原则

图 4-1-1 课件脚本撰写的出发点和归结点

这一部分,我们可以通过另一个问题来获得启发——课件脚本撰写的出发点和归属点是什么?答案是:"学习目标""学习对象""学习内容"(图4-1-1)。我们应以这三者为起点,设计课件脚本;也应以此为终点,在设计过程中,使课件脚本始终贴合这三个维度的需要。

这三个维度,是我们在编写脚本时,需要时刻要关注的。具体为:①学习内容是否能达成教学目标?②学习目标是否明晰以及针对上下文是否合理?③为了能够达到教学目标是否需要增加新的内容?④如果内容与教学目标无关,或者不适合学习者学习就需要删除这些内容。⑤学习对象能够达成学习目标吗?

为了使课件脚本符合上述要求,我们应把握如下设计原则:
(1)规划出各项内容的显示顺序和步骤。
(2)描述期间的分支路径和衔接流程。
(3)兼顾系统的完整性和连贯性。
(4)既要考虑整体结构,又要善于运用声、画、影、物的多重组合达到最佳效果。
(5)注意交互性和目标性。
(6)根据不同的应用系统运用相关领域的知识和指导理论。

> **小贴士**
>
> **教学目标与学习目标的区别**
>
> 教学目标中包含着学生的学习目标，二者都为学生的学习而设立的，其具体不同之处在于：
>
> 1. 涵盖的内容不同
>
> "教学目标"应涵盖三维目标，而"学习目标"注重知识和技能目标，过程和方法目标、情感目标可渗透在教学过程中，可以不描述。
>
> 2. 目标的对象不同
>
> "教学目标"是教师和学生共同完成的教学任务。"学习目标"是由教师代替学生或者师生共同制定的，面向的是全班不同层次的学生。学生通过学习最终实现的目的。
>
> 3. 表述的程度不同
>
> "教学目标"制定时可以使用教师教学专业词语，甚至概括性词语，只要教师能看懂；但是"学习目标"是需要不同层次的学生能看懂，可操作要强，语言必须做到准确、具体。
>
> 4. 蕴含的感情色彩不同
>
> "教学目标"的表述可以用成年人较为理智、严肃的方式表现出来；但是"学习目标"的表述就应该饱含激励、鼓励的语气，以激发学生学习积极性。

第二节　课件脚本形式

以下列举了四种典型的富媒体脚本形式，供大家参考使用。需要强调的是，脚本并不是为了写而写，它是为顺利完成课件的制作而写的，脚本是一种用来"表达课件设计意图"的工具。因此，在选择脚本形式、确定脚本模板时，要从实用角度出发。

一、精品课件脚本

精品课件集文本、图片、声音、视频、动画等多种表现形式为一体，是常见的一种富媒体课件形式。精品课件能够灵活动态地进行文字、图形、图像的相互转换，帮助学生建立起对知识的感性认识，如图文动画、情景动画、MG动画等形式的富媒体课件。

精品课件脚本，通常为 Word 格式。

其内容模块主要为媒体呈现、媒体效果、解说词等（如图 4-2-1 举例）。

小节名称：私人银行的起源和发展	知识点名称：私人银行的起源	知识点编号：slide010102
媒体呈现	媒体效果	解说词
图 1： 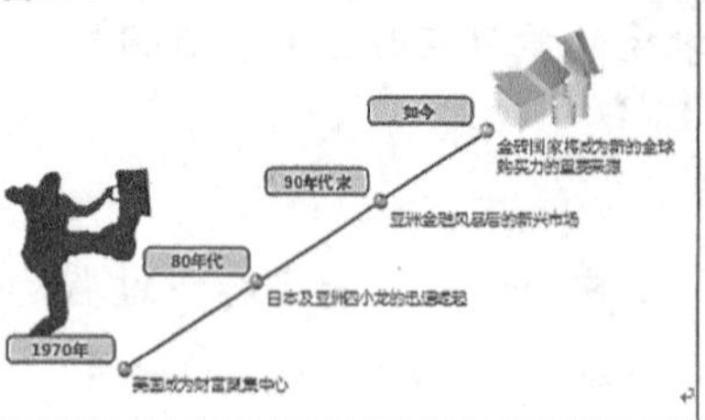 	【1】随配音内容，出现知识点标题“私人银行的起源与发展——私人银行业业务的发展”； 【2】随配音内容，逐步出现【点】→【年代】→【对应文字内答】，然后从该点出画出一段斜线条，然后再是【点】→【年代】→【对应文字内容】，之后出现顺序相同，最后出现一个代表【金钱】的图形。（画面排版样式、关键字见图 1）	【1】(二)私人银行业业务的发展 【2】1970 年，美国成为财富聚集中心；如今，金破国家将成为新的全球购买力的重要来源。

图 4-2-1　脚本的内容模块

“媒体呈现”部分，主要向制作人员展示需参考的素材图片（有必要的说明）、简单排版（示意图）、视频或者其他素材的地址。

“媒体效果”部分，是对需要呈现的画面内容、画面效果、声音效果等的文字描述。媒体效果的描述越细致，越有利于制作人员理解需求。

“解说词”部分，即为配音稿（旁白 / 对白）。

在脚本中，针对上述三部分内容，应给予匹配的编号，并对脚本中的不同内容，设置对应的字体颜色（如：媒体描述为绿色，需在画面中出现的关键字和解说词为黑色，人物、语气为深红色），以便制作人员对“每句解说词匹配什么样的画面内容和效果，有怎样的画面参考”都能一目了然（如图 4-2-2 举例）。

媒体呈现	媒体效果	解说词
图 1： 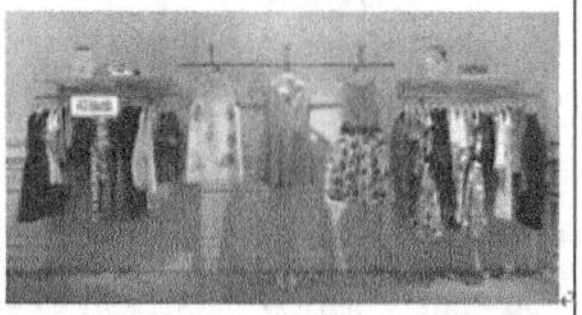	【1】店铺内，顾客甲出现在画面中,小美在一旁整理衣服 【2】顾客甲在店内看衣服（服装陈列参考图 1 绘制），导购小美在背后看着顾客，眼睛上下打量。小美说话。 【3】顾客甲看了一眼小美,然后离开。小美说话。 【4】导师出现在小美一旁 【5】小美说话 【6】导师说话,画面中间蹦出文字: 埋头干活 没有目光接触 上下打量 喋喋不休 最后在 4 个文字上，都出现醒目的大叉 x 表示错误 【7】小美头上冒出一个问号	【1】 【2】小美(背后轻声碎碎念)：这位小姐，看看这个看看那个，也不知道要买什么衣服，真是的。 【3】小美：哎?怎么就这么走了呢? 【4】导师：小美,你这样招呼顾客是不对的哦。 【5】小美：是吗?你看她是自己走的呀。 【6】导师：你刚刚只顾着埋头干活,既没有和顾客有目光接触，还上下打量顾客,在身后喋喋不休，这些都是需要避免的问题。 【7】小美：那我应该怎么做呢?

图 4-2-2　脚本中的编号、字体颜色

二、动画分镜脚本

动画分镜脚本是制作带场景的、较复杂的动画时，不可以缺少的一个环节，在动漫的课件中经常会用到，在人物情景动画中需要这个环节。我们在写动画分镜脚本的时候，需要明确的内容，通常有：人物、场景、具体描述（一定要细致，标准就是越细致越好）、动画音效、景别以及时间规划（如图4-2-3举例）。

篇名	破冰小故事				
人物	路人甲——男，穿着破破烂烂的棉袄，吊儿郎当的样子 路人乙——男，穿着整洁的书生，手上拿着一卷书 路人丙——男，农民，扛着锄头，拿着榔头		场景	古代，冬天户外，水塘结冰	

序号	人物	动画具体描述	旁白	音响	景别	秒数
1		户外，飘着一点雪，水塘结成了冰，镜面反光的效果		呼呼的风声	全	2
2	路人甲	路人甲走路摇摇晃晃，嘴里哼着小曲		小曲哼唱声	中	3
3	路人甲	眼睛睁大发着光，从眼球中看到金子的闪烁		"叮"	特	2
4		结冰的水中，一个小金子闪闪发亮			特	2
5	路人甲	路人甲蹲在冰面上看着结冰的金子说话	路人甲（兴奋）：哇，有金子哎		中	3
6		结冰的水中，一个小金子闪闪发亮	路人甲（疑惑）：但是，这个冰这么厚，金子又这么小		特	6
7	路人甲	路人甲站起来	路人甲（无所谓）：算咯算咯，还是不要了~		中	4
8	路人甲	路人甲离开的背影，继续哼着小曲		小曲哼唱声，慢慢变轻	全	3
9	路人乙	路人乙手捧书，摇头晃脑地背着诗词走上结冰的湖面	路人乙：北风卷地白草折，胡天八月即飞雪		全	6
10	路人乙	路人乙停下，眼睛一定，从眼中看到金子闪烁	路人乙（慢悠悠）：这是什么？让我先瞧瞧		近转特	5
11	路人乙	路人乙蹲在冰面上			中	2
12	路人乙	结冰的水中，一个小金子闪闪发亮	路人乙（兴奋）：哇，竟然是颗金子		特	4
13	路人乙	路人乙手托下巴说话	路人乙：但是这么厚的冰怎么取出它呢？		近	5
14	路人乙	路人乙眼睛转转，然后一亮	路人乙：行，我就等冰化了吧		特	4

图4-2-3 文字形式的动画分镜脚本

动画分镜脚本不仅有文字形式，更多的时候为画面形式（如图4-2-4举例）。画出来的动画分镜脚本，可以更直观地向制作人员表达设计意图。

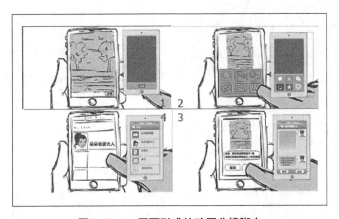

图4-2-4 画面形式的动画分镜脚本

1. 关于动画音效

动画音效指在动画作品中的声音效果，是我们在动画作品中听到的所有声音总称。动画音效的构成元素包括语言、音乐、音响。例如：角色对白的声音、配乐的声音、自然界的客观声音（流水声、风声）、角色与物体运动产生的声音等。

2. 关于景别

景别可具体划分为（大）全景、中景、近景、（大）特写（图4-2-5举例）。

①大全景：基本看不到人；②全景：可以看到很多人物或建筑整体；③中景：人

大全景

全景

中景

近景

特写

大特写

图 4-2-5　景别

物全身，景物可见，建筑部分；④ 近景：人物半身，建筑内部或局部；⑤ 特写：人物局部，细小物品整体；⑥ 大特写：人物局部的细节，物品局部细节。

3. 关于时长估算

时长估算不仅能够帮助我们准确估算动画内容时长，选择合适的长度支持课程内容；也能帮助我们在制作时，把握动态长度，对动画制作具有指导意义。

时长一般根据动画效果以及配音、音效等内容进行综合评估，旁白字数按照 220 字/分钟计算（需注意动画中人物对白的语音速度，人物对话通常有停顿）；最后还需要写一下总时长。

三、视频拍摄脚本

视频拍摄脚本与文字形式的动画分镜脚本类似,内容包括:画面、时长、镜头类别、拍摄及剪辑方法、配音等(如图4-2-6举例),旨在让拍摄人员理解视频画面的内容和组成。常用格式为 Word 或 Excel。

序号	画面	时长	镜头	拍摄及剪辑方法	配音(同期声)
1	片头 标题:如何折纸孔雀 副标题:讲师:XXX (字体:方正行楷) 图片:纸孔雀折叠好后的效果图	10s	中景	出现纸孔雀的图片,飞入标题+讲师信息。	如何折纸孔雀
2	准备材料 1.薄卡纸1张(色彩任意)+薄卡纸 2.直尺1把+直尺 3.剪刀1把+剪刀 (字体:方正楷体)	30s	特写+近景	从桌面上从左到右依次展现需要准备的材料,每个材料旁边配上对应的文字。	首先我们来看一下需要准备的材料
3	折叠纸孔雀时的手部动作	1min	特写	在手部做重要动作时用红圈标出	要折叠一只纸孔雀,首先我们……

图 4-2-6　视频拍摄脚本

四、PPT 格式的脚本

除了用 Word 或 Excel,我们还可以用 PPT 写脚本,如一些简单的 H5 交互类课件,其内容模块主要为:界面呈现、媒体效果、解说词(如图4-2-7举例)。

图 4-2-7　PPT 格式的脚本

对于含有 PPT 内容的富媒体课件，如"PPT 画面 + 同步录屏讲解"的课件、"老师视频讲解画面 +PPT 画面"的课件等，我们也可以直接用 PPT 写脚本。我们将需要呈现的内容大致排布在 PPT 上，并描述清楚呈现需求，再让制作人员在 PPT 上完成页面美化、动画设置、音效设置等内容。对于 PPT 技能较好的脚本编写人员，甚至可以直接完成 PPT 内容成品的制作。

第三节　课件脚本的设计编写

一、确定结构、大纲、主线

盖房子时，要先打地基、建立框架，再灌浇混凝土。课件脚本的设计也一样，要先确认课件结构，再进行内容填充。一个富媒体课件通常由以下环节组成（如图 4-3-1 所示）：

行动支持指鸣谢、扩展阅读、知识迁移、课后持续的指导、资料下载等。

实际梳理课件结构时，可参考图 4-3-1 并结合实际需求，进行适当的增减。例如，若为知识体量较小的、结合线下课堂教学使用的、简短的富媒体课件，"测试""行动支持"等环节，可根据需要删减。

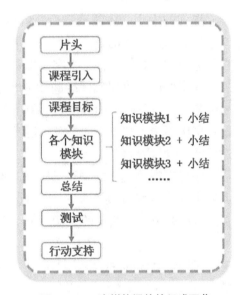

图 4-3-1　富媒体课件的组成环节

然后，在确定课件中的"各个知识模块"时，需要梳理出详细的章节名称及知识点名称。这一步，也就是要把知识内容的"大纲"确认好，并定位到每个章节的学习目标。这样做，为后续的课件文字稿编写及其他脚本环节的编写，打下一个扎实的基础。"地基"稳了，"房子"才建的牢固。

根据"系统性与逻辑性"的原则，编写大纲时要注重整个课程的系统性和各模块之间的逻辑关系。一般来讲：每一门课程都要有一条鲜明的课程主线贯穿始终。优秀的课件一定要建立在对内容主线进行清晰规划的基础上，而不能过于随意。内容主线可以分为：知识内在逻辑主线、时间主线、空间主线、流程主线、问题解决主线、案例分析主线。

（1）知识内在逻辑主线：如因果、层递、主次、总分、并列等。

（2）时间主线：一般适用于介绍某个事物发展历程、著名历史事件、人物的生平事迹等以时间为线索的事物内容。

（3）空间主线：一般适用于地理位置关系、物品内部结构（从前到后、由外到内、由内到外）等内容。

（4）流程主线：一般用于讲解为完成某件事情、达成某个目标所需要的操作过程。例如新员工入职流程，扬州炒饭的炒制流程。

（5）问题解决主线：整个课程是一个"提出问题、解决问题"的过程，一般可用于销售、服务等课程。通过解决客户或他人的常见问题，来培训相关的技能。例如卖衣服的销售话术。

（6）案例分析主线：先引出一个案例或者故事，然后针对这个案例进行分析，分析提出论点、论据。

二、确定文字稿

课件的大纲、主线确定后，就可以往里面填充具体的内容了，产出物就是课件的文字稿。课件呈现的画面内容和效果，基本都是依据文字稿进行设计的。对于有人物对白、旁白的富媒体课件，文字稿也是后续配音内容的基础。

文字稿的内容要确保准确性、严谨性。不论什么风格/形式的富媒体课件，哪怕效果再酷炫，一旦知识内容有误，就不是一个合格的课件。文字稿要注意避免出现以下情况：层次不清，观点不明；逻辑混乱，没有条理；啰嗦重复，模棱两可；词不达意，表述不清。

编写文字稿时，需要注意以下几点：① 整体语言风格要统一。② 要具有必要的承上启下的语言和过渡语言。③ 不同部分选择恰当语言：课程导入，课程目标，每个知识点必要的总结，测试的反馈，行动支持。

三、确定媒体形式

如何选择富媒体课件中的媒体形式呢？首先我们要知道各类媒体形式的特点，进而分析课程内容，明确使用各媒体的目的，最终选择出合适的媒体形式。

（一）熟悉各媒体形式的特性

（1）文本：文本的抽象层次较高，需要学生有较强的阅读理解能力。

（2）图表：承载的信息量比较少，具有数据量小、不失真的特性。

（3）图像：非常逼真、生动、形象，可以提供较高质量的感知材料，其显示的内容、时间长短可由学生控制。

（4）动画：有利于描述事物的运动、变化过程，经过创造设计的动画更加生动、有趣。

（5）音频：标准的解说、动听的音乐有利于集中学生学习的注意力、激发学生学习兴趣。

（6）视频：视频具有表现事物细节的能力，适宜呈现一些对学生比较陌生的事物。它的信息量比较大，具有很强的感染力。

通常来说，展示信息，可以用文字、图表；讲解原理可以用动画、视频、图像等。

（二）分析课程内容，明确使用目的

教学内容一般分为理论知识和经验知识两部分，将它们明确划分开才能确定媒体呈现形式。一般来说，理论知识适宜用抽象形态的媒体呈现，如文本、声音、图表等；技能、技巧和事实等经验知识适宜用具象形态的媒体加以呈现。

四、确定交互内容

富媒体课件的一大亮点，就是可以具有交互功能。

（一）课件中的交互类型

（1）界面交互：指界面上的基本功能互动（诸如翻页、导航、帮助等）以及测试题。

（2）内容交互：指学习过程中出于释义及逻辑结构上需要而为内容部分设计的互动，如帮助加深记忆的交互式游戏、个别引用的交互式案例等。

（3）复杂交互：指基于对系统、环境或场景模拟操作的需要而设计的互动，以及其他较为复杂（如与虚拟人物的互动）的互动设计。

（二）交互设计思路

我们需要根据课件内容的呈现需要、呈现必要，来设计是否增加交互、增加什么样的交互。常见的交互设计思路有：

（1）为"条理化展示教学内容"而设的交互。此类交互，在同一页面上先呈现具有并列关系的标题、重点文字或图片，让学习者通过点击自主选择需要学习的内容。此设计将线性的学习转化为非线性的学习，增强了内容条理性。

（2）为"清晰展示时间顺序"而设的交互。此种交互以时间为主线，按时间顺序介绍知识点。

（3）为"展示图片局部或细节"而设的交互。通过鼠标点击/拖拽，查看图片细节。

（4）为"区分重点、非重点"的交互设计。此种交互主要通过鼠标点击查看和阅读非重点教学内容，课程不对非重点内容做配音解说。

（5）为帮助学习者记忆操作过程，提高动手能力而设的交互。

（6）为引导学习者思考而设的交互。

（7）清晰展示流程而设计的交互。

（8）促进重要知识点的巩固和记忆而设的随堂练习。

五、脚本编写

根据已经确定的文字稿、媒体形式、交互形式等，我们就可以开始正式编写脚本了。需要将富媒体课件涉及的"画面、效果、语音、交互"等方面的内容，都在脚本中表述清楚。

（一）统一性内容的描述

富媒体课件中，对于需要前后保持一致的内容，可以在脚本的开头就将其设计要求确定并描述清楚，如画面风格、场景、人设、配音等。

1. 画面风格

画面风格有很多种，如扁平风、手绘风、黑白剪影风、Q版卡通等，可根据课件的主题、内容、学习对象等因素，综合考量后选择（图4-3-2）。

扁平风

手绘风

黑白剪影风

Q版卡通

图 4-3-2　画面风格

2. 场景

课件中的场景并不是越丰富就越好，我们需要根据课件内容的实际需要来设置。这样既能确保合理性，也能控制制作成本。对场景中必须出现的内容，我们要将其描述清楚，如相关图标、画面元素等。脚本开头将场景内容明确后，后续写脚本、描述画面内容时，只需写明场景名称，制作人员就能明白要匹配哪个场景了。

在知识讲授类课件中，可固定的场景类型一般为"讲授场景（含导学人物）""讲授场景（不含导学人物）"等（图4-3-3）。

 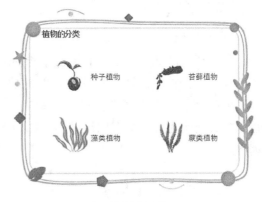

含导学人物　　　　　　　　　　　　　不含导学人物

图4-3-3　讲授场景举例

在情景动画类课件中，场景设置会适当丰富一些。例如"面向初中生的系列案例动画"课件，设置的场景有：教室场景、操场场景、卧室场景、上学/放学马路场景等。

3. 人设

人设通常为"导学人物"或"动画里的故事人物"。我们需要将人设的要求描述清楚，如姓名、性别、年龄、性格、职业、（多个人设之间的）人际关系、形体特征、服饰特征等（图4-3-4）。

小赵-市场策划　　小张-用户运营　　大李-销售经理　　王姐-审计
男　25岁　　　　男　25岁　　　　男　30岁　　　　女　35岁
思维活跃、阳光　　幽默、平易近人　　稳重、进取　　　认真严谨、知性大方

图4-3-4　人设举例

4. 配音

对于有旁白、人物对话的富媒体课件，需要描述清楚配音的音色需求：性别、年龄、语速、说话风格等，具体根据课件、人设的情况确定。

对于交互类课件，若需要人声语音反馈的（如题目答对时语音反馈"你做得很好"，题目打错时语音反馈"加油啊"等），也同样需要说明配音音色的具体要求。

（二）画面描述

1. 内容结构

任何形式的课件，都是有层次结构的。在脚本的画面描述部分里，应时刻把内容结构的描述放在首位，画面上要显示课件的内容结构，让学生时刻知道自己学习进度。

层次结构一般以章节页的方式呈现，内容多的课程以三级结构为宜，内容少的课程以二级结构为宜，最多四级结构（如图4-3-5举例），超过四级则结构容易乱，不易理解。

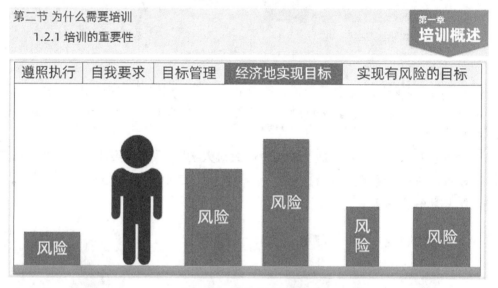

图 4-3-5　层次结构举例

图 4-3-6　导航举例

互动类课程中也可用内容结构作为导航（如图4-3-6举例）。

2. 关键字词

为配合课件内容的讲述，课件画面上经常需要配合出现关键字词。具体要呈现哪些关键字词，是需要我们在脚本中描述清楚的。

呈现在画面中的关键字词，通常都是经过提炼的，一般不大段出现（如图4-3-7举例）。

若为必须出现大量文字的情况，也要在画面中突出关键词。同样，我们也需要在脚本中描述清楚，突出哪些关键词（如图4-3-8举例）。

上图画面的旁白：
微课的主要特点有：时长短，内容经过压缩；体积小，适用于移动端；内容精，内容均经过提炼；个性化，也可以说是趣味化，满足不同学员的需求。

图 4-3-7　关键字提炼

关于衡量人才的具体标准，人们一致推崇**德才兼备**。

德才兼备被誉为是"千古用人第一标准"。其本质是要求员工的一切行为都要做到有德、有才，两者兼备，不可缺一，而且是德在前，才在后。魏征特别强调，如果在战乱期间不能过多考虑"德"，那么"丧乱既平，则非才行兼备不可用也。"

唐太宗又增加了"学识"一条，说："今所任用，必须以德行、学识为本。"明代刘斌认为，担任重要职务的人不仅要德才兼备，还必须有**器量**，"所谓器者，能受善言，能容贤才，非包藏隐忍，持禄保位而已。"王夫之则在才能、器量之外，加上了"**意志**"，认为成就大小看才能，才能发挥如何看器量，器量大小"视其志之所持"，志不坚定终将一事无成。

图 4-3-8　突出关键字

3. 示意图表

为了使画面描述的文字表达更加清晰，我们可以尽量在脚本中提供示意图表，以便制作人员更好地理解脚本人员的意图。常用的绘制方法：Word 绘制、PPT 绘制、其他专用工具绘制。

一般来说，脚本中的示意图表，无需太过精美，但要确保示意的意思准确（如图 4-3-9 举例）。

如对于自己的设计比较有想法，可以将自己的想法详细画出，让制作人员美化即可（如图 4-3-10 举例）。

界面呈现	媒体效果
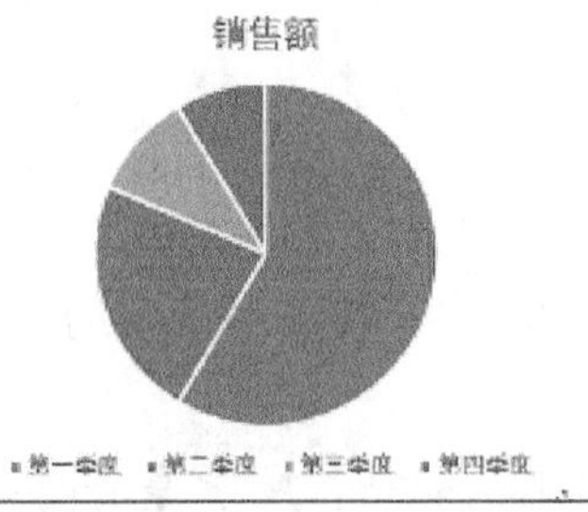 销售额（饼图：第一季度、第二季度、第三季度、第四季度）	插入销售额饼图，并添加各季度比例值：第一季度 60%，第二季度 30%，第三季度 5%，第四季度 5%。

图 4-3-9　脚本中的示意图表

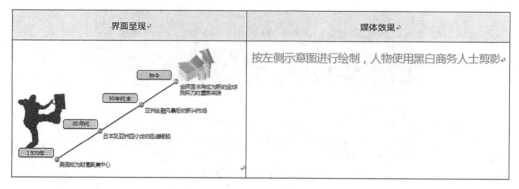

图 4-3-10　在脚本中展示详细的画面设计

4. 场景描述

对于已经在脚本开始部分描述清楚的场景。在写画面内容时，只需写清楚场景名称，制作人员就能明白画面内容要匹配什么场景了。

（三）素材描述

对需要在课件中呈现的图片、视频、音频等素材，我们需要在脚本中，将呈现需求表述清楚，如① 显示一张美国国旗图片；② 显示一张狗的图片（全身图）；③ 显示一张狗头特写图片；④ 播放一段奥巴马演讲的录音；⑤ 播放一段快速点钞的视频。

小贴士

素材的来源

素材的来源，一般有三种：

网络直接获取一般不考虑版权情况，小规模传播、非商用均可。

根据要求制作不会有版权问题，通常情况下通过网络素材改造，必须保证相似度低于 70%。

正规渠道采购可以快速获取所需素材，大多数质优价低。

（四）效果描述

1. 动画效果

（1）图文：对于动画形式的富媒体课件，我们需要在脚本中，将动画呈现的需求表述清楚（如图 4-3-11 举例）。

（2）人物：对于有人物动画的富媒体课件，人物的动作、镜头、场景等呈现需求，要在脚本中呈现清楚（如图 4-3-12、图 4-3-13 举例）。

界面呈现	媒体效果
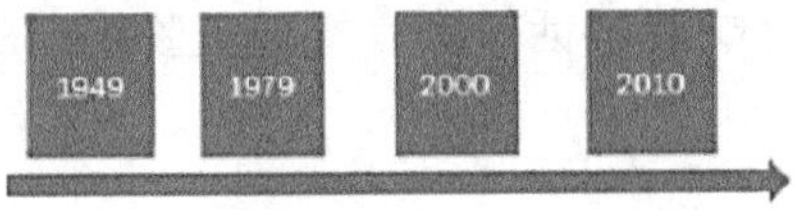 1949　1979　2000　2010 →	出现一根时间轴，根据配音依次出现年代、大事件等信息。 年代和对应大事件信息的关键字： 1949 ********** 1979 ********** 2000 ********** 2010 **********

图 4-3-11　动画呈现需求的表达

界面呈现	媒体效果
 （人物A与人物B握手图示）	人物 A 从房门走进房间，与人物 B 进行握手（侧面全景，并过渡到手部特写）。

图 4-3-12　人物＋动作＋镜头

界面呈现	媒体效果
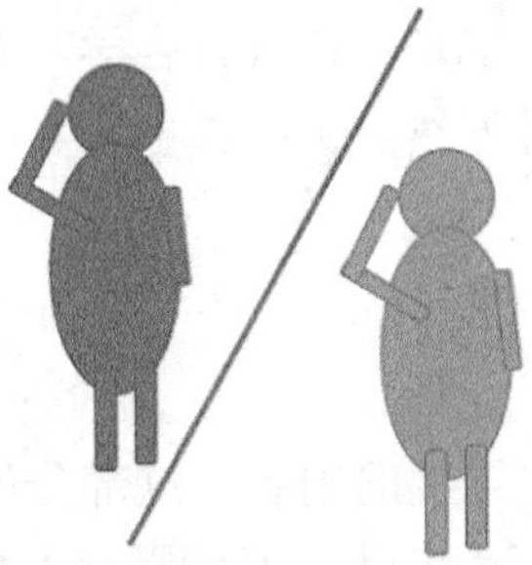 （A和B分屏打电话图示）	A 和 B 正在打电话，画面两个场景二分，A 在办公室，B 在大街上，谁在说话时就放大谁所在区域，例如 A 说话时，就放大 A 所在区域，B 适当缩小到右下角。

图 4-3-13　场景＋动作＋镜头

2. 声音效果

这里的声音效果一般指语音以外的声音，其设置目的是为了"营造真实环境效果"和"配合剧情需要"，如：播放打雷的声音、配合响起电话铃声、播放人物走路的声音、出现点钞机点钞的声音。

（五）语音描述

富媒体课件中的语音，是指人声配音的部分。一般分为对白、旁白，其内容都是依据前面讲到的"文字稿"来确定的。

1. 对白描述

编写人物对白时，要注意：对白内容要符合对象的习惯；对白语言要精练；对白语言要精确，不能有歧义。

脚本中，对白内容的要素，需要包括"人物+语气+口语化"（如图4-3-14举例）。

解说词
例1： 医生（询问）：小朋友，你怎么了？ 小明（虚弱）：医生，我肚子不舒服。
例2： 领导（质问）：你说，这个月业绩为什么这么差？ 下属（支支吾吾）：领导，我……
例3： 妈妈（生气）：孩子，你怎么又把衣服弄得这么脏？ 孩子（淘气）：嘿嘿，妈妈，我今天抓到一只小青蛙……

图4-3-14　对白

2. 旁白描述

在戏剧、影视剧本中，旁白讲究一语双关、说话含蓄，让人有不同的理解。但对于非艺术类的课程，应避免这种情况。富媒体课件中旁白的要求是：语言符合学习对象习惯；语言要简洁凝练；语言表达要准确，避免歧义；结合时下热点，引起更多共鸣；语言要有趣味，避免写得过于书面化，像领导讲话一样。

（六）交互描述

富媒体课件中，好的交互融合了画面、效果、语音等多维度的内容。这部分的脚本描述，一定要确保逻辑清晰，且每一步交互后，有怎样的画面变化、匹配哪些音效/语音，都要表述清楚（如图4-3-15举例）。

制作要求	画面要求	语音/指导语音（字幕）
1、点击按钮进入游戏页面。	虚化游戏页面，显示游戏名称：**分辨乐器**，标题下方呈现**开始**按钮	画外音：分辨钢琴。
1、交互方式：拖拽匹配。 2、选项说明： ①选项做放大缩小动态，作为提示拖拽，待选项填入的区域也做出提示效果。 ②游戏引导语结束后，选项要一直保持可操作的提示动态。 ③一旦用户操作选项，此选项变为固定状态。正确吸入，错误弹回并继续保持可操作的提示动态（注意：弹回后提示动态的节奏频率和其余选项动态节奏一致）。 3、正误反馈说明： 拖动人物到对应钢琴位置： ①拖动错误，人物弹回，播放弹回音效和错误音效（同时播放）； ②拖动正确，人物吸入，播放正确音效，且画面呈现人物坐着演奏的身体姿态。 ③共2题。第2题答对后，播放通关音效及通关反馈动画。	1、背景：舞台场景。 2、游戏内容： ①左上角显示：辨一辨，拖一拖。 ②舞台上放置两架钢琴，一把二胡、一把马头琴： 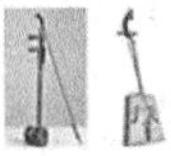 （需要卡通化设计） ③设计两个人物作为选项：男孩明明，女孩朵朵。 共两题。 第1题：两个乐器（二胡、马头琴）+1个男孩。 第2题：两个乐器（二胡、马头琴）+1个女孩。 ④正确答案： 第1题：男孩形象拖到二胡前，拖动正确、选项吸入后，配正确音效，画面呈现男孩坐着演奏的身体姿态。 第2题：女孩形象拖到马头琴前，拖动正确、选项吸入后，配正确音效，画面呈现女孩坐着演奏的身体姿态。 3、反馈页：通关反馈。	画外音 明明将要用二胡进行演奏，请用小手拖一拖，帮忙把明明带到二胡前面吧。 画外音 朵朵将要用马头琴进行演奏，请用小手拖一拖，帮忙把朵朵带到马头琴前面吧。 正误音效：答对啦/啊哦！ 通关音效：恭喜你，顺利通关！

图 4-3-15　H5 交互设计脚本（分辨两种民族乐器举例）

（七）其他备注

除上述内容外，若有认为需要让制作人员了解清楚的其他内容，也可在脚本中表述清楚。例如：难以理解的知识点、为便于制作的扩展材料等。

六、脚本审核

写脚本要慎重，永远是写成什么样子，便制作成什么样子。因此，在脚本初稿完成之后、在进入制作环节之前，我们需要对脚本内容进行审核，且最好经过两遍审核。第一遍是自审，第二遍安排其他人员进行审核（如教师）。

脚本审核的维度一般有：

（1）有无逻辑错误；
（2）有无低级错误；
（3）有无结构错误；
（4）内容是否正确、完整；
（5）描述语言等内容是否统一性；
（6）上下呼应、语言风格、设计风格是否统一；
（7）上下知识点的衔接、过渡语言是否合理；
（8）是否有难以实现的效果；
（9）是否有利于学习者学习；
（10）是否达成学习目标。

第五章　信息图类课件的开发方法

各式各样的地图、图解类新闻、年度总结中的各种图表……这些新闻和图片，相信你一定看到过。它们简单易懂，一目了然，重点明确，让信息更容易被理解和接收，信息传递更加高效。其实它们都属于信息图的范畴。

那么信息图如何运用在课堂呢？什么是信息图？我们该如何创作出自己的信息图？信息又该如何获取和处理？让我们一起走进信息图的世界。

本章共分三节，依次介绍了信息图的概念、意义和主要类型；信息图的制作方法，包括主题的确定、收集信息的方法和设计美化；最后通过信息图在实际案例中的运用，从理论走向实践。

第一节　认识信息图

本节介绍信息图的概念、意义以及信息图的主要类型。通过本节的学习，读者可以对信息图有较全面的了解，并为信息图的制作打下基础。

一、信息图的概念

信息图的概念说起来比较复杂难懂，但其实信息图在生活中十分常见，我们每天都在和信息图打交道。比如墙上禁止吸烟的标志、道路交通指示牌等，通过简单的图形传递了一个信息，它早已融入我们的生活。

从字面意思来解读信息图，便是图中包含了明确的信息，这些信息可能是数据、图片、文字或者想要传达的知识等，信息图就是表达并传递这些信息的图。它既是一种艺术设计表达方式，又是一种信息载体。

信息图比较规范的概念定义，即信息图形（infographic），又称为信息图，是指数据、信息或知识的可视化表现形式。

信息图主要应用的场景为：使用一个清楚准确的解释来表达比较抽象或复杂的信息，例如在各式各样的文件档案上、各个地图及标志、新闻或教程文件，通过设计，将信息集中在一张图中展示，化繁为简。

二、信息图的意义及优势

互联网技术的飞速发展，使信息的采集、传播速度和规模达到空前的水平，但随之而来的问题和"副作用"是：汹涌而来的信息有时使人无所适从。从浩如烟海的信息海洋中迅速而准确地获取自己最需要的信息，变得非常困难。特别是面对大量文字的时候，更是很难短时间内抓取到关键性信息。

人类获取的信息83%来自视觉，11%来自听觉，其他来自嗅觉、触觉和味觉等，详情如图5-1-1所示。人们对图形、符号的接受与记忆有着较大的差异，其中对图像所传达的丰富信息接受得最为充分，并且保持着长时间的记忆。

图 5-1-1　人类获取信息的方式

简单来说，就是比起文字，人类更容易记住图片，特别是在更长时间以后——这个现象叫作图片优势效应。根据图片优势效应的研究，当我们单单阅读文字时，三天后，可能只能记住10%的信息。如果同样的信息和相关的图片一起展示给我们，三天后可能记住65%。

图片优势效应的最普遍应用便是品牌标志（logo）设计，极具标志性的品牌logo，相比于品牌名称，logo如同"视觉速记"，迅速在人们心中打上"品牌烙印"。

信息图最大的意义便是将数据可视化，将需要传达的信息、数据或知识以图像的方式表现出来，让这些内容"图像化"，一目了然。一张出彩的信息图可以将文字"化腐朽为神奇"。

举个例子，看图5-1-2的对比。简单的文字数据，和一张条理清晰的信息图，哪一个更直观、更能有效传递关键信息？答案是显而易见的。如果此时加入一个问题："四种资源当中，哪一种资源的浏览量最多？"这时信息图的优势便充分体现出来了。左图需要通过文字的转换或者计算才能够得到结果，而右图不需要用太多的关注力，便能轻松得到答案，数据越多越烦琐，信息图的优势越明显。

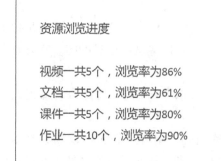 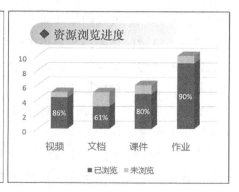

图 5-1-2　文字与信息图对比

三、信息图在微课中的应用

随着信息技术的发展，微课模式应运而生。在微课课堂的设计过程中通过多元化的信息技术手法的应用，优化了课堂教学资源，也极大地丰富了教学组织方式。信息图便是其中一种非常重要的信息化手段。

正如前文所说，信息图将数据和知识"可视化""图像化"，不仅吻合微课的"集成化"特点，而且将静态的教学转化为动态教学，能够增加学生的兴趣，集中学生注意力，提升知识传播的效率和效果。

许多微课都是以视频的形式来呈现的，视频从本质上来说也是由一张张"图"连续动态之后形成的。掌握信息图的制作，也能够为后期的视频内容制作打下基础。

四、信息图的类型

根据日本数据可视化专家木村博之的定义，从视觉表现形式的角度，可以将信息图形分为：图表、图解、统计图、表格、地图、图形六类（图5-1-3）。

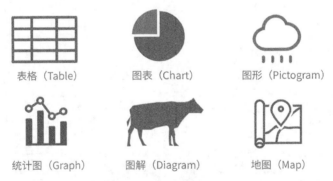

图 5-1-3　信息图的分类

信息可视化图能使复杂问题简单化，使枯燥的数据转化为直观的图形，从而抓住阅读群体的眼球，并且一下子抓住最关键的信息。

根据不同的设计目的，可以选择不同的图表形式，按照形式特点我们还可以将其大致分为关系流程图、组织结构图、时间分布类、空间解构类、关联性图表等类型。

（一）关系流程图

此类图表一般是描述整体事件的因果关系或逻辑变化情况，最常见的便是流程图。当一些事物很难用语言来表述它们之间的关系，那就可以借助图形来进行说明。

在课堂中，比如化学学科的实验步骤流程图（图5-1-4）、计算机编程教学中的流程图、生物学科当中基因遗传题目的讲解等，都可以用此类型。

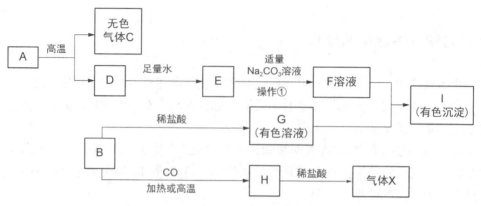

图 5-1-4 化学实验步骤流程图

（二）组织结构图

组织结构图一般具有非常有序的系统特征，可以把繁复的数据通过分支梳理的方式表达清楚，让数据与示意图有效地结合在一起。运用分组的形式，各组之间可能会体现整体与部分、上级与下级等从属关系结构。

教学过程中，思维导图或者重要概念的总结图等，适用此形式，例如图 5-1-5 示例。

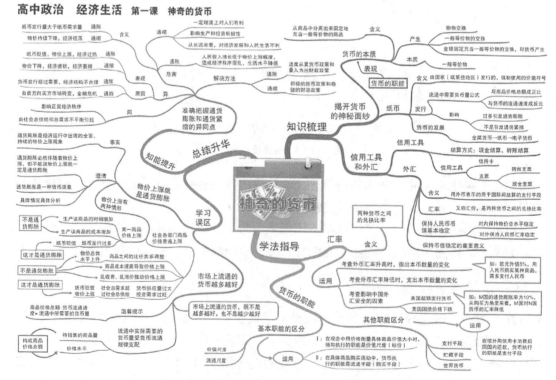

图 5-1-5 组织结构图在高中政治学科中的应用

(三)时间分布类

时间分布类的信息图比较好理解,底层逻辑以时间的发展作为基础,描述人物、物体或者事件在时间轴上的先后变化。

时间分布类的信息图特别适合以时间轴为逻辑线的课程,比如历史、政治的知识点讲解等。时间分布类的信息图,知识点呈现更直观,逻辑线更清晰,学生对知识的理解和记忆会更深刻,如图5-1-6、图5-1-7所示。

(四)空间解构类

空间解构类的信息图将空间位置的距离、高度、面积、区域按照一定比例高度抽象成空间组织模式图,运用设计语言把繁杂结构模型化、虚拟化。常见的有地图、导视图以及器物结构图等。

此类信息图更适合如生物、地理、机电、医学等需要展示空间、地点、结构等内容的学科。如图5-1-8,为初中生物学科当中动物细胞的基本结构图。图5-1-9为地理中晨昏线的示意图,一张图便可以将一个晦涩难懂的概念解释清晰。

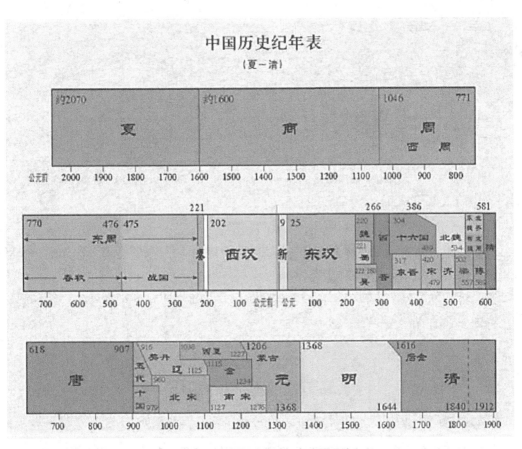

图5-1-6 中国历史纪年表(夏至清)

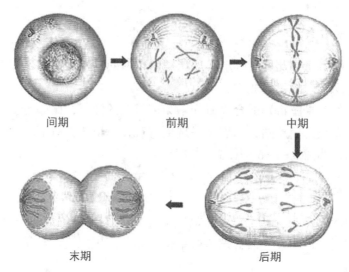

图 5-1-7 细胞有丝分裂的过程

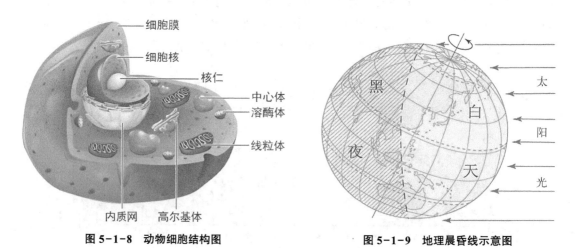

图 5-1-8 动物细胞结构图　　　　图 5-1-9 地理晨昏线示意图

（五）关联性类

关联性类的图表可以理解为有着各种关系的因素串联起来的图形，比如递进关系、对比关系等。在语文学科中运用比较多。

其实这些分类都不是绝对独立的，在真正制作信息图时，经常需要根据实际内容，综合使用几种信息图类型。

第二节　信息图的制作

本节主要介绍信息图制作的顺序、要素、原则与流程。其中信息图制作的流程包括主题的明确、结构的梳理、收集整理信息的方式、设计美化优化知识等。通过本节的学习，掌握信息图的基本制作方法。

一、信息图的组成元素

信息图的组成元素，一般是最基本，也是最重要的数据、信息或者图表。有时候一些线条、线框、箭头和其他符号会用来辅助展示。

二、信息图制作原则

（一）保持高吸引性

因为信息更新速度快，人们浏览信息的速度也越来越快，想要快速抓住人的眼球，信息图自然需要具有很好的表现力。我们可以尽量将内容以最直观的方式表现出来，图片适当突出重点和亮点，采用统一的风格素材，选用比喻、幽默等手法，作为设计的入手点。

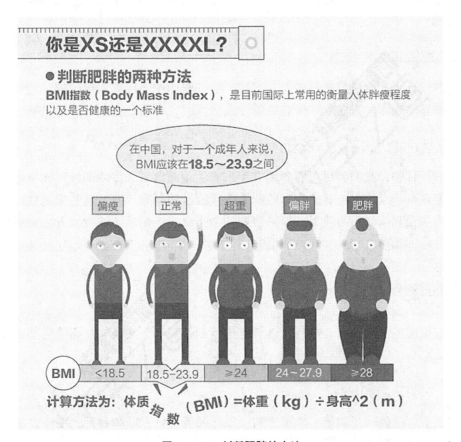

图 5-2-1　判断肥胖的方法

图 5-2-1 中，选用不同胖瘦的人群、渐变的颜色变化，非常直观地呈现出判断肥胖的方法，并且重点突出，一眼就能判别出什么区间范围的 BMI 值是正常的。因为主题为体重，所以采用了卷尺作为标题栏，这样的设计更是为这张图的趣味性加分不少。

（二）确保信息表达准确

信息图最终的目的，还是要传递信息，所以必须要确保制作时信息的准确性表达。特别是一些数据、历史内容等，更需严谨，绝不能为了美观等原因，牺牲内容的准确性。

（三）去粗取精，简单易懂

目的不同，制作时的侧重点也不同。制作时必须要有取舍，过滤和删掉一些无效内容，让所有元素最后都导向目的效果。

同时，在设计信息图的时候，也要尽量让画面简洁明了。图表设计是直观的、形象的、准确的、明了的，它的表现手法虽然多种多样，但是在信息传达方面始终要坚持可读性和条理性共存。可以通过调整文字字数、排版设计、不同颜色、不同字体、引导线条等来实现。

（四）视线流动与秩序

图表的设计要充分尊重人们的阅读习惯。当一张图中充斥着大量的信息时，要合理地利用视线移动规律，将信息顺畅有效地传递给读者，否则会有杂乱无章之感。

（五）尽量减少文字，以图释义

在图表设计中，我们要尽可能少用文字来表达信息含义，多用图形对文字进行可视化表达。但是有一点需要注意，使用的图形必须能准确释意，并且这些象征性的图释要以受众广为接受和认知作为前提。如果使用一个不合适的图释，或者读者无法将图释与真正想表达的内涵建立联系，则得不偿失。

三、信息图制作流程

了解信息图的制作原则与规范，该如何进行制作呢？下文具体介绍信息图制作流程（图 5-2-2）。

（一）明确主题和目标

有的放矢，才能事半功倍。作图之前，首先要确定好主题和目标，制作才更有针对性。此时，应该先明确两个问题。

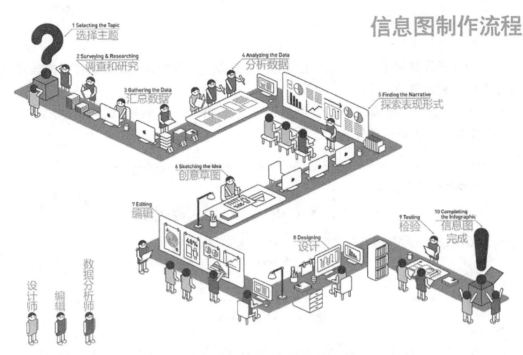

图 5-2-2　信息图制作流程图

1. 问题一：信息图的目的是什么？

创建这张信息图，想要传递什么核心价值：是为了阐述清楚一个产品，还是为了普及一个知识；想要提高企业传播力和知名度，还是为了数据对比后做出市场监测和判断？只有明确了这个问题之后，我们才能确定该收集什么类型的数据，适合用什么类型的图表来展示。

2. 问题二：信息图的受众是谁？

所谓"知己知彼、百战百胜"，了解目标人群，也能给信息图的制作带来帮助。受众的年龄层次是多少？特点是什么？他们更喜欢什么风格？了解了受众的需求，才能更好地制作。

（二）收集整理信息

1. 从哪里获得信息？

进入到正式制作的阶段，此时又出现了一个新的问题：准确的数据从哪里能获得呢？

首先我们可以通过调查研究掌握一手数据，比如聘请专业的咨询机构做定向调查报告，可以得出数据结果。在条件不允许的情况下，也可以通过网络搜索获得数据。

其次是互联网上的"开放数据"来源，如政府机构，非营利组织和企业免费提供的数据也是不错的来源。

使用数据需要注意，一定要选用权威信息来源，以确保数据的准确性，这是后期数据对比分析的基石。同时，数据的选择要服务于目标，选取那些对你的传播目标最有帮助的数据。

2. 如何处理信息？

收集的原始数据和文字可能是十分零散和琐碎的，为了方便后期的制作，应当对原始数据进行分类处理和分析。

第一步，先将信息按照不同的类别进行分类。如图 5-2-3 所示，将信息按照文字信息、图形信息和关系信息分成三类。

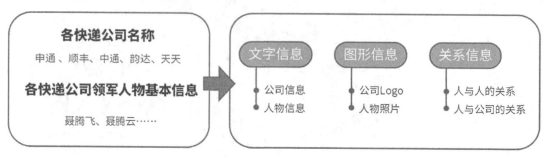

图 5-2-3　信息分类

第二步，可将横向相同主体的信息进行筛选整合。比如人物信息和人物照片可以合并展示，公司信息和公司 Logo 可以合并展示（图 5-2-4），那么初步的信息图脉络便已经清晰明了了。

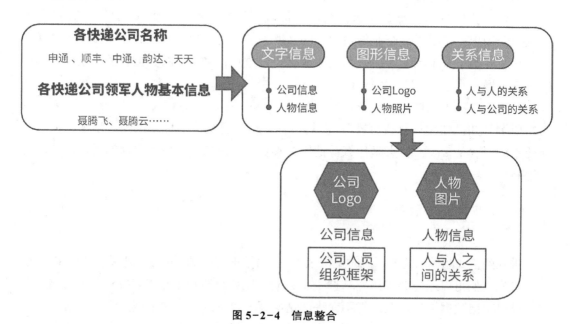

图 5-2-4　信息整合

3. 搭建合适的信息表结构与样式

制作信息图如同写一篇文章，明确主题、准备好素材之后，便需要理清制图脉络。各信息之间是总分总的关系、对比并列的关系还是总分的关系？理清内容脉络，更有助于搭建信息图的框架。

其次每个信息的内部逻辑也很重要。如前文所述的信息图类型,有以时间线为线索的时间分布类,有以地点等为线索的空间解构类,也有综合几种内部逻辑的综合类。内部逻辑决定了选择哪一种信息表呈现样式更合适。如果想表达数据间的对比,则更多使用图表类信息图,如果想表达各信息间的地理空间位置,则更多的使用地图类的信息图。

如图 5-2-5,主要是想体现出不同城市通勤时长的对比,通过不同颜色的柱状图,我们可以非常清晰地得出不同城市通勤时长的不同,也能够了解拥堵时长和非拥堵时长分别是什么情况。

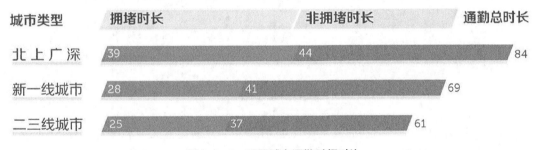

图 5-2-5 不同城市通勤时间对比

当碰到两种或以上的逻辑交叉出现时,可以将几种信息图类型糅合在一起。但是依然要有主次之分,也就是要理清主导逻辑是什么,或者想突出的重点逻辑是哪一种。

例如,既有地理位置逻辑又有数理逻辑的时候,如果主导逻辑或想突出的逻辑是地理位置时,常用的表现形式是地图加点的方式,这时数理逻辑就只能体现在点的名称,或者标注,或者大小;如果主导逻辑或想突出的逻辑是数理逻辑时,呈现和只有数理逻辑的表现方式差异不大,地理逻辑多作为文字弱化处理。

(三)设计美化

接下来也是数据可视化中非常重要的一步——设计与美化。之前的内容,一直围绕着信息图表的"内涵",讲述"信息"的那些事儿,但更重要的是信息图中"图"的属性,"可视化"才是最终的呈现方式。

好的信息图不止传递了准确的信息,并且给人愉悦的视觉享受,接下来将从排版、配色方面讲解信息图的视觉设计,并且介绍一些图片素材来源和图形设计的软件。

1. 排版

常见的排版样式有骨骼型、满版型、上下分割型、左右分割型、中轴型、曲线型、倾斜型、对称型、重心型、三角型、并置型、自由型、四角型等,现在就教学过程中常用的排版类型,做详细的介绍。

(1)骨骼型:骨骼型是一种规范、理性的分割方法,体现出理性之美(图5-2-6)。

常见的类型有竖向通栏、双栏、三栏和四栏等。一般以竖向分栏为多。使用骨骼型排版,可以给人严谨、和谐、理性的美。理性而有条理,活泼而具有弹性。

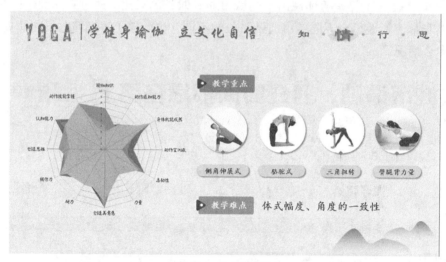

图 5-2-6　骨骼型

(2)左右分割型:整个版面分割为左右两部分,分别配置文字和图片(图5-2-7)。如果将分割线虚化处理,或用文字左右重复穿插,左右图与文会变得自然和谐。

图 5-2-7　左右分割型

（3）中轴型：将图形作水平方向或垂直方向排列，文字配置在上下或左右（图5-2-8）。水平排列的版面，给人稳定、安静、平和之感。垂直排列的版面，给人强烈的动感。

小标题
将图形作水平方向或垂直方向排列

小标题
将图形作水平方向或垂直方向排列

小标题
将图形作水平方向或垂直方向排列

图 5-2-8　中轴型

（4）曲线型：图片和文字，排列成曲线，产生韵律与节奏的感觉（图5-2-9）。

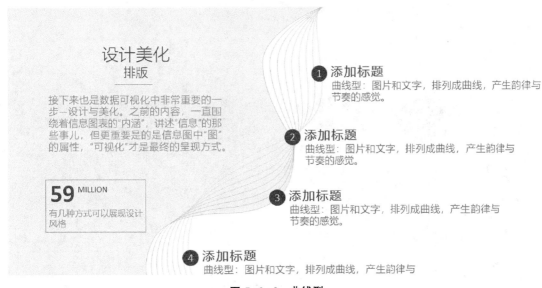

图 5-2-9　曲线型

（5）重心型：重心型版式产生视觉焦点，使其更加突出（图5-2-10）。

有3种类型：① 直接以独立而轮廓分明的形象占据版面中心；② 向心：视觉元素向版面中心聚拢的运动；③ 离心：犹如石子投入水中，产生一圈一圈向外扩散的弧线

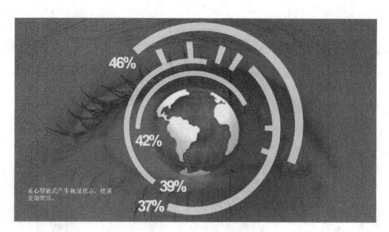

图 5-2-10　重心型

的运动。

（6）自由型：无规律的、随意的编排构成，有活泼、轻快的感觉（图 5-2-11）。

优美而干净的排版，合理的内容排布，会对信息图的传播起到积极作用。根据主题目标和素材，选择合适的排版样式，可以向读者更好地去传递所要表达的内容，也可以提高读者的阅读体验感。

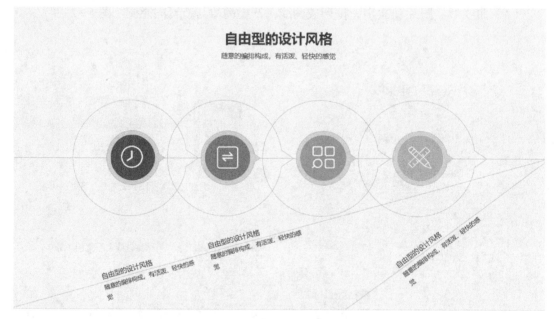

图 5-2-11　自由型

2. 配色

对于非专业设计师，这一部分不需要研究得太深，只需要了解一些色彩的基本知识。① 主色：指在配色中处于支配地位的色彩。一般情况下，主色是配色中使用面积最多的色彩。用于主要的组件、大面积色块等。② 衬托色：衬托主色而出现的另一种色彩，只要达到衬托的目的即可。③ 背景色：背景色经常表现为无彩色（黑、白、灰）或者低饱和度的色彩。背景色主要是作为背景而存在，最好不要以非常强烈的色彩姿态出现。④ 强调色：强调色是在主色以外起强调作用的色彩，可以说它是非常重要的视觉焦点。它本身具有一种独立性，因此在配色上要与主色形成强烈对比。

如何运用这些颜色进行合理的搭配呢？有五种比较容易上手的配色基础方法。

（1）单色法：单色配色是指画面主色只使用一种颜色，需要注意的是，所谓的"单"色，并不是指只用一种颜色，而是只有一种色相。往往需要基于单色的色相，调整出不同饱和度和明度的颜色，使页面层次更加丰富（图 5-2-12）。

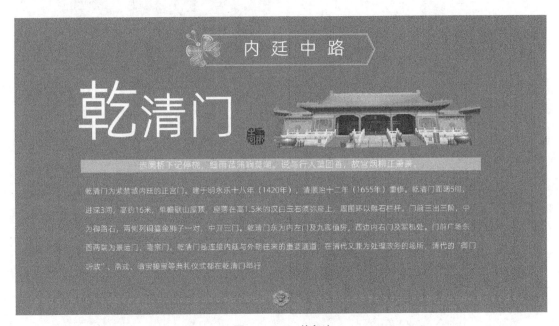

图 5-2-12　单色法

使用单色配色比较"安全"，画面色彩会更和谐，但是所有色彩都在同一色相下，色彩的对比可能没有那么明显。

（2）相似色法：一种颜色比较单调，但多种颜色又不够和谐，此时可以尝试使用在色相环上相邻位置的颜色，这样既有对比又协调统一色彩基调，整体比较和谐，也不容易出错（图 5-2-13）。

（3）对比色法：对比色是指处于色环上距离彼此 120° 位置的两种色彩，彼此为对比色（图 5-2-14）。

当然为了保证这种方案的色彩平衡，建议使用一种颜色作为主色，另外的颜色作为衬托，否则很容易让页面显得凌乱。

（4）互补色法：互补色是在色环上直线相对的两种颜色，是对比最强的搭配，因此在视觉上会产生极大的隔离作用。它们组合在一起，会产生相互衬托、相互抗衡、相互

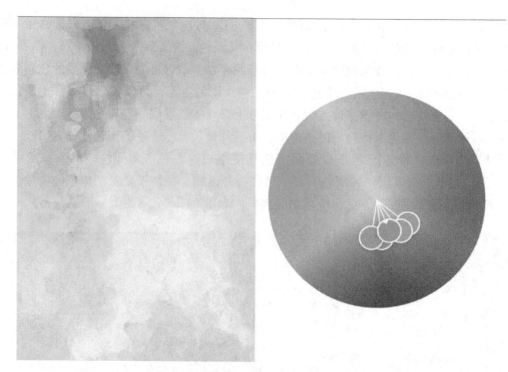

图 5-2-13 相似色法

 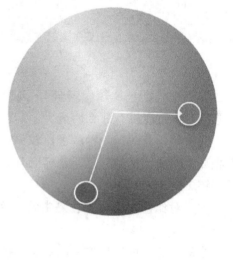

图 5-2-14 对比色法

排斥的感觉，并使各自的色相更显突出，会产生强烈的对比感（图 5-2-15）。

一般会使用一种颜色作为主色，另一种颜色作为强调色，突出重点。

（5）突出色法：突出色法是指在低饱和度或者中性的背景上，配上一个饱和度较高的颜色，形成强烈的对比（图 5-2-16）。

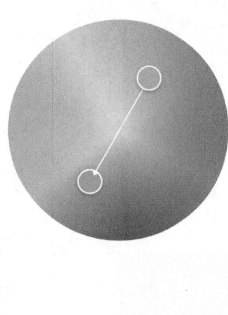

图 5-2-15 互补色法

图 5-2-16 突出色法

在制作信息图时，一开始需要根据内容确定好主色调，然后再进行相应的颜色搭配。这里可以介绍两个颜色搭配的小技巧。

第一，当对配色毫无头绪的时候，可以找一张好看的图片，用吸管吸取图片里的素材，形成配色方案（图 5-2-17）。

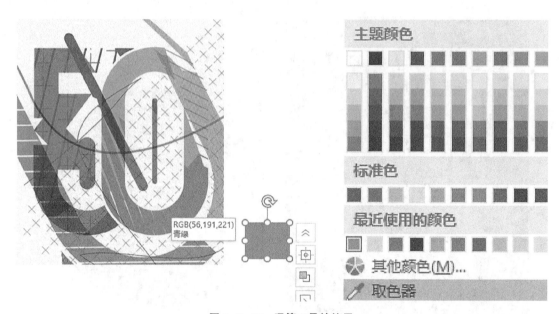

图 5-2-17　吸管工具的使用

第二，可以从网上下载优秀的配色模板进行模仿（图 5-2-18）。

图 5-2-18　优秀配色模板

色彩千变万化，合理搭配的画面颜色，可以使信息图清晰美观、条理清晰、重点突出，起到"锦上添花"的作用。

3.图片等素材获得的网站

在制作过程中，通常需要使用很多图片的素材，这里我们根据类别罗列了一些网站。

（1）灵感类网站

• 花瓣网（https：//huaban.com/）有大量优秀的设计图，可作为灵感图库。

• 站酷网（https：//www.zcool.com.cn/）是综合性的设计师社区，聚集了优秀的创意设计人群，拥有丰富的原创设计作品。

（2）图标 icon 类素材

• 阿里巴巴矢量图标库（https：//www.iconfont.cn/）中的素材是免费使用的，提供了许多成系列、成套的图标素材，做信息图时十分实用。

（3）美化及素材网站

常见有许多综合类的素材网站，有免抠素材网站，也有高清摄影大图网站等，设计者可以按照需求综合选择。

• 千图网（https：//www.58pic.com/）

• 千库网（https：//588ku.com/）

• Pxhere 摄影图库（https：//pxhere.com/）

• 摄图网（http：//699pic.com/）

（4）专业类图库

• 逸度机电云（http：//ydjdy.com/）

• 设计师网站导航（http：//hao.uisdc.com/）是一个集合性的导航网站，集结了高清图库、设计教程等。当缺乏灵感、素材的时候，这里可提供一些帮助。

第三节　PowerPoint 操作技巧

常说实践是检验真理的最佳途径，即使学习掌握了如此多的理论知识，还是需要在实际案例中操练一番，在实践中"炼真金"。

平常我们都会使用到 PowerPoint，作为微课制作的重要工具，其有许多实用便捷功能都被我们忽略了。学习使用这些功能，可以制作丰富多彩而又独特的信息图。这里以 PowerPoint2016 为例，详细介绍信息图类课件的开发方法。

一、在 PowerPoint 内绘制及修改形状

（一）绘制形状

绘制形状有两种方法。第一种，"插入"菜单栏—"形状"，选择要绘制的形状，如图 5-3-1 所示。

第二种，在"开始"菜单栏中也有快捷界面，在"开始"—"绘图"模块中，即可选择需要绘制的形状（图 5-3-2）。

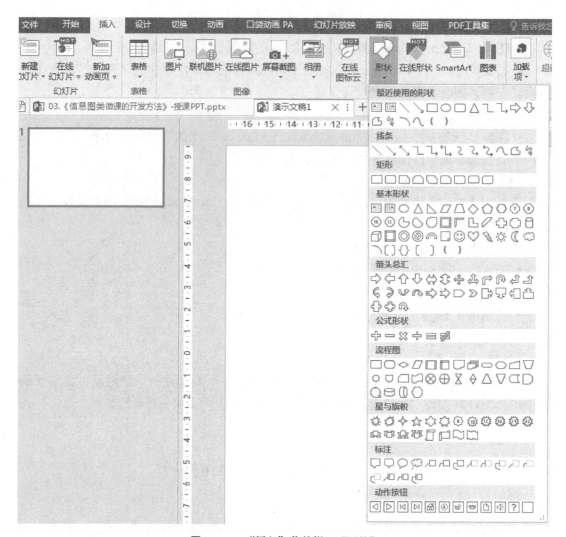

图 5-3-1 "插入"菜单栏—"形状"

图 5-3-2 "开始"菜单栏—"绘图"

(二)修改形状

在实际制作过程中,往往我们想要的形状和预设的形状有出入,需要修改形状。

步骤一:在需要修改的形状上单击鼠标右键,左键点击"编辑顶点",如图 5-3-3 所示。

步骤二:如图 5-3-4 所示,点击后,在平行四边形的四个角上会出现四个黑色锚

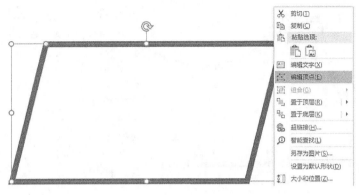

图 5-3-3　编辑顶点

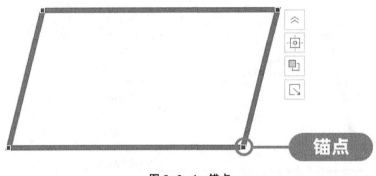

图 5-3-4　锚点

点，在四条线上会出现红色线条。

步骤三：通过移动锚点，以及拖动锚点的手柄可以修改形状（图 5-3-5）。

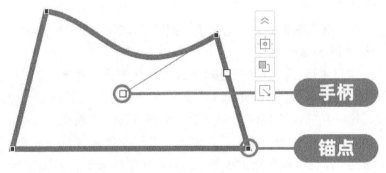

图 5-3-5　拖动锚点和手柄

步骤四：在编辑顶点的状态下，鼠标右击形状线条，在列表中还有添加顶点、删除线段、开放路径等功能，如图 5-3-6。

在编辑顶点的状态下，鼠标右击锚点，还有删除顶点、平滑顶点、直线点等选项，可以多做尝试，如图 5-3-7。

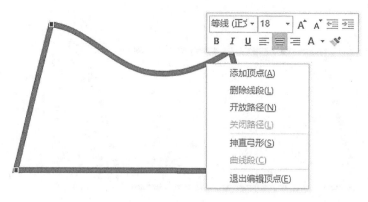

图 5-3-6　右击形状线条

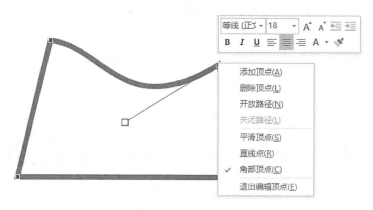

图 5-3-7　右击锚点

（三）合并形状

这一功能许多人都不熟悉，其实它对于绘制图形有很大的帮助。位置在"绘图"格式—"合并形状"（图 5-3-8）。

合并形状又叫布尔运算，其实就是对所选的形状进行布尔运算，以此来得到不同的形状，Office2013 以上版本共有五种类型。需要注意的是，这一功能需要同时选中至少 2 个形状图形才能使用，否则为灰色不可选中状态。为了清楚展示合并形状的运算法则，这里使用绿色（深色）和灰色（浅色）两种形状颜色来说明。

（1）联合是指将两个不同的图形合并为同一个图形。组合后形状的颜色，主要来源于第一次选择的形状，如果第一个选择灰色，组合出来的就是灰色；第一个选择绿色，组合出来的就是绿色（图 5-3-9）。

（2）组合是指"去同存异"，将两个图形重合的部分去除，不同的部分保留（图 5-3-10）。

图 5-3-8　合并形状

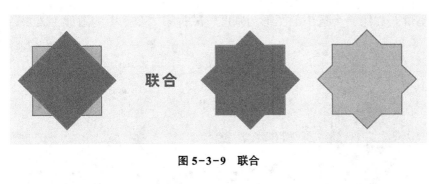

图 5-3-9 联合

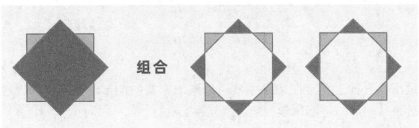

图 5-3-10 组合

（3）拆分是指将两个图形，按照图形的边界，将其拆分成若干离散图形（图 5-3-11）。

图 5-3-11 拆分

（4）相交是"去异存同"的过程，只保留两个图形相交重合的部分，去除不重合的部分（图 5-3-12）。

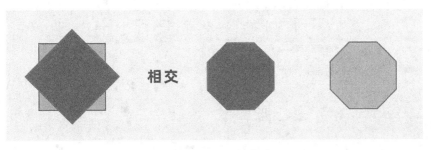

图 5-3-12 相交

（5）剪除是以第一个选中的图形为基准，减去第二个选中的图形（图5-3-13）。

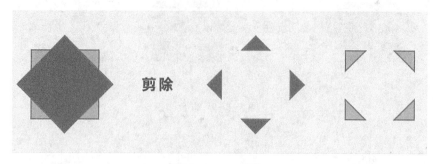

图5-3-13　剪除

灵活运用这五种工具，在PPT中就可以画出丰富的图形。下面以深圳地铁的logo为案例（图5-3-14），一起来学习运用这五种工具。

图5-3-14　案例：绘制logo

第一步，分析logo的图形组成。我们可以看到除了圆形绿色背景，白色曲线部分可以看作是两个半圆环和两条竖线组合而成。有了这个思路，我们开始作图。

第二步，首先在形状中选择"空心弧"，可以通过调节点，来调整弧度以及圆环的粗细（图5-3-15）。

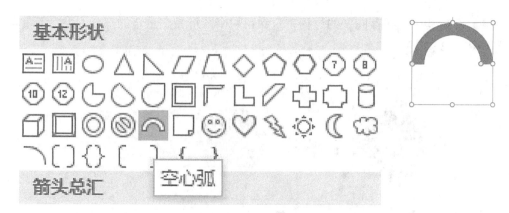

图5-3-15　绘制空心弧

第三步，将此圆环复制，随后选择"旋转"—"垂直翻转"，两个半圆环的部分便完成了（图5-3-16）。

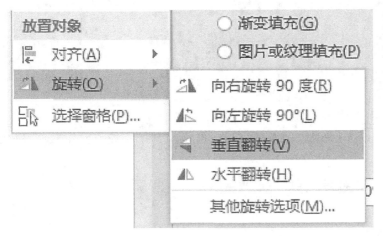

图 5-3-16　复制并翻转空心弧

第四步，绘制两条竖线。选择"矩形"工具，绘制两条竖线。Logo的雏形已经绘制完成（图5-3-17）。

第五步，将这四个图形同时选中，选择"合并形状"—"联合"，分散的四个图形便合成为一个整体（图5-3-18）。

第六步，制作圆形背景。选择形状中的"椭圆"，按住"shift"键绘制一个正圆。随后使用"取色器"，吸取原logo的颜色，填充到圆形中（图5-3-19）。

第七步，调整图层顺序。右击圆形背景，右击—"置于底层"。选中之前制作好的蓝色图形，改变颜色为白色。Logo便绘制完成了（图5-3-20）。

图 5-3-17　Logo 雏形

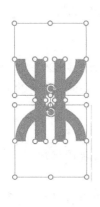

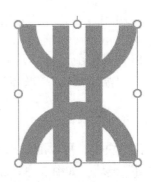

图 5-3-18　合并形状—联合

图 5-3-19 制作圆形背景　　　　图 5-3-20 Logo 制作完成

二、插入 SmartArt 和图表工具

(一) SmartArt 图形

SmartArt 是 office 当中的一个功能模块。在此模块中，可以轻松地创建各类图形图表，位置在"插入"菜单—"插图"模块，如图 5-3-21。

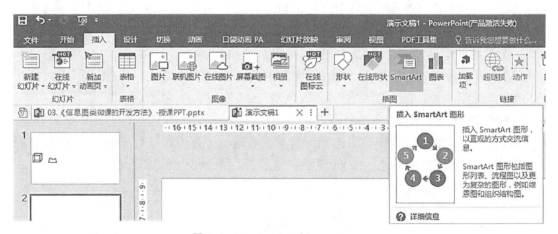

图 5-3-21 SmartArt

创建 SmartArt 图形时，系统将提示你选择一种 SmartArt 图形类型（图 5-3-22），例如"流程""层次结构""循环"或"关系"，并且每种类型包含多个不同的布局。

(二) 插入图表

在图表模块中，可以通过插入条形图、面积图等来呈现数据。位置在"插入"菜单—"插图"模块，如图 5-3-23。

在此模块中，可根据不同数据的特点，以及想侧重表达的重点，选择合适的图表类型，并且每一种图表类型都有几种样式可以选择。

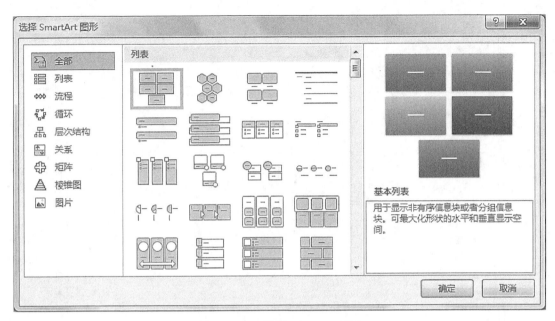

图 5-3-22　选择 SmartArt 图形

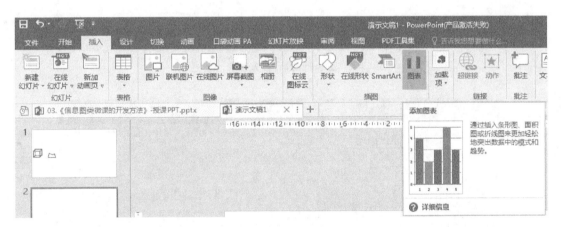

图 5-3-23　图表

选择好图表类型后，将跳出相应的 excel 表格，在表格中修改数据和文字即可。

在 2016 版本中，可选择的图表类型新增了瀑布图、排列图、树状图、直方图、箱形图、旭日图等。

三、插入图片、编辑图片及保存图片

（一）插入图片

在"插入"菜单—"图像"模块，可以根据需要选择插入图片的路径（图 5-3-24～图 5-3-27）。

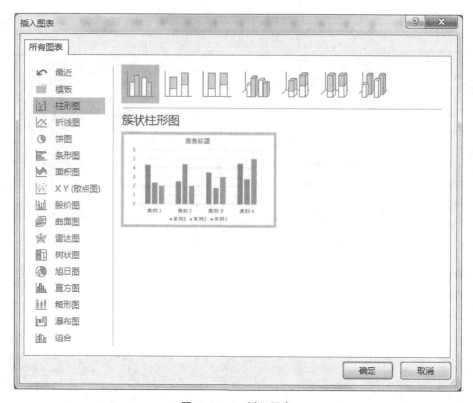

图 5-3-24 插入图表

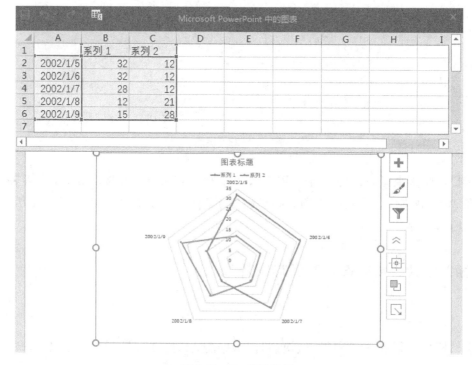

图 5-3-25 修改数据

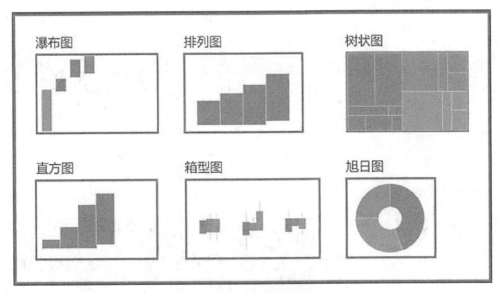

图 5-3-26　新增图表类型

图 5-3-27　图像模块

（二）编辑图片

插入图片后，可在图片格式栏中，对图片进行简单的处理编辑（图 5-3-28）。

图 5-3-28　图片格式栏

1. 删除背景

如果想将图片的背景透明化，一些简单的图片在 PPT 中就可以实现。点击"删除背景"，系统会自动识别需要抠除的背景区域，如果有误差，可标记图中需要去掉或保留的区域，示例如图 5-3-29、图 5-3-30。

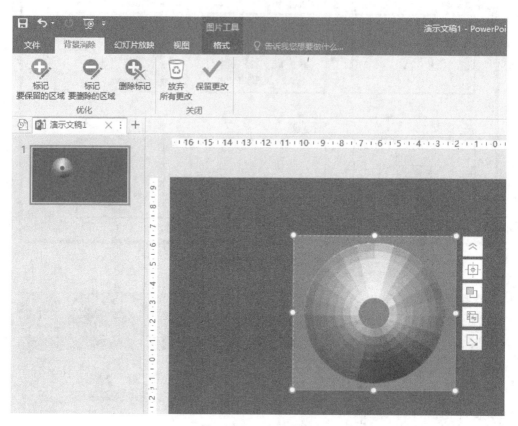

图 5-3-29　抠除背景

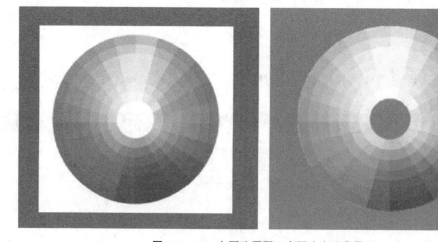

图 5-3-30　左图为原图，右图为去除背景后

2. 更正

更正选项卡中，可以进行锐化、柔化、亮度、对比度的修改（图5-3-31）。

3. 颜色

在颜色选项卡中，可以对图片的饱和度、色调进行修改，也可对图片重新着色（图5-3-32）。

4. 艺术效果

在艺术效果选项卡中，可以对图片做一些特殊的滤镜效果（图5-3-33）。

（三）保存图片

框选出需要保存成图片的部分，右击选择"另存为图片"，即可选择保存图片的类型（图5-3-34）。

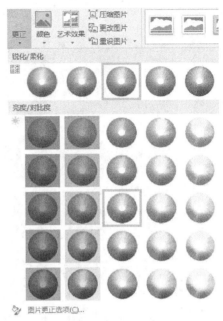

图5-3-31　更正选项卡

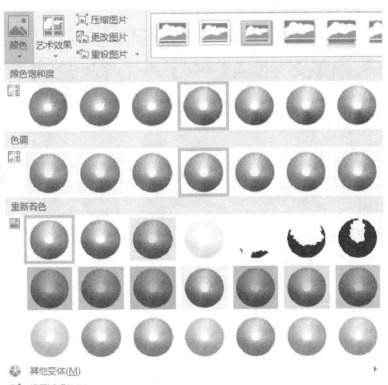

图5-3-32　颜色选项卡

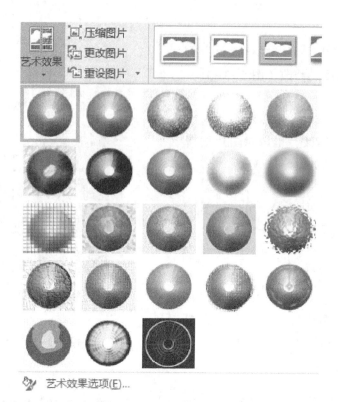

图 5-3-33 艺术效果选项卡

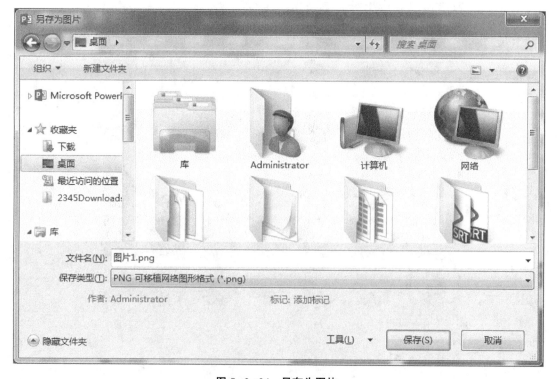

图 5-3-34 另存为图片

四、快速排列

面对多个文本框、多个图形需要进行对齐，或者平均分布时，不需要手动对齐，可以使用快速排列功能（图5-3-35）。

例如，5个分散的文本框，想让它们全部左对齐，并且在垂直方向上均匀排列，两个步骤即可完成（图5-3-36）。

五、高级图表填充

我们可以通过形状、图表、图片来制作充满个性的信息图。首先插入一个柱状图。

柱状图有点普通，想把柱形改为三角形，那我们可以插入一个三角形图形，复制一下，随后选中右边的柱形，进行粘贴。便能制作出柱形为三角形的柱状图（图5-3-37~图5-3-39）。

图5-3-35　快速排列

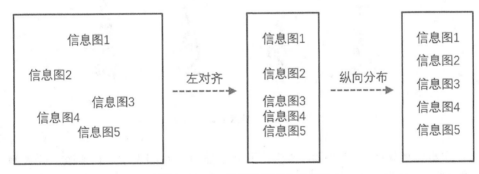

图5-3-36　迅速排列五个文本框

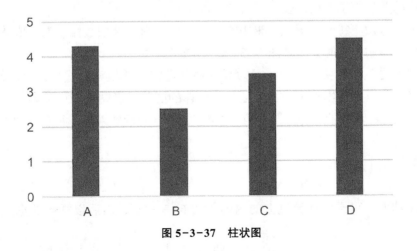

图5-3-37　柱状图

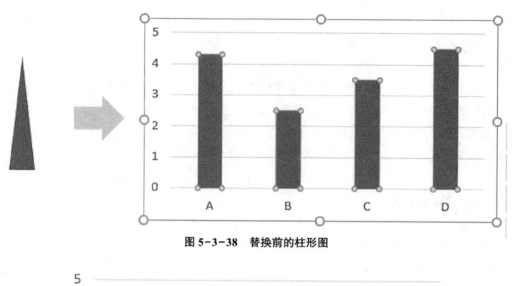

图 5-3-38　替换前的柱形图

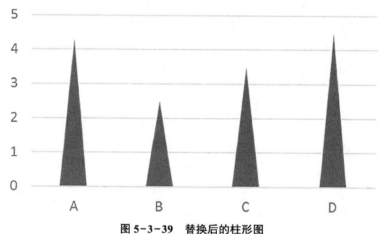

图 5-3-39　替换后的柱形图

但要注意，如果想改变柱形的颜色，那么不能直接在图表中进行修改，需要重新分别插入不同颜色的三角形。因为此处其实是使用了 PPT 当中的"图片或纹理填充"功能，填充后的颜色信息无法修改（图 5-3-40）。

如果说还想做更特殊的图表，想用图片来替代柱形，该怎么操作呢？依然将图片复制，点击柱形粘贴，此时会出现图 5-3-41 的结果。

这显然不是我们想要的效果，因为复制粘贴进柱形的填充方式默认为"伸展"，这种拉伸对普通几何图形影响不大，但是对于具体的图片或者图形来说，影响很大。此时可以尝试将填充选项中的"伸展"改为"层叠"，就会发现效果好了很多（图 5-3-42）。

六、屏幕录制

通过该功能，可录制计算机上的内容（图 5-3-43），然后以视频的形式插入 PPT 当中。

第五章　信息图类课件的开发方法 | 101

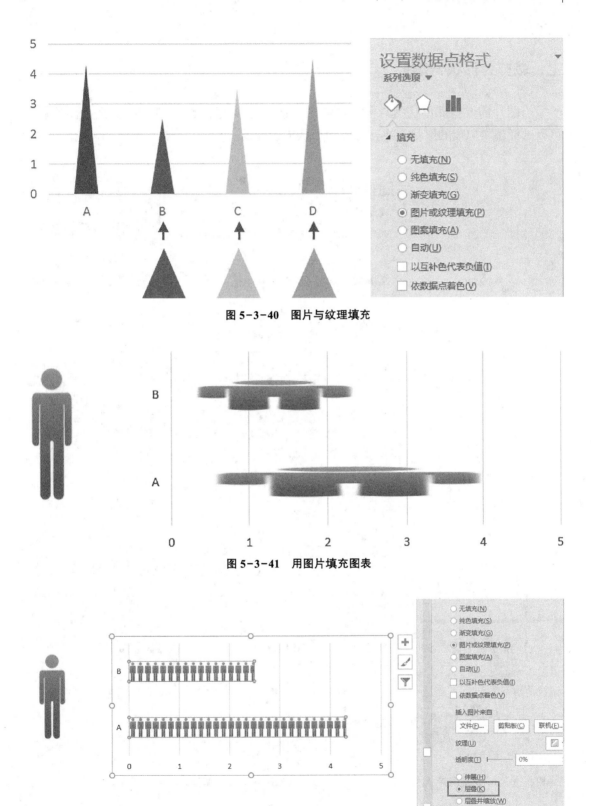

图 5-3-40　图片与纹理填充

图 5-3-41　用图片填充图表

图 5-3-42　层叠

七、裁剪为形状 / 框线

当图片需要特殊形状的时候，可使用"裁剪为形状"（图 5-3-44）。选中图片后，可以选择想要剪裁的形状，并且可以为形状描边框线。

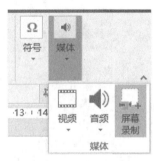

图 5-3-43　屏幕录制

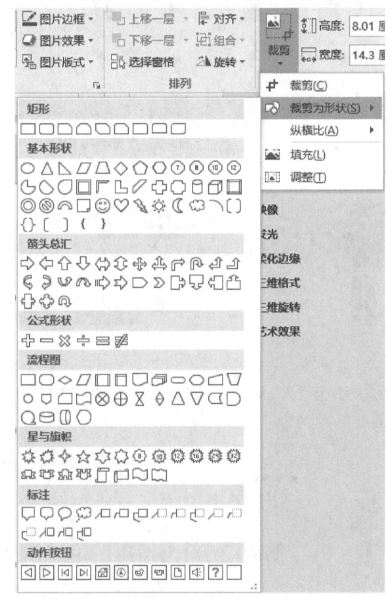

图 5-3-44　裁剪为形状

八、墨迹公式

"插入"菜单栏—"符号"—"公式"—"墨迹公式"中,可以使用鼠标手动写入公式(图 5-3-45)。

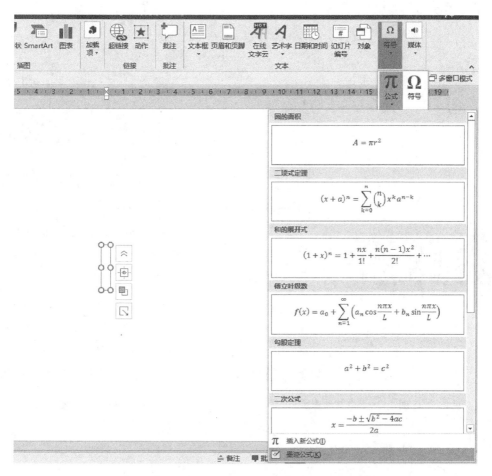

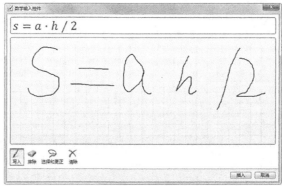

图 5-3-45　墨迹公式

九、智能查找

PowerPoint2016 新增了"智能查找"功能（图 5-3-46）。

选中需要查找的文字，右击选择"智能查找"。在右侧结果栏当中，会有相应的搜索结果（图 5-3-47）。

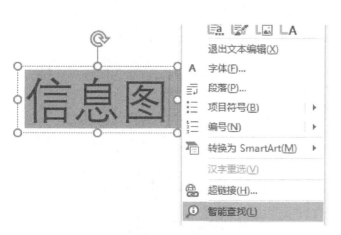

图 5-3-46　智能查找

图 5-3-47　搜索结果

第六章 视频（音频）类课件的开发方法

第一节 视频（音频）类课件开发流程和工具介绍

视频（音频）类的课件提高了教学质量和学生自主学习能力，视频（音频）类课件的设计与制作对课程效果具有至关重要的作用。本章我们会介绍视频（音频）类课件的一般制作流程和开发环节所使用的制作工具。

一、视频（音频）类课件开发流程

在制作视频（音频）类的课件时，一般采用以下几个步骤：设计教案—录制准备—视频录制—编辑美化。

在制作视频（音频）类课件时，应遵循如下要求：课件时间不宜过长，一般控制在10分钟左右；教案内容设计，不泛泛而谈，需简洁精炼；课件内容如文字、声音、图片等信息需准确无误；在录制过程中，若需要使用教师场景，多使用固定镜头，采用中景、近景等小景别画面；编辑过程中，以教学内容为主，其他内容不宜遮挡教学内容。

（一）设计教案

设计教案是制作视频（音频）类课件的首要环节和起点。在此环节中，我们需要科学设计教学内容。教学内容一般选取一节课汇总的重难点，且知识点需要足够细，10分钟左右的时间就可以讲解透彻。

（二）录制准备

录制准备是制作视频（音频）类课件的重要环节。在此环节中，我们需要结合课程知识点，充分运用图片、图形、声音、动画等多媒体要素准备或制作相应的教学素材；同时若是现场录制，还需对录制环境进行一定的布置，配合教师讲解相应知识点。

（三）视频录制

视频录制是制作视频（音频）类课件的核心，视频录制可以选择计算机屏幕软件录制、摄像工具录制、录播教室录制。在日常的教学活动中，大多数是采用计算机屏幕软件录制，所以后续内容基本以屏幕软件的录制展开。需要注意的是采用计算机屏幕录制的时候，要利用鼠标的点击和拖动配合解说，适当使用画笔功能。

（四）编辑美化

对已经录制好的视频进行编辑和美化以及保存，包括把视频片头和片尾的空白部分分割移除、视频的片头和片尾的处理、画外音的处理、背景音乐的调整、字幕制作等，最后生成特定格式的高清视频，形成视频（音频）类课件。

二、视频（音频）类课件开发工具

随着现在教育技术在教学中得到越来越广泛的应用，教师对于视频（音频）类课件的学习热情也越发高涨。这个时候，如何选择合适的课件开发工具成为教师首先要面对的问题。"工欲善其事必先利其器"，只有选择合适的课件开发工具，才能在课件开发的过程中得心应手，减少不必要的麻烦。

（一）语音合成工具

语音合成工具有很多，这里主要介绍咿呀语音合成，如图 6-1-1 所示。

咿呀语音合成是一款操作较为简单的语音合成软件，只需输入你想要的合成文本，选择发音类型，就可以生成对应音频。支持的音频格式较多，还可以识别方言及英文，是一款较为常用的语言合成工具，操作界面如图 6-1-2 所示。

图 6-1-1 咿呀语音合成

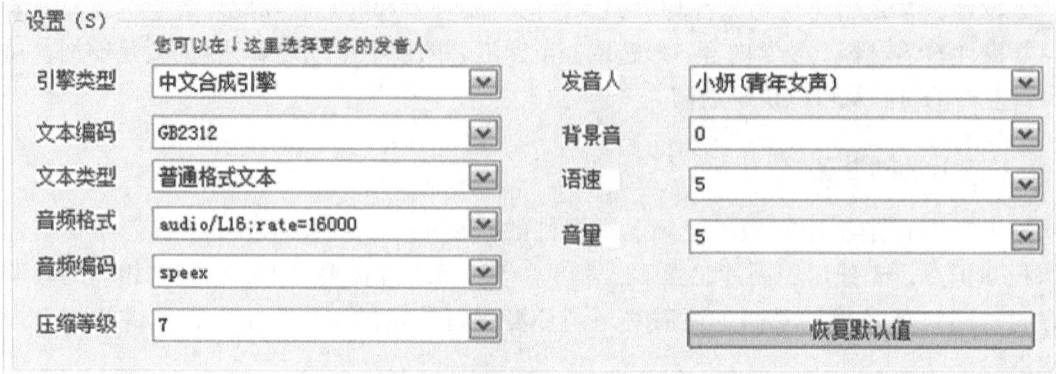

图 6-1-2 咿呀语音合成软件界面

手机端可以使用讯飞配音达到同样的效果，讯飞配音是以互联网为平台的专业网络配音服务机构，软件图标如图6-1-3所示。

图 6-1-3 讯飞配音

（二）屏幕截图工具

FastStone Capture 是经典好用的屏幕截图软件，如图6-1-4所示。

FastStone Capture 具有图像编辑和屏幕录制两大功能，可以捕捉全屏图像，或者活动窗口、窗口内的控件对象截图、支持手绘区域自由截图，或者滚动窗口等，支持所有主流图片格式。软件页面，如图6-1-5所示。

图 6-1-4 FastStone Capture

图 6-1-5 FastStone Capture 软件界面

（三）屏幕放大演示工具

ZoomIt 屏幕放大镜是一个超级好用的演示工具，如图6-1-6所示。当演示屏幕时，通过 ZoomIt，可以放大屏幕和直接在屏幕上划线的功能，讲解屏幕上需要放大细节、勾重点或者做一些辅助标记的内容时非常有用。

（四）屏幕录制工具

屏幕录制是制作视频（音频）类课件的核心，所以屏幕录制的工具单独列一章来介绍其使用方法。

图 6-1-6 ZoomIt

第二节 Camtasia Studio 9 介绍

本节我们首先会对 Camtasia Studio 9 进行全面介绍，学习安装 Camtasia Studio 9，了解 Camtasia Studio 9 界面结构及工具功能以及基本制作流程；最后针对特定任务进行操作，完成从理论到实践操作的全部过程[68,69]。

一、软件概述

Camtasia Studio 是美国 TechSmith 公司出品的屏幕录像和编辑的软件套装，软件提供了强大的屏幕录像、视频的剪辑和编辑、视频菜单制作、视频剧场和视频播放功能等。

它能在任何颜色模式下轻松记录屏幕动作，包括影像、音效、鼠标移动的轨迹、解说声音等。另外，它还具有及时播放和编辑压缩的功能，可对视频片段进行剪接、添加转场效果。

（一）Camtasia Studio 9 的应用领域

Camtasia Studio 9 是基于录像编辑的软件套装，应用领域较多，可在教学、销售、自媒体等相关行业运用，但其主要还是使用在教学领域。

Camtasia Studio 在教学领域中，主要是改变了教学内容的呈现方式。目前较为热门的就是微课教学，而微课教学实现的关键就是微视频制作技术，Camtasia Studio 软件就是教师制作微视频的好工具。教师运用此软件将高质量的教学设计、教学过程等录制为微课，学生可在任何时间、任何地点，通过微视频的学习、思考，对知识有初步的认识与理解，找出不懂的知识点，然后通过课堂的学习加深理解并解决问题，提高学习效率，增强学习效果，从而改变传统教学模式并提高教学质量。

（二）Camtasia Studio 9 的使用流程

运用 Camtasia Studio 软件，通常需要经过以下几个步骤。
（1）软件的下载、安装。
（2）运用软件录制视频，包括录制屏幕、录制 PPT、录制窗口和录制指定区域等。
（3）编辑视频，包括视频编辑、音频编辑以及添加效果等。
（4）生成与发布视频。

二、软件的安装使用

（一）安装环境

Camtasia Studio 对于电脑的配置也有一定的要求，否则软件在运行过程中可能会发生卡机、自动关闭等情况，具体的安装配置要求，见表 6-2-1。

表 6-2-1　安装配置要求

类　别	具　体　要　求
CPU	最低双核处理器，推荐四核或更高
内存	4 GB 内存或更高
硬盘	2 GB 硬盘空间用于程序安装
显示器	分辨率 1024×768 或更高
系统	Microsoft Windows 7/8/10（64 位版本）
必要组件	Microsoft DirectX 9 或更新版本 Microsoft.NET 4.0
其他	兼容 Windows 声卡，麦克风和扬声器

（二）安装步骤

符合 Camtasia Studio 运行所需的环境和设备，就能开始安装软件了。

（1）双击图 6-2-1 所示的 Camtasia Studio 安装文件，运行安装程序。

（2）如图 6-2-2 所示，在对话框中勾选"我接收许可条款"，进行安装。

（3）如图 6-2-3 所示，点击安装界面的选项，在其中进行修改。

图 6-2-1　Camtasia Studio 安装文件

图 6-2-2　Camtasia Studio 安装界面

图 6-2-3　Camtasia Studio 安装界面

（4）如图 6-2-4 所示，选择 Camtasia Studio 的安装路径及其他选项之后，点击"继续"按钮，随后点击"安装"按钮，进行安装。

图 6-2-4　Camtasia Studio 安装界面

（5）Camtasia Studio 需要 Microsoft DirectX 9 或更新版本 Microsoft.NET 4.0 的运行库，若用户的电脑中没有当前所需要的运行库，安装程序会自行安装，如图 6-2-5 所示。

（6）如图 6-2-6 所示，安装完成后，点击"完成"按钮，Camtasia Studio 开始运行。

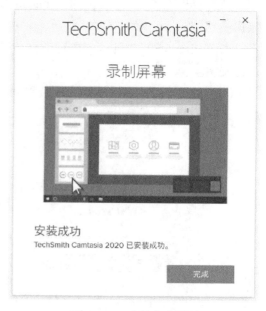

图 6-2-5　Camtasia Studio 安装界面　　　　图 6-2-6　安装完成界面

三、软件的项目管理

Camtasia Studio 是通过项目形式，对各种素材进行管理加工的，因为项目是 Camtasia Studio 软件的基础，项目管理包括新建项目、打开项目、保存项目及录制、模板等。

（一）新建项目

如图 6-2-7 所示，当启动软件时，会弹出一个对话框，在这里我们可以新建项目，点击"新建项目"后，便可以直接开始工作。

图 6-2-7　Camtasia Studio 启动界面

（二）打开项目

可在启动界面点击相应项目文件，完成打开操作，也可执行"文件"—"打开项目"命令，完成打开操作。

（三）保存项目

1. 手动保存

在项目编辑过程中或项目编辑完成后，我们需要对项目进行保存，执行"文件"—"保存项目"命令，或者执行"文件"—"项目另存为"命令，完成保存操作。

2. 自动保存

在编辑项目时，为了能够及时保存项目文件，可以设置项目自动保存及自动保存时间间隔，见图6-2-8。

执行"编辑"—"首选项"—"程序"选项卡命令，启用自动保存选项，设置自动保存间隔时间，点击"确定"按钮。

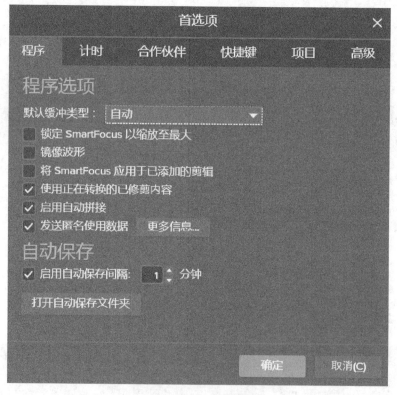

图6-2-8 首选项界面

四、软件界面介绍

Camtasia Studio 的界面主要包括标题栏、菜单栏、预览窗口、任务选项卡、时间轴、媒体箱、录制界面等。

（一）菜单栏

菜单栏包括文件、编辑、视图、修改、导出、帮助等菜单项，具体位置如图6-2-9所示。

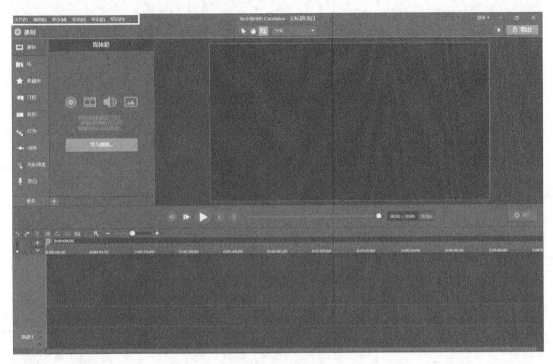

图 6-2-9　菜单栏

（二）预览窗口

预览窗口是显示已经加载到时间轴上的素材的窗口，可以播放视频、音频、图片等。该窗口包括编辑尺寸、缩放、帮助、预览窗口视图选项、画布、播放控制等，具体位置如图6-2-10所示。

（三）任务选项卡

任务选项卡包含媒体、库、收藏夹、注释、转化、行为、动画、光标效果、旁白等选项卡，具体位置如图6-2-11所示。

（四）媒体箱

媒体箱中显示了已加载的素材，素材按Camtasia Studio录像机录制的素材、视频素材、图像素材、音频素材等分类显示，具体位置如图6-2-12所示。

114 | 信息化教学中的富媒体工具应用

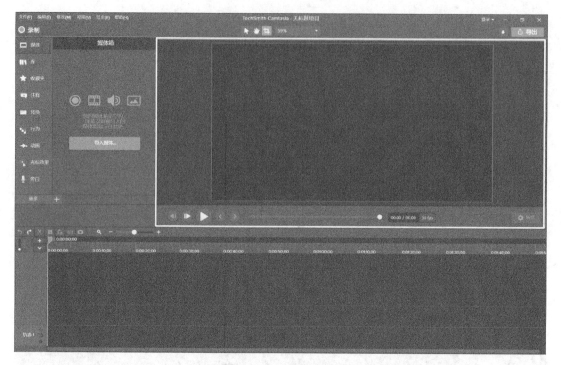

图 6-2-10 预览窗口

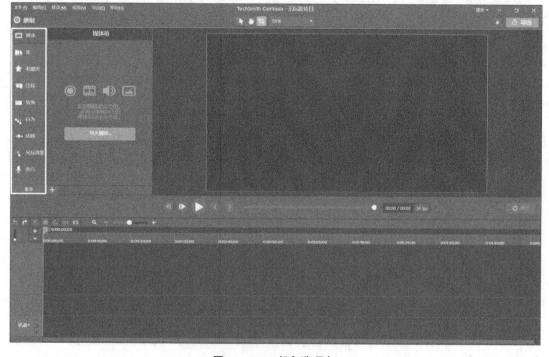

图 6-2-11 任务选项卡

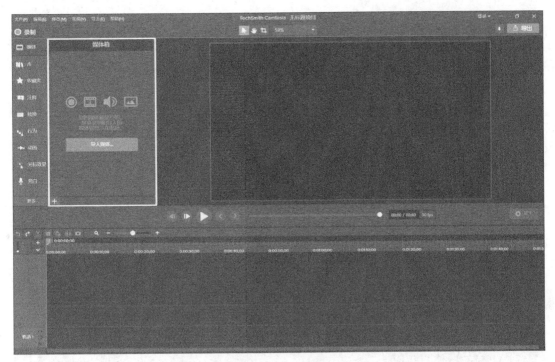

图 6-2-12　媒体箱

（五）时间轴

时间轴包含工具栏、标尺、轨道等，时间轴是剪辑软件中最重要的部分，我们要在时间轴上完成整个剪辑工作，在时间轴上的视频文件按照时间顺序排列。如果把一段 10 秒钟的视频放在第一分钟的位置，那么第一分钟到一分十秒就将播放该素材。

时间线是时间轴上的主要控制要素，拖拽时间线到哪里，视频播放窗口就显示该时间点的画面。如果我们相对这一画面前或后的内容进行处理，就只需在这一时间点进行断开，具体位置如图 6-2-13 所示。

时间轴上方的工具条包括放大、缩小时间轴，撤销，剪切，分割等几个按钮，这里也是制作微课视频时不可缺少的工具，具体位置如图 6-2-14 所示。

时间轴下方显示的是轨道，轨道的概念是当我们需要在同一个时间内显示不同的信息时需要使用轨道的概念，典型的轨道应用范例为《新闻联播》中的画中画。轨道上的信息遵循着上层压住下层、逐层显示的原则。类比图层的概念即可，具体位置如图 6-2-15 所示。

（六）录像机

Camtasia Studio 录像机是该软件主打功能，可以在任何颜色模式下轻松地记录屏幕动作，包括光标的运动、菜单的选择、弹出窗口、层叠窗口、打字和其他在屏幕上看得

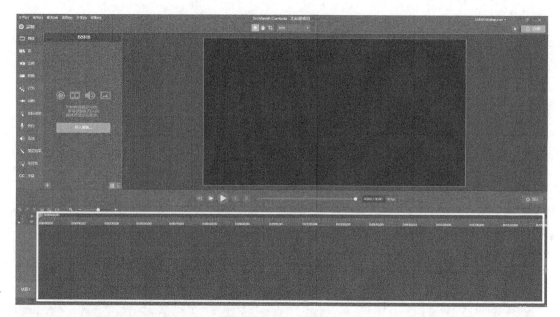

图 6-2-13 时间轴

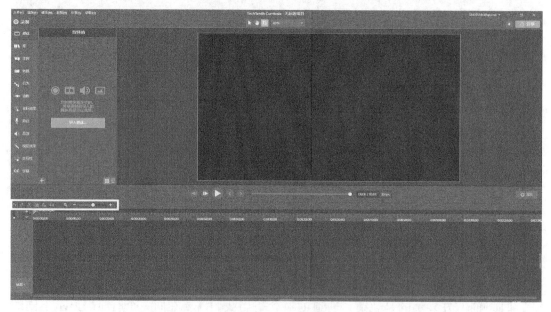

图 6-2-14 工具条

见的所有内容。同时可以根据需要选择录制的区域，其中选择固定到应用程序可以锁定窗口，点击"录制"按钮后，弹出录制器界面，具体如图 6-2-16 所示。

五、录制视频

录制视频是 Camtasia Studio 软件的重要功能之一，主要包括录制屏幕和录制 PPT

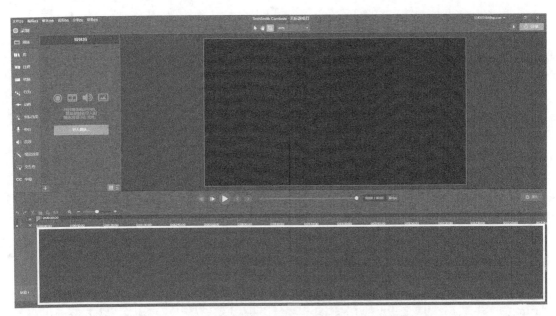

图 6-2-15 轨道

图 6-2-16 录像机

两部分功能。

录制屏幕使用 Camtasia Studio 软件自身带的录像机，进行录制。录制 PPT 使用的是 Camtasia Studio 软件所带的录制插件，在 PowerPoint 自定义工具栏中进行录制。

同时，可以设置参数对录制区域、录制源、录制效果等多个内容进行调节。

（一）录制视频的基本知识

1. 录制前的准备

（1）教学课件脚本的设计与编写，首先对录制的课程进行一定的设计，并形成设计脚本与录制提纲。录制人员根据脚本进行录制，会使整个录制过程更加流畅。

（2）硬件方面的准备工作，包括摄像头、麦克风、提词器等设备的安装与调试等。

2. 录制的注意事项

（1）录制视频要充分熟读录制提纲及教学设计脚本，充分理解课程的具体流程及内容，这样可以减少录制过程中的一些错误操作，减轻后期编辑的工作量。

（2）录制过程中，选择降噪效果较好的麦克风或比较安静的环境，保证录制的声音效果。

（3）录制过程中，录制合适分辨率的视频，因为录制的视频往往都比较大，不适宜各类传播途径，需根据具体的传播途径选择合适的录制分辨率。

（二）录制屏幕

1. 点击录制

如图6-2-17所示，点击此处可以开始屏幕录制，也可以执行菜单栏中的"文件"—"新建录制"命令，此时屏幕右下角会跳出录制屏幕工具条。

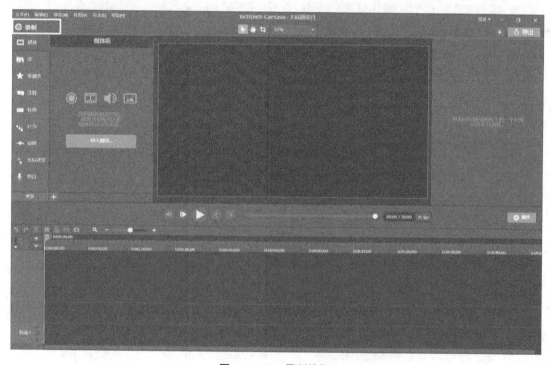

图6-2-17 录制按钮

2. 选择录制区域

如图6-2-18，通过"录像机"窗口设置录制区域。

图6-2-18 录像区域

如图 6-2-19 所示，我们可以在选择区域中选择"全屏幕"或"自定义"选项录制区域。一般，我们在制作微课的时候，应该选择全屏幕录制。

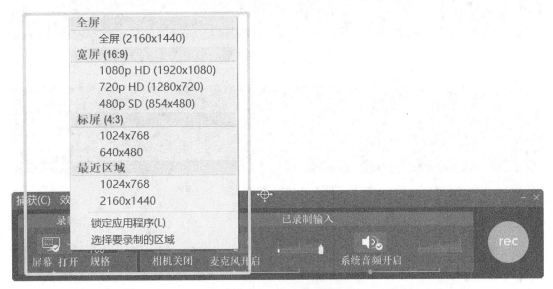

图 6-2-19　录像区域更改

3. 选择录制源

如图 6-2-20 所示，可以选择录制的输入源，同时我们在录制屏幕的过程中可以同步开启"相机"和"麦克风"进行录制。分别点击相机和麦克风图标可以打开或关闭此功能，点击各自图标后边的下拉三角可以选择具体使用哪个相机，哪个麦克风。

图 6-2-20　录制源选择

相机录制时，若连接多个摄像头，一般选择效果较好的摄像头；麦克风同样，务必确定选择所连接的麦克风，同时若有需要，可将系统声音频项关闭。

当选择好合适的声音输入之后，可以试着对麦克风说话。注意：如果选择正确的话，框选的地方会根据说话音量的高低呈现出一定的波动，如图 6-2-21 所示。

4. 开始录制

如图 6-2-22 所示，单击"rec"按钮开始录制。开始录制后，屏幕上会出现数字"3""2""1"进行倒计时，到 1 时表示正式开始录制，单击"停止"按钮或按下 F10 键，即停止视频的录制。完成录制后，系统将自动弹出预览窗口，此窗口中可以播放、

图 6-2-21 声音波动

图 6-2-22 开始录制

保存并编辑、生成、删除录制的视频。

六、功能介绍

（一）媒体箱、库、资产介绍

在使用 Camtasia Studio 编辑视频文件时，如图 6-2-23 所示我们可以看到左侧工具

图 6-2-23 媒体、库

栏前两个窗口:"媒体"和"库"。媒体是打开文件时用到的小窗口,而库则是 Camtasia Studio 中的图书馆。

库在英文版中叫作"library(图书馆)",把库叫作图书馆不是没有道理的,当用户需要在软件账号中保存文件时,Camtasia Studio 的库就提供了一个类似移动图书馆的功能。只要添加到库中的文件,即使换了设备或卸载过软件,当再次登录的时候,依然可以看到库中的文件。

"资产"是指 Camtasia Studio 里自带的媒体资源,标准翻译应该为"素材",包括视频、相片、图标等多种类型,如图 6-2-24 所示。如果在安装 Camtasia Studio 时,是按照安装程序的默认选择来完成安装的话,那软件里会自带部分的媒体资源。

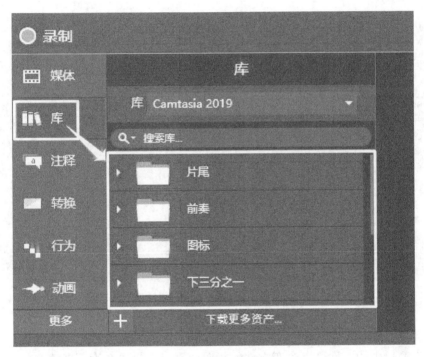

图 6-2-24 资产

1. 添加库

将文件添加到库里的操作,主要按钮在右键单击菜单中,如图 6-2-25 所示。

当选择媒体或时间轴上的文件时,添加到库的效果是相同的。如果时间轴上有多个剪辑开来的文件,可以拖选所有文件或部分文件,在右击菜单中找到"添加到库"命令,这些被选择的文件会作为一个组被添加到库中。

但如果是选取一段视频后将其添加到库,那么同一视频的不同部分会被作为单独的文件添加到库中,不会被合并。

选取片段时要单击播放标识上端的右侧红色按钮才能进行框选,如图 6-2-26 所示。

图 6-2-25 Camtasia Studio 添加到库设置

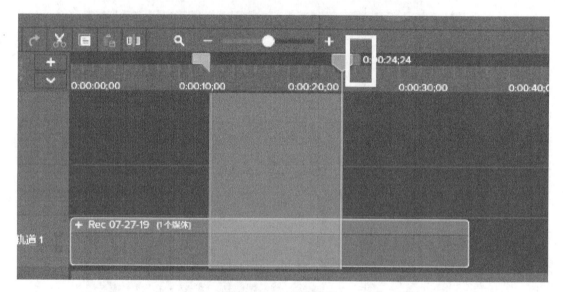

图 6-2-26 选取片段

2. 管理库

拖动库窗口中的文件可以改变文件的相对位置。如果要在库下新建文件，右键单击即可在菜单中找到"新建"按钮。如果要在某一文件夹下面再新建一个文件夹，请在该文件夹下单击新建。

如果要新建库，请在库的下拉菜单中选择"创建新库"，完成设置即可新建一个库。这样可以更好地服务于用户的分类操作，将文件添加到库时，可以选择添加到哪一个文件夹中。

3. 资产导入库

如图 6-2-27 所示，点击"Camtasia 2019"后的下拉三角符号，然后鼠标放至"管理库"上，点击"导入压缩库"，在弹出的窗口中找到自己刚刚下载的资产。需要注意的是，Camtasia Studio 官网下载的资产都是".libzip"格式的。

选中要导入的资产，点击"打开"，紧接着会弹出窗口咨询将资产导入到哪个

第六章　视频（音频）类课件的开发方法 | 123

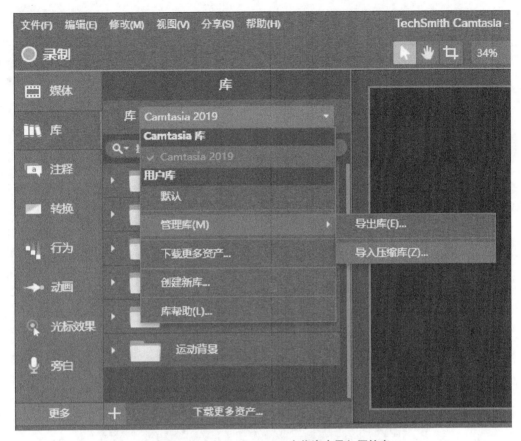

图 6-2-27　Camtasia Studio 中将资产导入压缩库

"库"。可以将资产导入到已有的"库"中，也可以创建新的"库"，并将资产导入新"库"之下，如图 6-2-28 所示。

图 6-2-28　Camtasia 中导入到"库"的选择

在选择完之后，点击"导入"，新下载的资产就会被导入 Camtasia Studio 中了。下次想要使用该媒体资源时，直接打开左列中的"库"即可。

4. 媒体导入

导入视频要在媒体界面中进行导入，如图 6-2-29 所示。

图 6-2-29　媒体箱导入文件

导入视频可以有三种方法。

（1）在媒体的媒体箱功能中可以点击"导入媒体"，在电脑内存中选择想要导入的视频。

（2）在"文件"—"导入"—"媒体"中选择要导入的视频文件。无论采用哪种方法，都可以从内存位置选择导入文件，如图 6-2-30 所示。

（3）就是打开视频文件所在的文件夹，将视频文件直接拖入媒体箱中，这样也能直接将视频文件导入 Camtasia Studio。

Camtasia Studio 的录制与导入是相互关联的功能，用户可以在录制视频完成后，将需要处理的视频文件导入软件中进行处理。

（二）时间轴

时间轴包含工具栏、标尺、轨道等，是剪辑软件中最重要的部分。时间轴的利用程度是极高的，不管是 Camtasia Studio 软件的录制视频编辑中缩放、快进、平移还是导入 PowerPoint 演示文稿，都会使用时间轴。

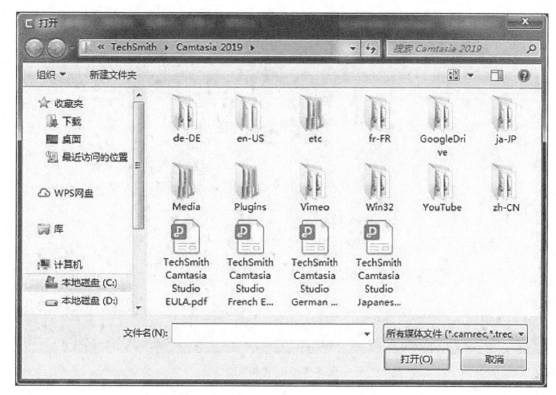

图 6-2-30　Camtasia Studio 导入文件位置

下面我们就介绍一下 Camtasia Studio 软件时间轴的基础知识。

1. 添加轨道

单击如图 6-2-31 所示的按钮，将轨道添加到时间轴中，或者将媒体从媒体箱或库中拖放到时间轴上的"空白"区域，以创建新轨道。可在时间轴中添加无限数量的轨道，一般根据项目文件添加数量合适的轨道。

2. 滚动轨道

如果时间轴上有几条轨道，请使用时间轴右侧的滚动条来查看轨道，如图 6-2-32 所示。

3. 轨道重命名

双击轨道，输入轨道名称。

4. 更改轨道大小

如需更改所有轨道的大小，请拖动轨道滑条，如图 6-2-33 所示。

如需仅更改一个轨道的大小，请上下拖动轨道之间的边框，如图 6-2-34 所示。

5. 锁定、解锁轨道

锁定轨道以防止编辑其他轨道时的误操作，从而对该轨道上的媒体内容造成破坏。

（1）锁定轨道：单击轨道左侧的锁定图标，图标变白，轨道变暗并出现线条效果，即表示轨道已锁定，如图 6-2-35 所示。

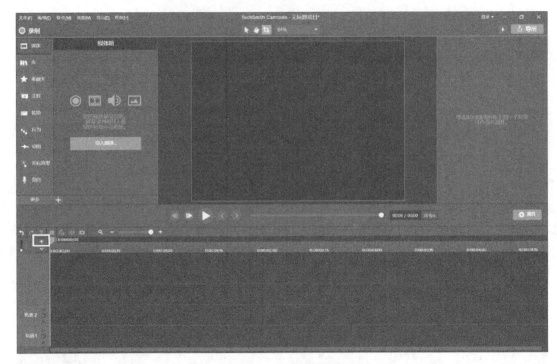

图 6-2-31　添加轨道

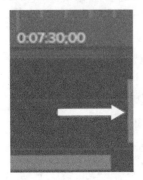

图 6-2-32　滚动轨

图 6-2-33　拖动轨道滑条

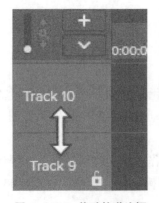

图 6-2-34　拖动轨道边框

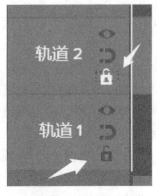

图 6-2-35　锁定轨

（2）解锁轨道：单击轨道左侧的白色锁定图标，图标变灰，轨道变亮，即表示轨道处于解锁状态。

（3）关于锁定的轨道：锁定轨道上的媒体必然会出现在画布、预览和最终制作的视频中。

在制作过程中，锁定轨道上的媒体包含在视频内，其中，我们无法对群组中的轨道进行锁定；同时，锁定轨道上的媒体无法以任何方式进行剪切、复制、删除、粘贴或修改等操作。

（4）关闭轨道：单击轨道左侧的眼睛图标，图标变白，轨变暗，即表示轨道关闭，如图 6-2-36 所示。

在制作过程中，关闭轨道上的媒体不包括在导出的视频中，关闭轨道以对不同的片段进行采样。例如，要想只听轨道上的背景音乐而不听画外音，请关闭画外音轨道，关闭轨道上的媒体无法进行剪切、复制、删除、粘贴等。

（5）打开轨道：单击轨道左侧的白色眼睛图标，图标变灰，轨道变亮，即表示轨道处于可用状态。

（6）轨道选项：右击轨道名称，查看菜单中可用的轨道选项，如图 6-2-37 所示。

图 6-2-36　关闭轨

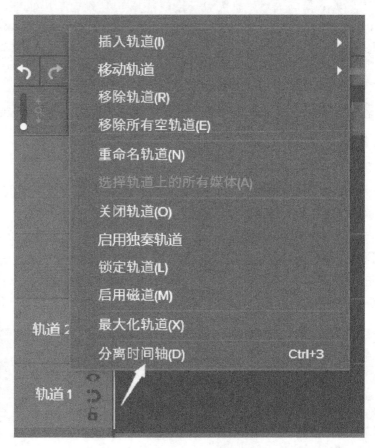

图 6-2-37　轨选项

（三）视频

在使用 Camtasia Studio 进行录制操作后，会生成相应的视频。这时候，就需要使用剪辑功能对视频进行相应的操作了。

1. 导入视频

打开 Camtasia Studio 视频编辑界面后，要导入一个视频文件到媒体箱中，然后将视频文件拖入下方的时间轴上，时间轴会对这个文件生成一条轨道，如图 6-2-38 所示。

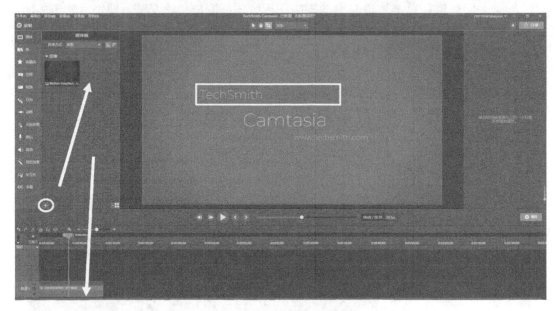

图 6-2-38　视频导入时间轴

2. 修剪视频

先来了解"修剪"。何为修剪？先拖入一段素材放到时间轴上，此时时间轴上会显示这段素材的时长，该操作就是在这段"时长"上进行的。

当素材的时长不符合要求，过长或者过短时，应该怎么进行操作呢？很简单，把鼠标光标移动到素材时间线的边缘上，此时便可以按住鼠标左键对素材的时间线的长短进行拖拽调节，直至符合要求（拖长时间线不会超过素材原有的时长）。操作的位置图 6-2-39 所示。

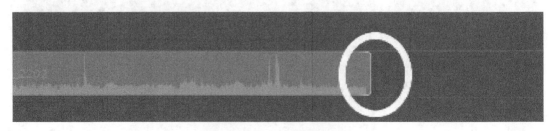

图 6-2-39　修剪的拖拽位置

3. 剪切视频

如何剪切视频操作呢？一般情况下将时间竖线移动到需要剪切的地方，这样操作是为了保证剪切的准确性，防止多剪或者少剪。按下键盘上的"s"键即可实现剪切的命令。

为什么要用"s"键呢？因为这是它的快捷键。使用快捷键可以大幅度提高工作效率（使用快捷键时一定要将输入法调整到英文模式下，否则快捷键无法使用）。剪切的前后对比见图6-2-40及图6-2-41。

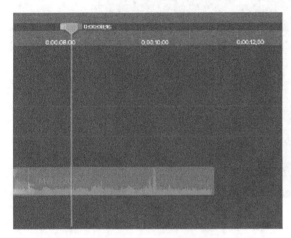

图 6-2-40　剪切操作前

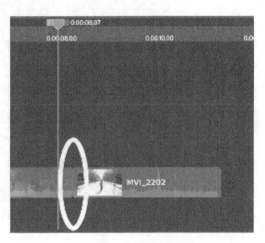

图 6-2-41　剪切操作后

4. 组合视频

如图 6-2-42 所示，可以看到，拖拽之后素材直接就有了空隙，可以在空隙添加其他视频素材。当不想在空隙处增添素材时，只需要使用鼠标左键点击选中素材，移动即可，这样就完成了基础的视频剪辑。

（四）音频

Camtasia Studio 是一款视频编辑软件，经常会用它来处理刚录制好的视频，那么怎么处理视频中的音频？在专业程度上或许比不上专业的音频制作软件，但 Camtasia Studio 编辑修改视频中的音频还是绰绰有余的。

1. 导入音频

首先在媒体窗口导入音频文件，同时也在时间轴中打开对应窗口，如图 6-2-43 所示。

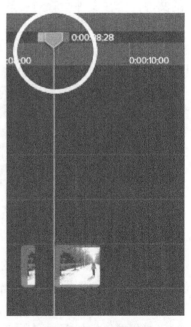

图 6-2-42　组合视频

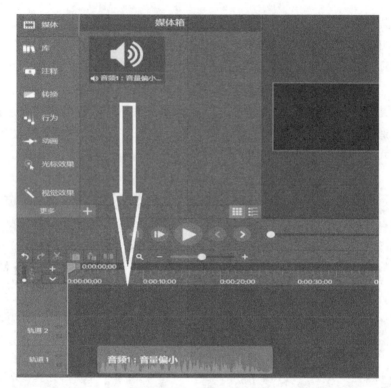

图 6-2-43　导入音频文件

2. 修改音频音量

音频的音量修改是编辑中一个必用的操作。在修改音频音量的时候，点击时间轴中的文件，会在文件中看到一条绿色的水平线，这条线就表示音频文件的音量。

当鼠标光标放在这条水平线上，会变成上下箭头的可拉伸状态。向上或向下移动这条线，就可以达到修改音频音量的目的，如图 6-2-44 所示。

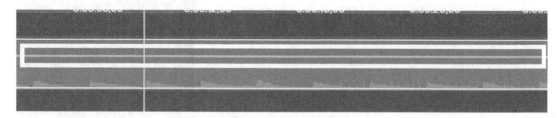

图 6-2-44　改变音量

3. 使用音频点

使用音频点可以将音频的音量线分割为几段，分别进行音量的调整。添加音频点时，双击音量线，即可在双击位置出现一个绿色的小点，默认第一个点在时间为 0 处。

当拖动音频点之间的线时，会牵动整个音量线的高度；仅拖动音频点时，只会改变相邻部分音量线的高度，如图 6-2-45 所示。

图 6-2-45　使用音频点

4.添加音效

在 Camtasia Studio 中还可以为音频文件添加音效，缺点就是效果比较少，但都实用，如图 6-2-46 所示。

这里的效果，有快速创建音频点和添加淡入淡出效果等常见操作的功能。在添加效果时，和编辑视频一样，要将选中的效果拖动到时间轴选中的窗口中，点击是不行的。

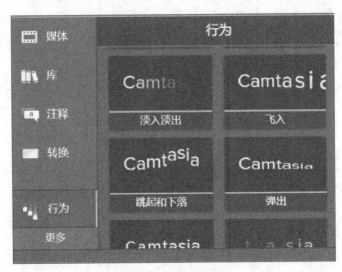

图 6-2-46　添加音效

5.其他操作

修剪音频、拆分、剪切、去除噪声等操作，都是可以参考视频文件的操作方法。

去除噪声是音频中较为常用的功能，和编辑视频一样，将去除噪声的效果拖动到时间轴上，随后进行效果调整即可。

（五）字幕

1.添加字幕

点击"工具栏"里面的"字幕"，会弹出字幕编辑框，如图 6-2-47 所示。

点击绿色的"添加字幕"，会弹出一个操作面板。在这里我们输入"Camtasia Studio 2019 中文版"为例，添加文字后在轨道上会形成一条字幕的时间线，如图 6-2-48 所示。

2.字幕编辑

（1）时长调整：通过鼠标光标拖动字幕素材的首尾处可以调整字幕的时长，或者通过操作面板上面的"时间"来调节字幕的时长。

图 6-2-47 添加字幕

图 6-2-48 样式调整的点击位置

（2）样式调整：点击图 6-2-48 圈起来的位置，会弹出另一个面板，如图 6-2-49。

在这里面我可以调整文字的大小、粗细、字体样式以及位置等操作，一目了然，我们也可以通过字幕编辑面板上点击"+"，快速添加下一条字幕或者选择"←"迅速回到上一条字幕。

第六章 视频（音频）类课件的开发方法 | 133

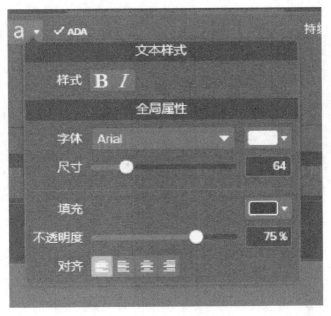

图 6-2-49 样式调整

（3）其他功能：点击操作面板的"齿轮"按钮，如图 6-2-50 所示。

图 6-2-50 其他功能

在这个齿轮里面还有一些隐藏功能，点击即可显示，如图 6-2-51 所示。

"拆分当前字幕"就是相当于把当前字幕复制粘贴一份。但是这两份是合并在一起，因为之前拆分了一次，所以"与下一字幕合并"是亮着的，正常不操作是暗的。

点击"拆分当前字幕"，字幕条就会变成如图 6-2-52 所示。

当选中拆分后的某段字幕素材之后（选中了字幕就会亮，未选中就是暗的），然后

图 6-2-51 字幕相关

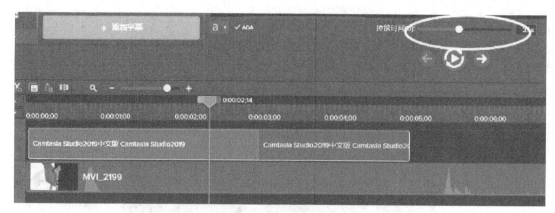

图 6-2-52 字幕相关

再通过圈起来的"持续时间"操作，就可以使这段字幕素材变长或变短。但是当选中的素材变长时，未选中的就会变短，两者是处于一种"你进我退、你退我进"的状态。

通过"拆分字幕"可以实现同一条字幕上同时编辑其他内容，即将一条字幕分成两段可分别编辑，相当于复制功能。若想拆分成两段或者几段，通过剪切操作便可实现（快捷键"s"）。

（六）转场

1. 概述

当使用 Camtasia Studio 处理视频，并且需要对两个视频合并时，两个视频的合并处难免会有些不匹配，这时使用"工具栏"中的"转换"效果就可以实现视频间的流畅过渡。

视频的转换效果是在两个视频之间插入视频转换的动画效果，以丰富视频的视觉效果。可以在 Camtasia Studio 工具栏的转换效果中看到其中的各种特效。当把鼠标移动到某一效果上静止不动时，可以看到该效果的预设动画，如图 6-2-53 所示。

2. 添加转场

首先将两段素材一前一后放在时间轴的同一条轨道上，将素材安放并处理好之后，就可以在转换动画中选择"翻转"效果，直接拉取"翻转"

图 6-2-53 转场

预设效果到两段素材的中间，这时两段视频中间会出现一个黄色的区域，如图6-2-54所示，它所表示的就是转换动画进行的区域。可以对时间轴上的该区域进行编辑，比如拉长它会对转换动画时间进行延长，动画变换速度也就越慢；相应地，使它缩短时，它的动画速度也就越快，时间越短。

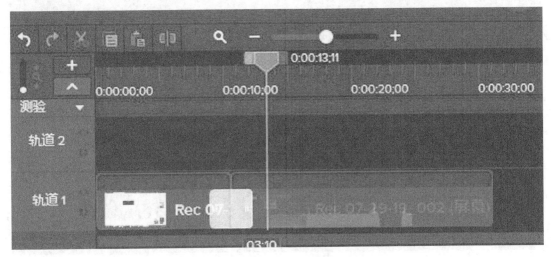

图6-2-54　添加转场

（七）画布

1. 画布工具

（1）画布设置：如图6-2-55所示，右击"项目设置"，可以在项目设置这里设置画布的规格、宽度、高度、颜色和帧率，最后点击"应用"。

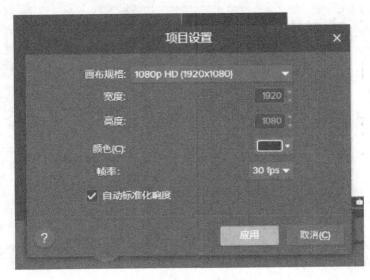

图6-2-55　画布设置

颜色是画布本身的颜色，当视频没有把画布完全占满，最后制作出来的整个视频显示的是画布的背景色和视频，如图 6-2-56 所示。

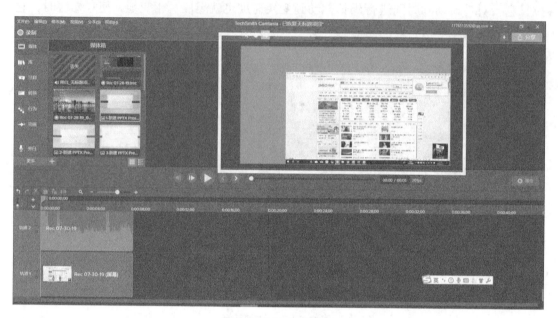

图 6-2-56　画布显示

（2）"编辑"模式：如图 6-2-57 所示位置，当点亮了画布上方的箭头标志，就说明正在"编辑"模式。这个模式能够随意移动媒体屏幕在画布上的位置，随意调整媒体屏幕的大小。

图 6-2-57　编辑

（3）打开"裁剪"模式：当点亮的是画布上方的裁剪标志时，正处在"裁剪"模式，可以随意裁剪媒体的屏幕。

（4）打开"平移"模式：当点亮的是手掌标志，则是在"平移"模式，可以随意调整画布的位置。这个时候媒体在画布上的位置是不变的，画布在平移模式是不能进行编辑的。

画布的工具能够编辑画布，当使用Camtasia Studio画布每个工具的不同功能时，因为工具的功能和分类都很明确，只看一眼工具的注释就可以记住每个工具的功能了。

2.画布的使用

可以在画布上多添加几个媒体，图像、视频都可以，然后可以对不同的媒体进行编辑。

（1）选中媒体：在左边的"媒体库"这里选中想要添加到画布的媒体，如图6-2-58所示。

图6-2-58 媒体库

（2）拖入画布：将媒体拖入画布中，接下来开始调整媒体的大小和尺寸。

（3）调整媒体大小：如图6-2-59所示，拖动媒体的四个角可以改变媒体在画布上显示的大小，前提是要处于编辑模式。按住媒体不放进行拖动，可以改变媒体在画布上的位置。

（4）对齐媒体：当想要对齐画布时，四处拖动，Camtasia Studio画布会提示，如图6-2-60所示。

画布的颜色、规格大小和媒体添加等的设置增加了视频显示的自由度，也就是录制

图 6-2-59 调整大小

图 6-2-60 对齐媒体

出来给大家看的不一定就是整个视频的大小。

（八）动画制作

1. 动画应用

在 Camtasia Studio 中，给视频添加效果的功能都在左侧，首先找到动画效果，如图 6-2-61 所示。

接着就是要导入一段视频了，将视频导入之后，先对视频进行了一次拆分，然后将末尾垃圾时间的片段给剪切掉，之后就是给想要添加动画效果的片段加入动画，如图6-2-62所示。

展开动画的功能区，会看到动画分为"缩放与平移"、"动画"两部分内容，如图6-2-63所示。

加入动画时，将动画拖入轨道即可，随后拖动箭头选择动画开始的时间和持续的时间，如图6-2-64所示。

2.动画编辑

Camtasia Studio 除了有专业非线性编辑功能，还可以进行动画编辑，这里以制作一个蓝天白云的城市生活小场景为例，讲解动画编辑功能。

（1）设置动画背景：设置动画背景，主要运用到矩形形状设置画布，具体操作如下：

① 在 Camtasia Studio 的工具面板中选择"注释"，再选择"形状"。

② 选择"形状"中的矩形形状，将矩形大小调整为画布大小，把颜色改为蓝天的颜色作为背景色。

③ 再插入一个矩形形状，将它改成与画布同长、略窄的长方形，将颜色改为灰色，作为水泥路，如图6-2-65所示。

图6-2-61 动画效果

图6-2-62 导入视频

图 6-2-63 动画功能　　　　　　图 6-2-64 呈现效果

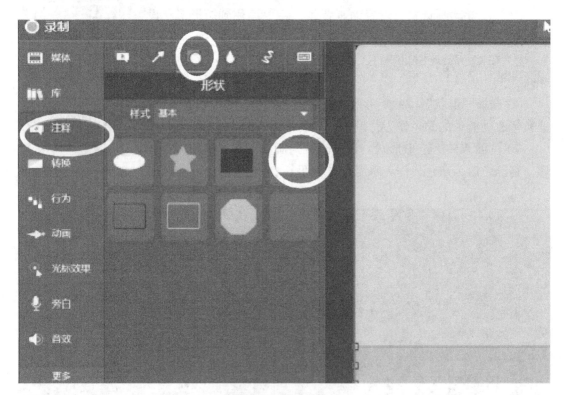

图 6-2-65 形状

（2）添加图标：添加图标主要运用到图标工具，具体操作如下：

① 在 Camtasia Studio 的工具面板中选择"库"，展开"图标"。

② 展开"建筑物"，将合适的建筑物图标放到画布中，比如公园、商店、住宅等。

③ 展开"交通运输"，可以在公交车站前放一辆汽车，在公园旁放辆自行车，可以依据自己想法增加更多的细节。将建筑物大小相对应缩小或者放大，形成一个比例协调的画面。

④ 展开"人",可以在建筑物旁添加一些人物,丰富画面的故事感,并调整比例,如图 6-2-66 所示。

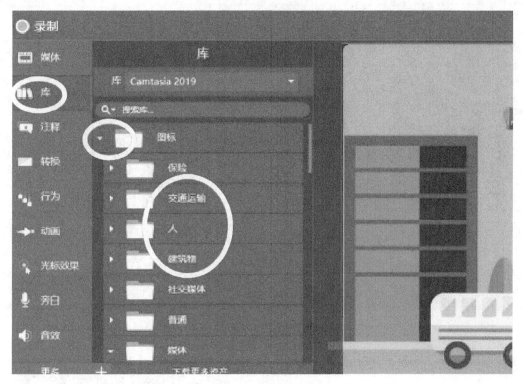

图 6-2-66　插入元素

（3）添加素材：添加素材主要运用到形状工具,在画布上添加一些需要的内容,具体操作如下：

① 再次点击选择"注释",点击"形状",选择一个接近太阳颜色的圆形,放到画布的右上角位置,如图 6-2-67 所示。

② 复制粘贴太阳,将圆形改为椭圆,在 Camtasia Studio 右边的操作栏将颜色改为白色。

③ 复制粘贴上面的椭圆,调小,放到大椭圆上。

④ 重复上一步操作,将三个椭圆组合成一片云朵,如图 6-2-68 所示。

⑤ 在轨道中选中太阳和三个椭圆,单击右键,在弹出的菜单中选择"组合",将选中的对象组合为一个整体,如图 6-2-69 所示。

（4）给画面添加动感：添加动感,主要运用到行为工具,通过弹出效果为元素添加动效,具体操作如下：

① 在 Camtasia Studio 的工具面板中选择"行为"。

② 选中轨道中除背景之外的所有图标,将"弹出效果"添加到所有图标中,如图 6-2-70 所示。

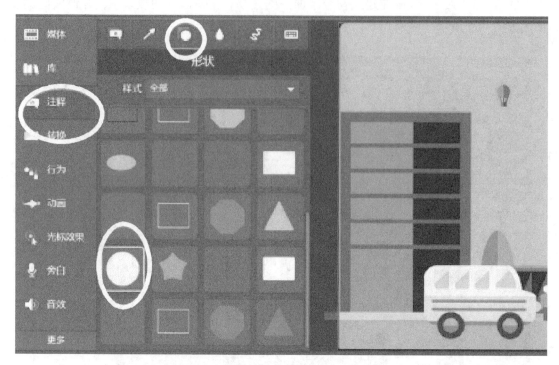

图 6-2-67 插入形状

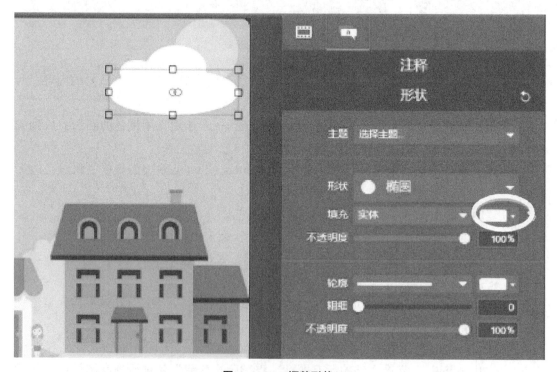

图 6-2-68 调整形状

第六章 视频（音频）类课件的开发方法 | 143

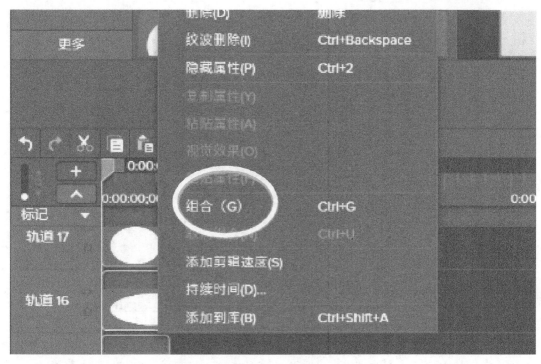

图 6-2-69 组合

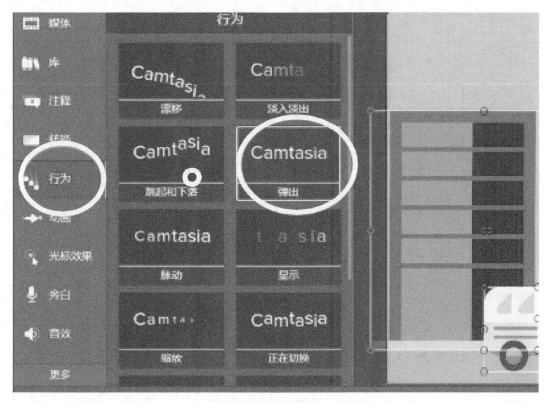

图 6-2-70 行为

③ 在 Camtasia Studio 画布右边的操作栏，选择"期间"，将"样式"展开，改为"无"，如图 6-2-71 所示。

图 6-2-71 调整行为

④ 这样就完成了一个蓝天白云的城市生活的动画小场景啦！如图 6-2-72 所示。

图 6-2-72 完成图

（九）视频效果

Camtasia Studio 中可以选择工具框中的"视觉效果"工具，即可调整该视频片段的阴影、透明度、边框、剪辑速度等基本信息，这里主要讲前四个视频效果。

点击"视觉效果"就会出现视频效果列表，若是没有在 Camtasia Studio 的主界面看到"视觉效果"，点击"更多"就可以看到了。

1. 阴影

首先将视频画面调小，才能看得到阴影效果。底色是黑色的时候就把右边选项里的"颜色"调为白色，这时可以调节阴影的不透明度、偏移、角度等细节，使用这个功能可以添加视频的层次感，不过这个功能并不常用（如图 6-2-73 所示）。

图 6-2-73　阴影效果及调节选项

2. 边框

边框，顾名思义就是给视频添加上边框，在画布中插入小视频时可以添加边框做一定的装饰作用，也可以突出视频的完整性。同样是要将视频等比例调小，调节边框的颜色，一般都使用白色或者黑色，把边框略微加粗，增强边框的存在感，如图 6-2-74 所示。

3. 着色

拖拽"着色"视频效果到轨道中，然后更改一下颜色选项，可以改为白色，这样出现一个给视频添加了黑白滤镜的效果。还可以再添加淡入、淡出的效果，设置一下效果出现的时间，可以使这个添加的颜色出现、视频的前后衔接都更为自然。

Camtasia Studio 的视频效果可以使用在视频进入过渡画面时的时候，做一个区分时空的功能，如图 6-2-75 所示。

4. 颜色调整

给视频添加 Camtasia Studio 视频效果时，也会出现"着色"那样的黑白效果。颜色调整可以通过调节，给视频添加不同的滤镜效果。

 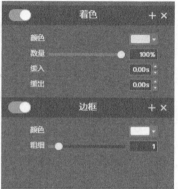

图 6-2-74　边框效果及调节选项

 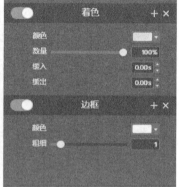

图 6-2-75　效果及调节选项

黑白色调可以通过调高饱和度去除，变成彩色，增大对比度可以增强色调，减小对比度可以减轻阴影效果，使视频画面偏向灰色调，如图 6-2-76 所示。

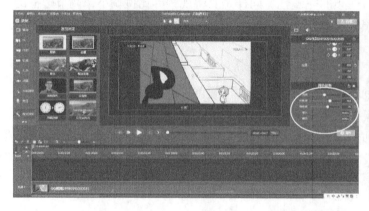 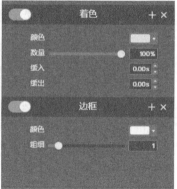

图 6-2-76　效果及调节选项

七、渲染生成

在完成课程视频的录制、进行相应效果编辑时，需要将课程视频渲染生成。下面就 Camtasia Studio 的渲染生成功能进行介绍。

与其他非线性编辑软件不同的是，Camtasia Studio 的渲染生成功能叫做分享。

（一）"分享"菜单

自定义设置视频格式用到的是位于菜单栏中的分享命令，在这个菜单中，可以看到有"本地文件"和"自定义生成"两个命令。这两个命令都可以完成本次目的，这里先介绍第一种，如图 6-2-77 所示；或者使用右上角的"导出"按钮，选择"本地文件"，如图 6-2-78 所示。

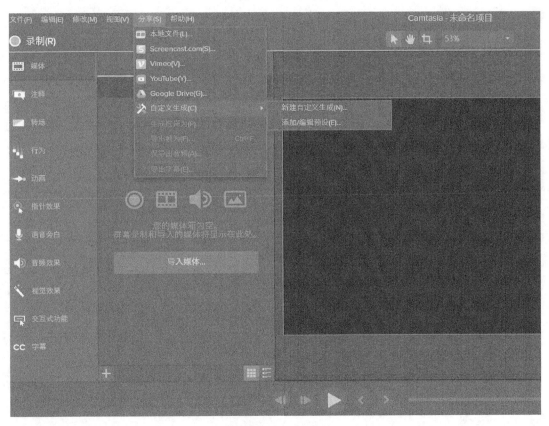

图 6-2-77　分享菜单

（二）生成向导

点击本地文件生成后，会进入生成向导，在这里可以设置属于自己的文件输出格式，如图 6-2-79 所示。点击下拉菜单中的"编辑或添加预设"，进入设置界面。

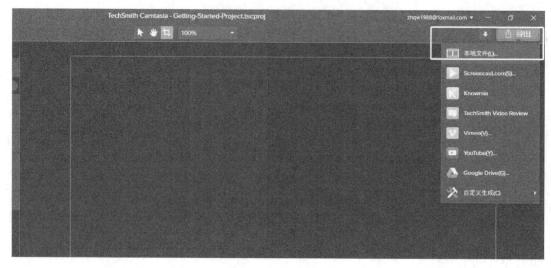

图 6-2-78　导出菜单

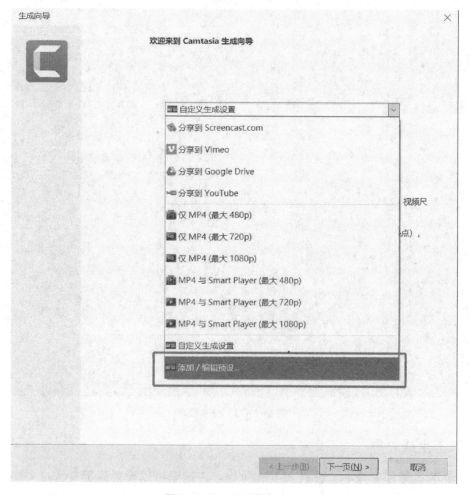

图 6-2-79　分享菜单

（三）添加预设

在编辑和添加预设的窗口中，点击"新建"，打开新建预设窗口，如图 6-2-80 所示。在新建预设的设置窗口中，可以对视频的各种格式进行设置。

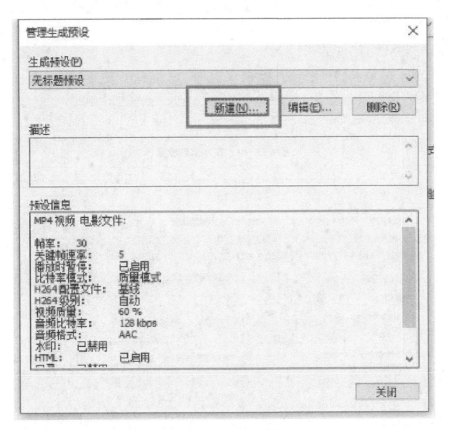

图 6-2-80　新建预设

1. 基本信息设置

第一步要设置的是输出视频的一些基本信息，包括名称、描述和格式。这里的名称和描述将会使用户在日后的使用中更加方便，视频格式决定了输出视频的基本格式是哪种，如图 6-2-81 所示。

Camtasia Studio 为用户提供了多种格式以供选择，使用最多的就是 MP4 格式了，这个格式的视频适应性良好，操作空间很大。在每个格式之后，软件都简要写明了该格式的主要特点以方便用户区分，根据需求选择即可。

2. Smart Player 选项设置

在这一步中，需要设置视频的一些详细格式。

控制器选项卡中，如果选择生成控制器，就会在窗口中看到播放器样式的控制器。而这个选项一般是不选择的，取消选择后，控制器就会消失，如图 6-2-82 所示。

图 6-2-81　基本信息设置

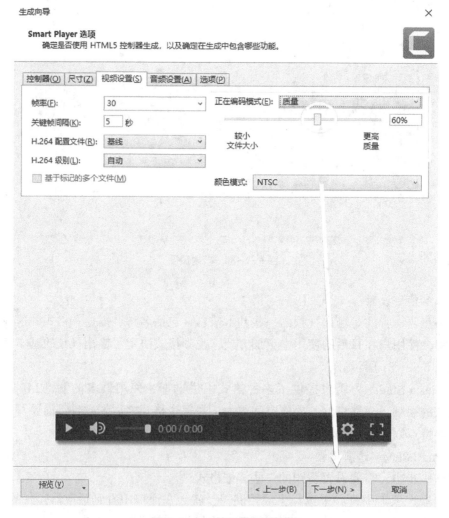

图 6-2-82　控制器生成设置

尺寸选项卡中设置视频的输出尺寸，这里要注意的是，以原视频的尺寸输出时视频的质量是最高的，低于原尺寸会使视频体积变小。但高于原尺寸不会使视频质量升高，同时要确定勾选"使用编辑规格"，否则尺寸设置无意义，如图6-2-83所示。

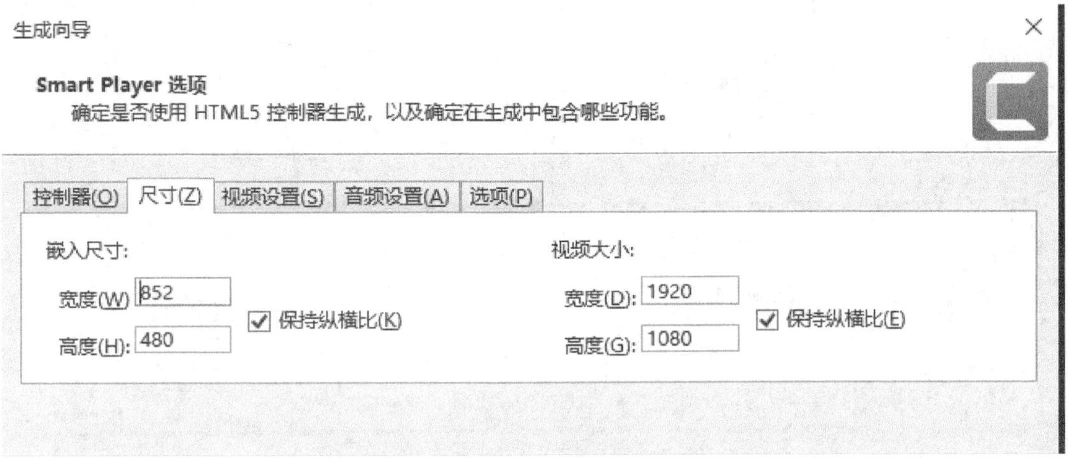

图 6-2-83　尺寸设置

视频设置中是一些关于视频的参数设置，不需要过多研究。要注意的就是视频质量的调整，正常数值在70%～75%即可。如果调节过大，会看到软件的提醒，在75%上的视频输出毫无优势，如图6-2-84所示。

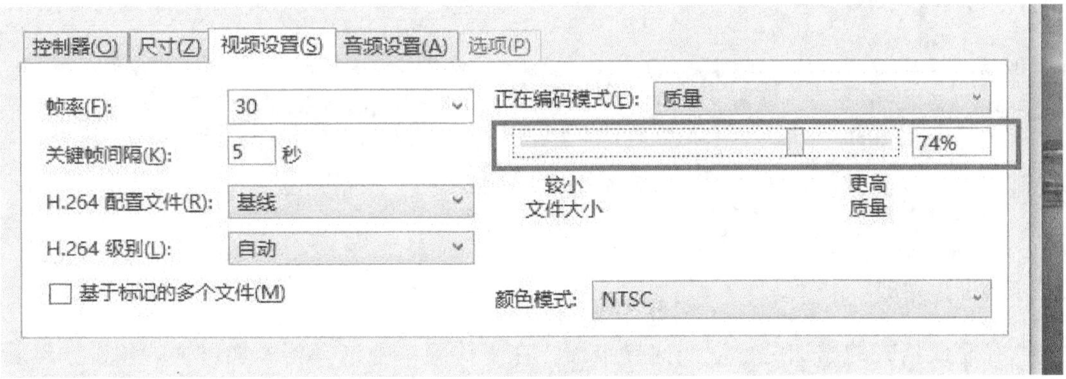

图 6-2-84　视频质量调整

完成新格式的设置后，点击下一步，可以在下一个对话框中选择是否要为视频添加水印。如果有较强的版权意识或希望宣传制作者，可以在视频中添加个人水印，如图6-2-85所示。

图 6-2-85 添加水印

（四）完成

在完成格式的添加后，返回向导页面，在下拉菜单中选择新添加进去的预设，然后再进行输出视频的操作，输出的视频将按照设置成为特定规格的视频。做视频微课的话一般选择为输出成"仅限 MP4"，可根据不同的清晰度需求选择不同的画面尺寸，如图 6-2-86 所示。

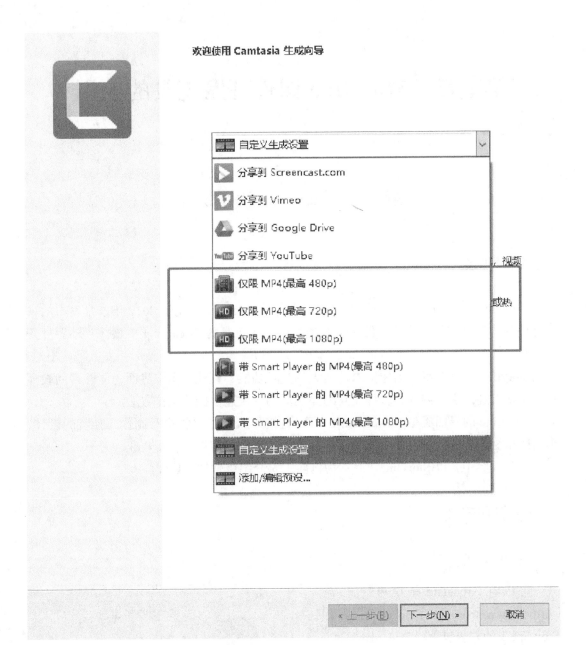

图 6-2-86 输出视频

第七章　Storyline 课件开发工具的使用

第一节　Storyline 软件概述

一、软件介绍

Articulate Storyline（下文简称 Storyline）是 Articulate 公司于 2012 年 5 月发布的一款课件制作工具软件。这款软件是一个独立的、单机版的 E-learning 多媒体互动课件开发工具。

Storyline 具有丰富的图像资源、强大的交互功能、直观的操作界面，能够帮助教师建立生动有趣的学习内容、多样交互的操作活动、快速便捷的制作方法。

Storyline 的界面类似 PowerPoint，可以直接导入 PPT 文档进行制作，独特的设计、丰富的素材库、多变的互动功能和简单易上手的操作，使得其广受欢迎。

本章内容中，以 Storyline 3 版本为例向大家介绍该软件的操作[70]。

二、下载和安装

（一）下载

可以在 Articulate 官方网站上（http://www.articulate.com），下载 Storyline 3 的安装包（图 7-1-1）。

（二）安装

双击 storyline-3.exe 安装包，在安装界面"我同意 Articulate EULA"前打勾，然后点击"立即安装"按钮，等待安装，安装完毕后电脑桌面显示 Storyline 3 的快捷方式，如图 7-1-2。

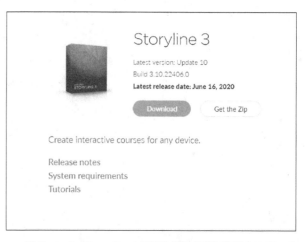

图 7-1-1　Storyline 3 官网下载页面上的部分内容

图 7-1-2　安装 Storyline 3

第二节　用 Storyline 制作课件的基础操作

一、项目管理

（一）新建项目

打开 Storyline 3 软件，在初始页面的左上角，有"新建项目""录制屏幕""导入"三项内容（图 7-2-1）。

图 7-2-1　初始页面左上角

（1）点击"新建项目"，即新建了 1 个用于制作课件的工程项目（显示为"文章视图"），默认有 1 个未命名的场景，该场景下默认有 1 张未命名的幻灯片（图 7-2-2）。

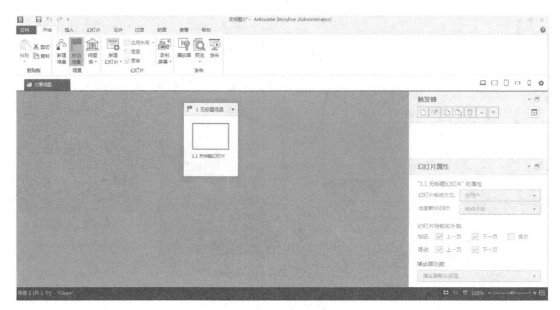

图 7-2-2 新建项目

（2）点击"录制屏幕"，可开始录制当前的屏幕（图 7-2-3）。

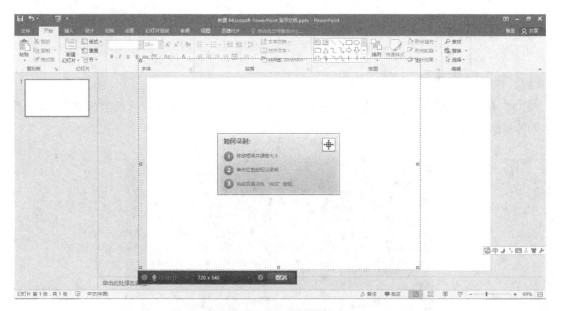

图 7-2-3 录制屏幕

（3）点击"导入"，功能包括：导入 PowerPoint、导入 Quizmaker、导入 Engage、从 Storyline 模板导入、从文件导入问题（图 7-2-4）。

通常，从点击"新建项目"开始，逐步制作课件。在初始页面下，也可通过快捷键"Ctrl+N"来创建一个项目，制作新的课件。

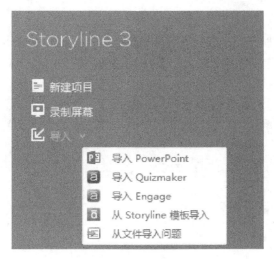

图 7-2-4 导入

（二）保存项目

新建项目后，保存项目的操作方式：

方式一：点击左上角"保存"按钮（图 7-2-5）。

方式二：点击菜单栏"文件"—"保存"（图 7-2-6）。

图 7-2-5 保存项目（方式一）　　　　图 7-2-6 保存项目（方式二）

方式三：使用快捷键"Ctrl+S"。

无论使用上述哪一种方式，在新建的项目初次保存时，会弹出如下对话框（图7-2-7），供选择保存位置、命名文件名、选择保存类型。

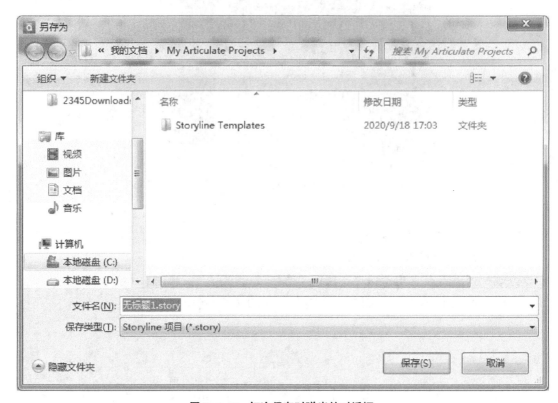

图 7-2-7　初次保存时弹出的对话框

其中，"保存类型"有两个选项（图7-2-8）："Storyline 项目（*.story）"和"Storyline 模板（*.storytemplate）"，一般选择"Storyline 项目（*.story）"。

图 7-2-8　保存类型

二、画面大小

在制作课件内容之前，需要先设置好课件的画面大小，操作路径为：菜单栏"设计"—"文章大小"（图7-2-9）。

在打开的"更改文章大小"对话框（图7-2-10）中，可以看到"文章大小"的默认尺寸为 720×540（4∶3）。

可点击下拉框（图 7-2-11），更改画面大小。

图 7-2-9　文章大小

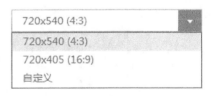

图 7-2-10　"更改文章大小"对话框　　　　图 7-2-11　"文章大小"下拉框

如果新的画面较大，会出现"调整为合适大小""填充背景"单选按钮（图 7-2-12），且默认选择为"调整为合适大小"。

当点选为"填充背景"时，"文章位置"下拉框变亮（图 7-2-13），可根据需要选择文章的对齐方式。

如果新的画面较小，会出现"调整为合适大小""裁剪"单选按钮（图 7-2-14），且默认选择为"调整为合适大小"。

当点选为"裁剪"时，"下一页"按钮变亮。点击"下一页"按钮，显示图 7-2-15 的内容。可用鼠标拖动亮边矩形框的位置，来决定裁剪后画面的大小和位置；并可选择是第几张幻灯片应用裁剪；如需把裁剪应用于所有的幻灯片，可单击"应用到所有幻灯片"按钮。

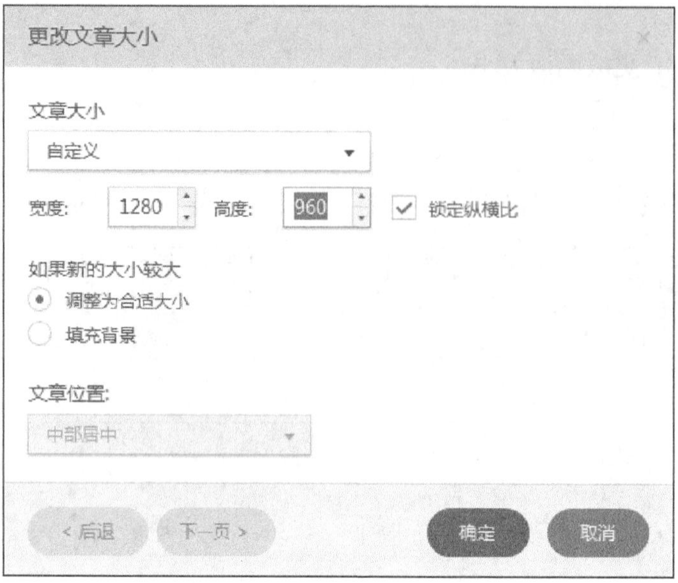

图 7-2-12　当新的画面大小较大时

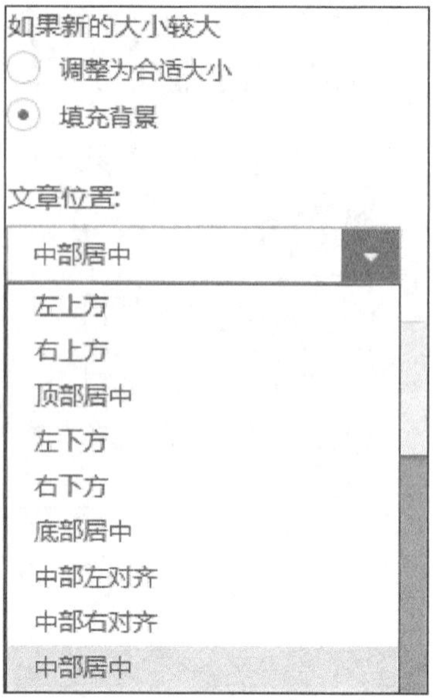

图 7-2-13　"文章位置"下拉框

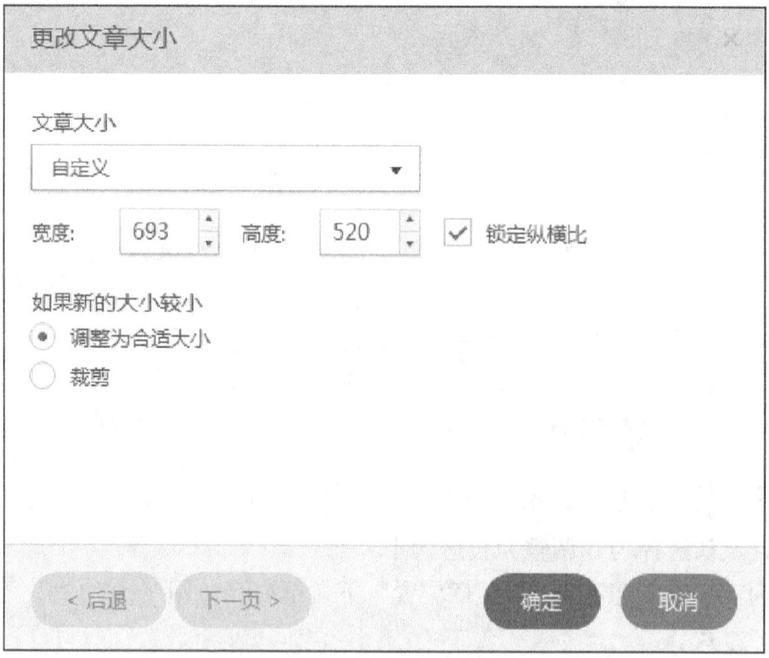

图 7-2-14　当新的画面大小较小时

在"更改文章大小"对话框完成设置/选择后，点击"确定"按钮。

建议选择 16∶9（如 720×405、1280×720 等）的画面大小，适合主流播放界面，且看起来舒服。

设置完成后，点击确定按钮。

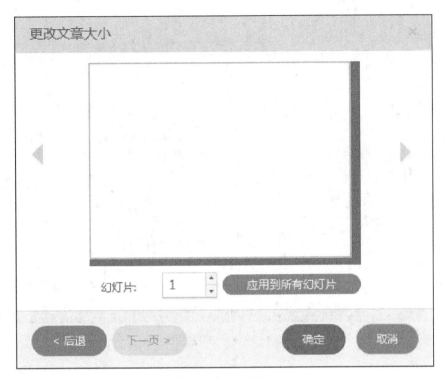

图 7-2-15 裁剪

三、视图切换

在"文章视图"中，双击幻灯片（图 7-2-16），进入该幻灯片的"幻灯片视图"（图 7-2-17）。

1. "文章视图"与"幻灯片视图"的切换方式

方式一：点击标签（图 7-2-18）。

方式二：点击菜单栏"查看"—"文章视图/幻灯片视图"（图 7-2-19）。

方式三：点击左下角的按钮（图 7-2-20）。

2. 关闭"幻灯片视图"的方式

点击"幻灯片视图"标签上的叉号（图 7-2-21）。

图 7-2-16 双击"文章视图"中的幻灯片

四、场景管理

在 Storyline 中，课件结构的层次为：场景、幻灯片、图层、对象（图 7-2-22）。

"文章视图"清晰地呈现了课件的全貌，有利于对整个课件的场景及各场景的布局进行管理。

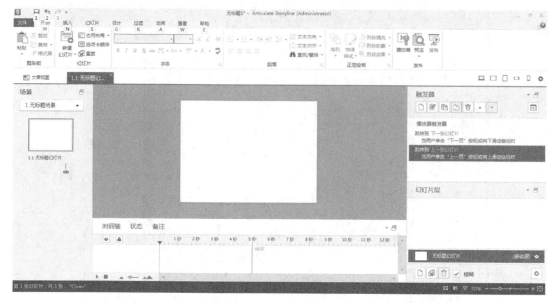

图 7-2-17 幻灯片视图

图 7-2-18 标签

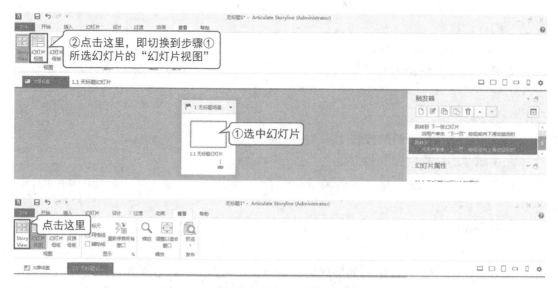

图 7-2-19 "文章视图""幻灯片视图"互相切换

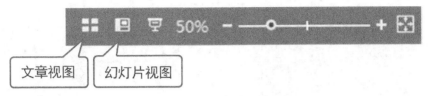

图 7-2-20　左下角的切换按钮

图 7-2-21　"幻灯片视图"关闭按钮

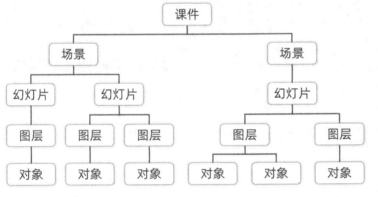

1个课件，包括1个或多个场景
1个场景，包括1个或多个幻灯片
1个幻灯片，包含多个图层
1个图层，有1个或多个对象

图 7-2-22　课件结构的层次

（一）新建场景

方式一：点击菜单栏"开始"—"新建场景"（图 7-2-23）。

图 7-2-23　新建场景（方式一）

方式二：在工作区空白处点击"右键"—"新建场景"（图 7-2-24）。
方式三：复制粘贴。

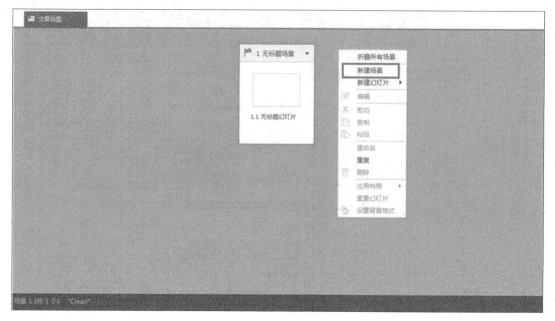

图 7-2-24 新建场景（方式二）

选中已有的某个场景，然后复制、粘贴。快捷键为先"Ctrl+C"，再"Ctrl+V"或"Ctrl+D"。

（二）折叠 / 展开场景

通过点击场景标题旁的小三角按钮，可以将该场景折叠或展开（图 7-2-25）。

图 7-2-25 折叠与展开

如果需要展开或折叠所有的场景，可以在空白处点击"右键"—"展开所有场景 / 折叠所有场景"（图 7-2-26）。

（三）重命名场景

方式一：（在场景展开的状态下）双击场景标题，进行重命名（图 7-2-27）。

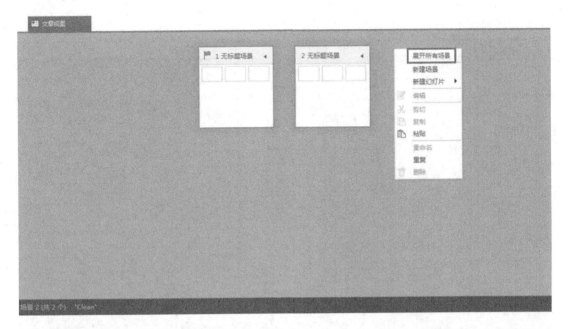

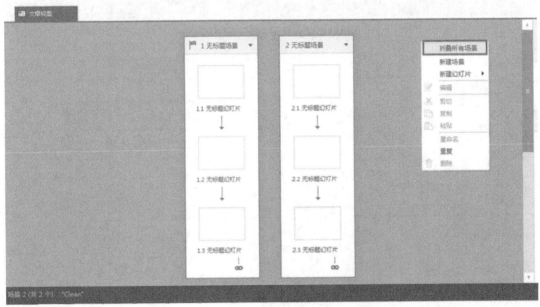

图 7-2-26　展开与折叠所有场景

方式二：在场景标题位置点击"右键"—"重命名"（图 7-2-28）。

（四）删除场景

方式一：按 Delete 键。

选中需要删除的场景，然后按键盘上的 Delete 键（图 7-2-29）。

方式二：在场景的标题位置点击"右键"—"删除"（图 7-2-30）。

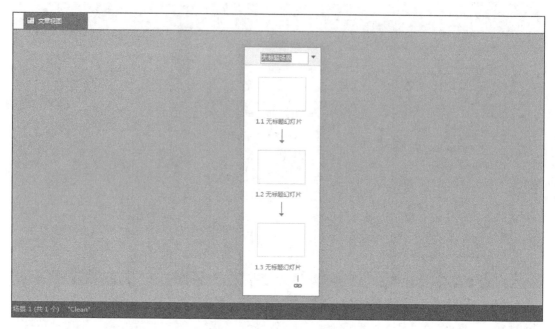

图 7-2-27 重命名（方式一）

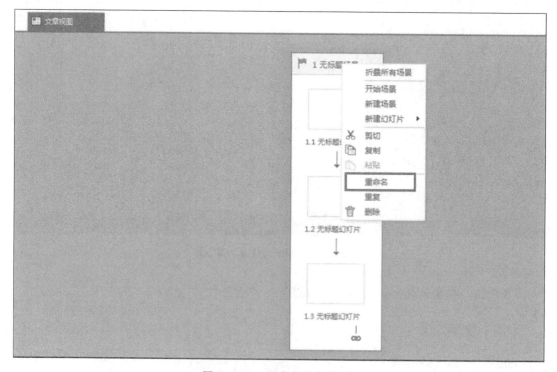

图 7-2-28 重命名（方式二）

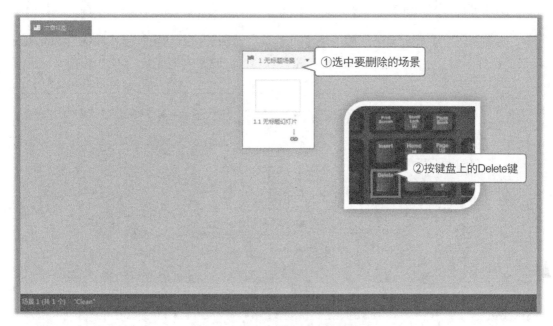

图 7-2-29 按 Delete 键删除场景

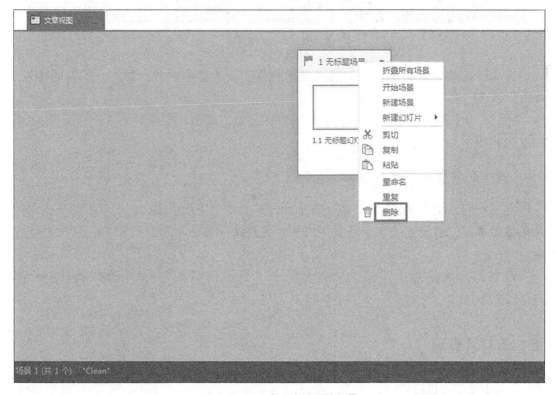

图 7-2-30 点击右键删除场景

(五)调整启动场景

"文章视图"中显示有小红旗的场景,就是启动场景。启动场景是指在播放 Storyline 项目(课件)时,出现的第一个场景(图 7-2-31)。调整启动场景,方式如下:

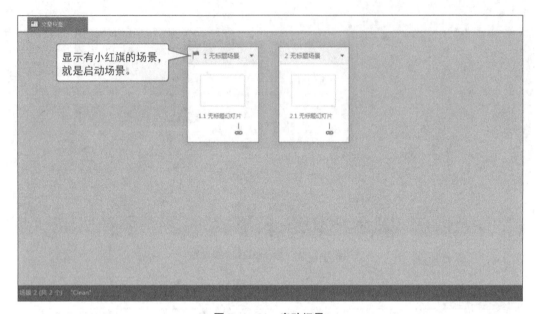

图 7-2-31　启动场景

方式一:选中需要设置为启动场景的场景,点击菜单栏"开始"—"启动场景"(图 7-2-32)。

方式二:在需要设置为启动场景的场景标题处,点击"右键"—"开始场景"(图 7-2-33)。

(六)场景播放的顺序

上文我们已经了解过,1 个 Storyline 课件是由多个场景组成的。而各个场景在课件中的播放顺序,需要通过每个场景下方的"超链接"按钮(图 7-2-34),依次进行设置。

设置的方式是点击"超链接符号"—"链接到场景"—"(选择场景)"(图 7-2-35)。

五、幻灯片管理

(一)添加幻灯片

(1)在"文章视图"中,如果需要在某个场景中添加幻灯片,可以先选中该场景,

第七章 Storyline 课件开发工具的使用 | 169

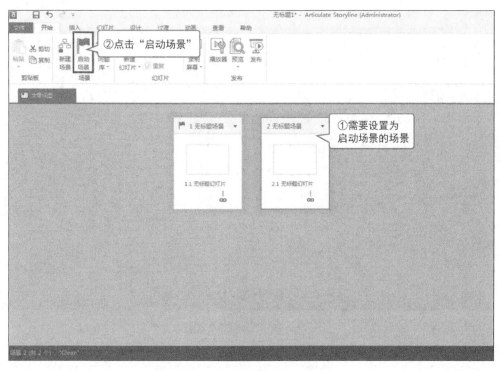

图 7-2-32 调整启动场景（方式一）

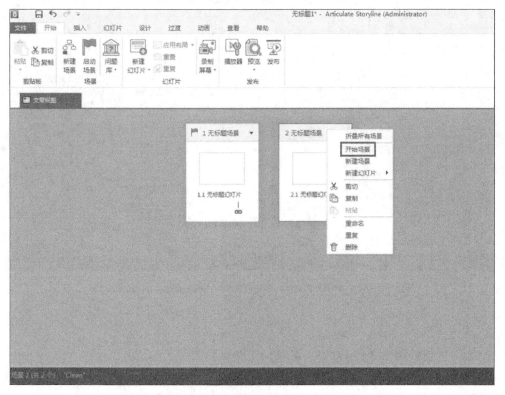

图 7-2-33 调整启动场景（方式二）

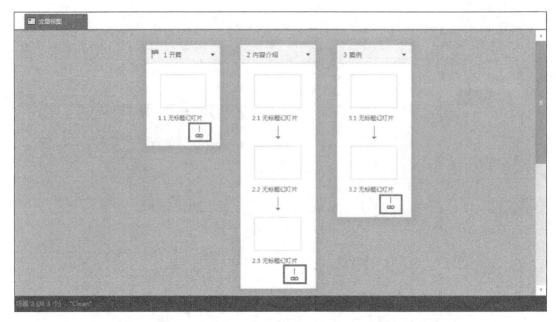

图 7-2-34 "超链接"按钮

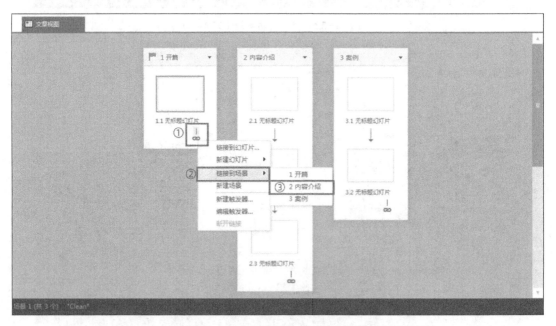

图 7-2-35 举例:场景 1 播放结束后,播放场景 2 的设置操作

然后:

方式一:按快捷键"Ctrl+M",可添加 1 张空白版式的幻灯片。

方式二:点击菜单栏"开始"—"新建幻灯片"—"基本布局"—"(选择版式)"(图 7-2-36)。

第七章　Storyline 课件开发工具的使用 | 171

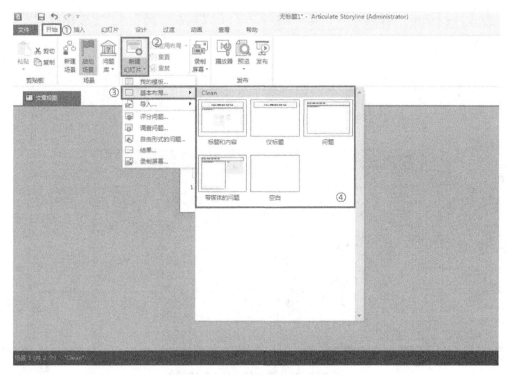

图 7-2-36　添加幻灯片（方式二）

方式三：点击菜单栏"幻灯片"—"新建幻灯片"—"（选择版式）"（图 7-2-37）。

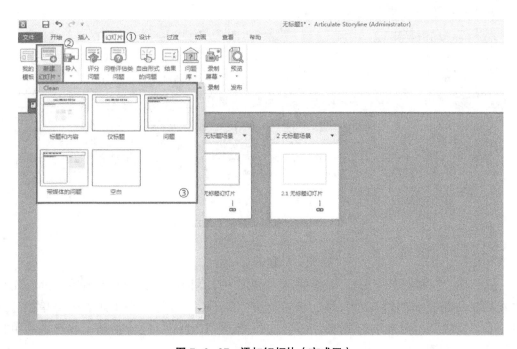

图 7-2-37　添加幻灯片（方式三）

方式四：点击"右键"—"新建幻灯片"—"基本布局"—"（选择版式）"（图7-2-38）。

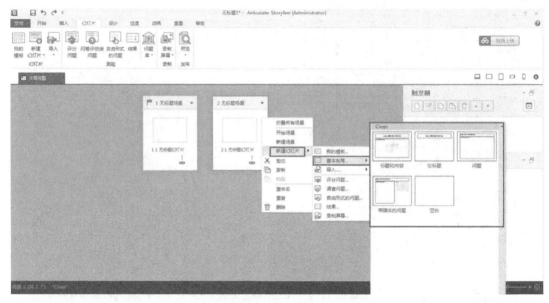

图 7-2-38　添加幻灯片（方式四）

（2）在"文章视图"中，若需在同一场景中复制幻灯片，可先选中该幻灯片，操作如下：

方式一：按快捷键"Ctrl+D"。

方式二：点击菜单栏"开始"—"重复"（图7-2-39）。

图 7-2-39　复制幻灯片（方式二）

方式三：点击"右键"—"重复"（图7-2-40）。

（3）在"文章视图"中，若需将A场景中的幻灯片，复制到B场景，可以先选中A场景中待复制的幻灯片，然后按快捷键"Ctrl+C"进行复制（或点击菜单栏"开始"—"复制"），再选中B场景，最后按快捷键"Ctrl+V"进行粘贴（或点击菜单栏"开始"—"粘贴"）。

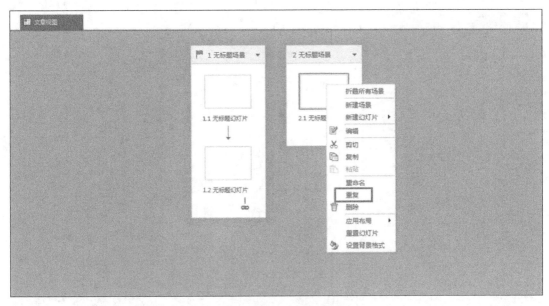

图 7-2-40 复制幻灯片（方式三）

（二）重命名幻灯片

在"文章视图"中，如果需要对幻灯片进行重命名，方式有：

方式一：双击幻灯片标题—输入新的名称（图 7-2-41）。

方式二：选中幻灯片，点击"右键"—"重命名"（图 7-2-42）。

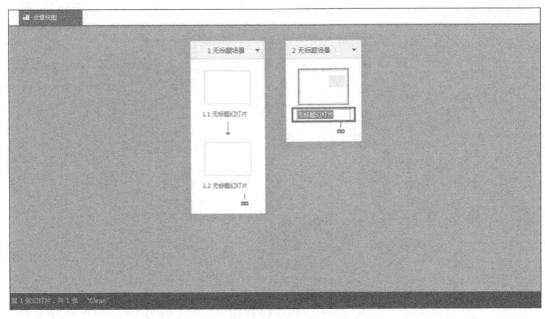

图 7-2-41 重命名幻灯片（方式一）

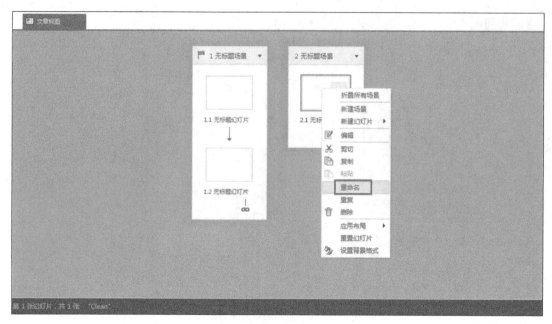

图 7-2-42　重命名幻灯片（方式二）

（三）调整幻灯片排序

在"文章视图"中，如果需要调整（1张或多张）幻灯片的排序，可以先选中需要调整排序的幻灯片，按住鼠标左键将幻灯片拖动到需要的位置；当出现一个蓝绿色箭头时（图7-2-43），松开鼠标左键，即可完成调整。

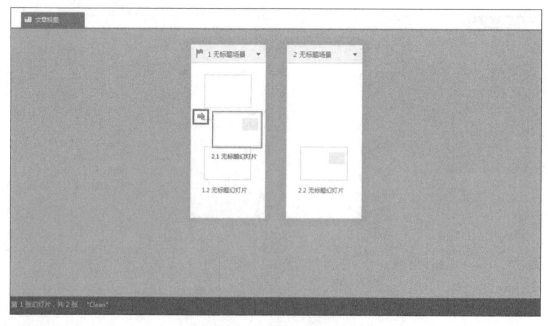

图 7-2-43　调整幻灯片排序

这种方式适用于同一个场景中的幻灯片排序调整，也适用于不同场景之间的幻灯片排序位置调整。

（四）调整幻灯片版式

在"文章视图"中，调整幻灯片版式的方式有：

方式一：（在幻灯片位置）点击"右键"—"应用布局"—"（选择版式）"（图7-2-44）。

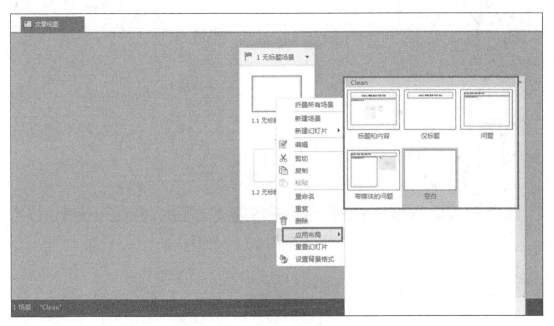

图 7-2-44　调整幻灯片版式（方式一）

方式二：（选中幻灯片）点击菜单栏"开始"—"应用布局"—"（选择版式）"（图7-2-45）。

（五）调整幻灯片背景

通过"设置背景格式"对话框（图7-2-46），调整幻灯片的背景。

在"文章视图"中，"设置背景格式"对话框的打开方式有：

方式一：（选中幻灯片后）点击菜单栏"设计"—"背景样式"—"设置背景格式"（图7-2-47）。

方式二：（选中幻灯片后）点击"右键"—"设置背景格式"（图7-2-48）。

（六）幻灯片显示大小

在"幻灯片视图"下，调整幻灯片显示大小的方式有：

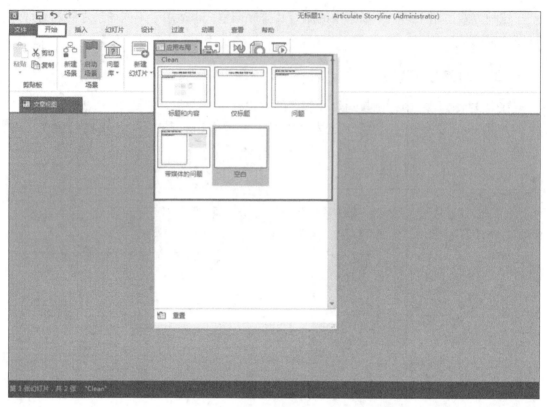

图 7-2-45 调整幻灯片版式（方式二）

图 7-2-46 "设置背景格式"对话框

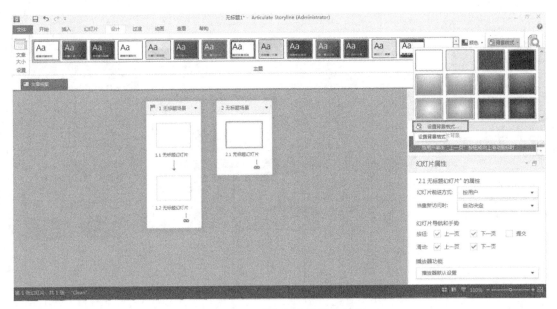

图 7-2-47 调整幻灯片背景（方式一）

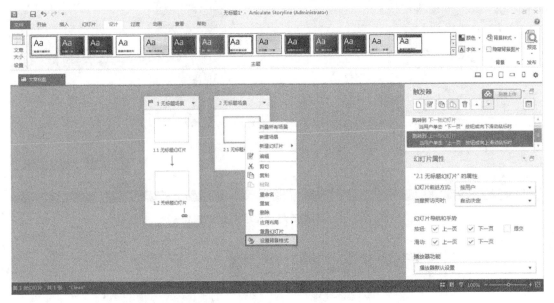

图 7-2-48 调整幻灯片背景（方式二）

方式一：点击菜单栏"查看"——"缩放/调整以适合窗口"，点击"缩放"，在"缩放"对话框中调整；点击"调整以适合窗口"，将幻灯片的显示大小调整到与当前窗口大小相适应（图 7-2-49）。

方式二：点击/滑动右下角的按钮（图 7-2-50）。

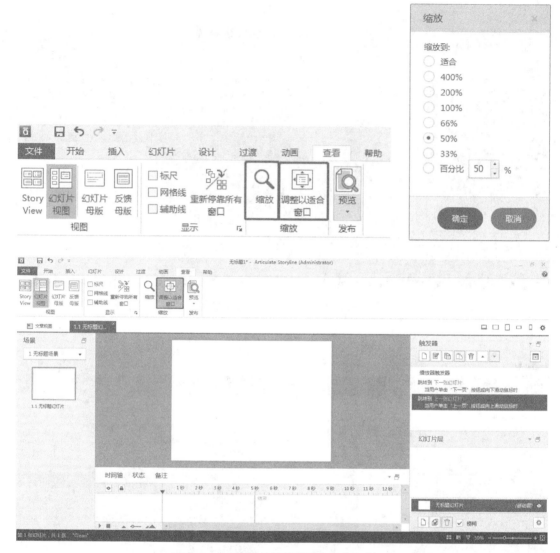

图 7-2-49　调整幻灯片显示大小（方式一）

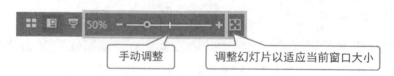

图 7-2-50　调整幻灯片显示大小（方式二）

（七）幻灯片视图

在"文章视图"中，可以很方便地看到课件整体及各个场景之间的关系。但若要进行课件内容的具体制作，需要进入"幻灯片视图"。上文已经介绍过"文章视图""幻灯片视图"的切换方式，这里不再重复。

在"幻灯片视图"中，对 1 张幻灯片完成了编辑，需要接着编辑该场景里其他的幻灯片时，可在左侧场景栏中（图 7-2-51），先选中该场景下其他需要编辑的幻灯片，然后进行编辑。

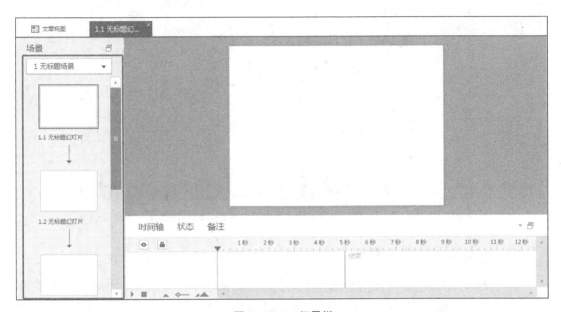

图 7-2-51　场景栏

如果要编辑其他场景中的幻灯片，可点击场景栏中的下拉菜单（图 7-2-52），点击切换到其他场景。

"幻灯片视图"的标签名称，始终与当前幻灯片同步更新（图 7-2-53）。

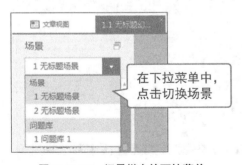

图 7-2-52　场景栏中的下拉菜单

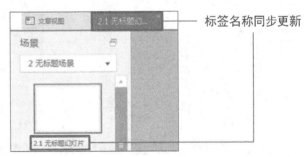

图 7-2-53　"幻灯片视图"的标签名称

我们有时需要同时打开多张幻灯片的"幻灯片视图"。打开方式是：在"文章视图"双击 1 张幻灯片，再回到文章视图，双击另一张幻灯片，以此类推。也就是说，要想打开多张幻灯片的"幻灯片视图"，都要回到文章视图中双击需要打开的幻灯片。

当打开了多张幻灯片的"幻灯片视图"时，可通过点击标签，切换到对应幻灯片的"幻灯片视图"（图 7-2-54）。

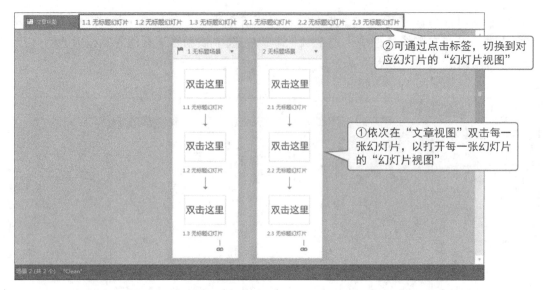

图 7-2-54　举例：打开文章视图中所有幻灯片的"幻灯片视图"的操作

（八）"幻灯片属性"面板

在"文章视图"中，当选中某张幻灯片时，该幻灯片的"触发器"窗口和"幻灯片属性"窗口被激活（图 7-2-55）。在后面的章节中，将对触发器展开介绍；这里先主要介绍一下"幻灯片属性"窗口。

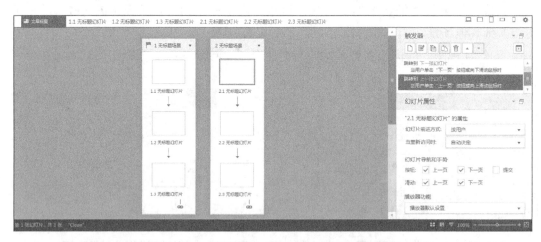

图 7-2-55　"触发器"窗口、"幻灯片属性"窗口

在"幻灯片视图"中，也可以打开"幻灯片属性"窗口，打开方式为：

方式一：点击右下角的齿轮按钮（图 7-2-56）。

方式二：点击"右键"—"属性"（图 7-2-57）。

"幻灯片属性"窗口各模块的功能，如图 7-2-58 所示。幻灯片属性设置完成后，点击确定按钮。

第七章　Storyline 课件开发工具的使用 | 181

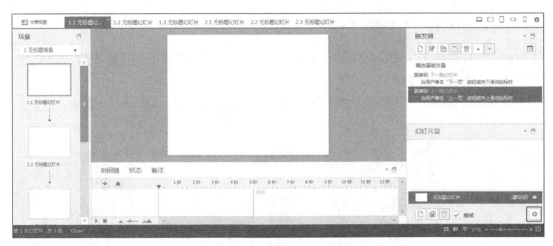

图 7-2-56　打开"幻灯片属性"窗口（方式一）

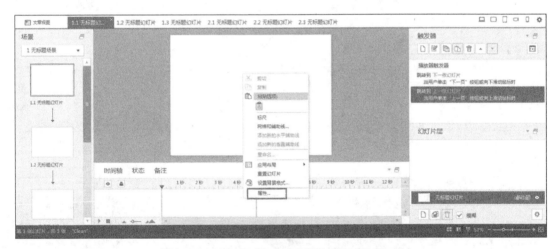

图 7-2-57　打开"幻灯片属性"窗口（方式二）

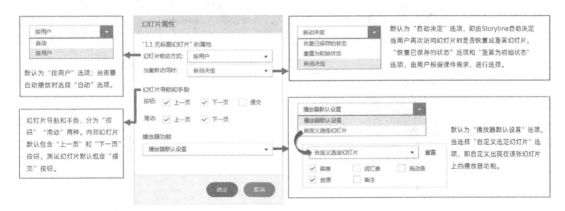

图 7-2-58　"幻灯片属性"窗口各模块的功能

（九）"时间轴""状态""备注"面板

在"幻灯片视图"中，幻灯片画布的下方，有 3 个可以点击切换的面板，分别是：时间轴、状态、备注（图 7-2-59）。

（1）时间轴：在"时间轴"面板中可进行的主要操作，如图 7-2-60 所示。

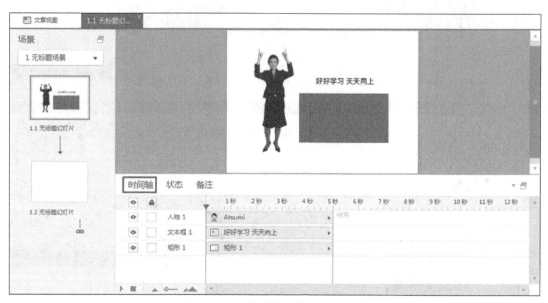

"时间轴"面板

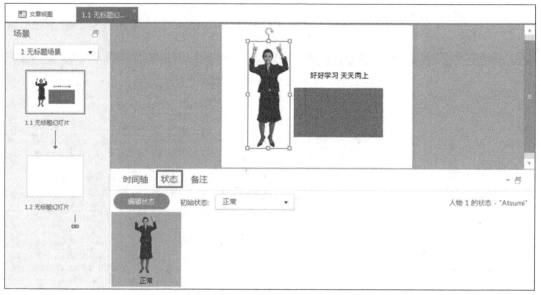

"状态"面板

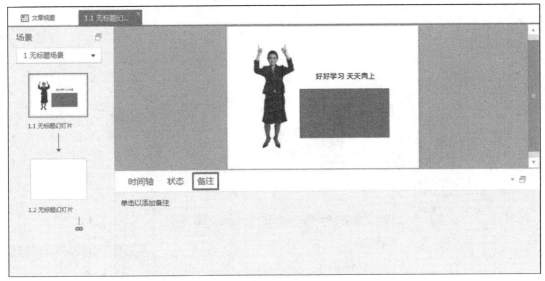

"备注"面板

图 7-2-59　面板

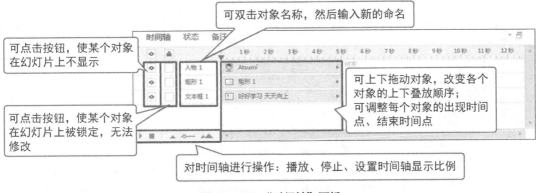

图 7-2-60　"时间轴"面板

当选中时间轴上某个对象的时间进度条，然后点击右键，会显示更多可供设置的功能（图 7-2-61）。

（2）状态：点击切换到"状态"面板，选中幻灯片上的某个对象，初始状态默认为"正常"（图 7-2-62）。

点击"状态编辑"按钮，出现若干编辑状态的按钮（图 7-2-63），供添加对象的状态。添加完成后，点击"编辑状态完成"按钮。

（3）备注："备注"面板（图 7-2-64）的功能，类似 PPT 中的备注栏，备注内容在已发布的项目中可见（需在播放器的功能模块下，勾选"注释"）。

（十）幻灯片上的图层

Storyline 课件中的每张幻灯片，可包含 1 张或多张图层；每个图层上可有 1 个或多

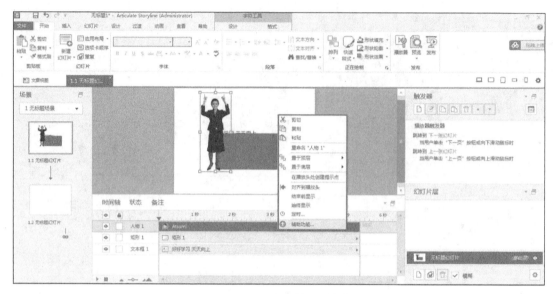

图 7-2-61　更多可供设置的功能

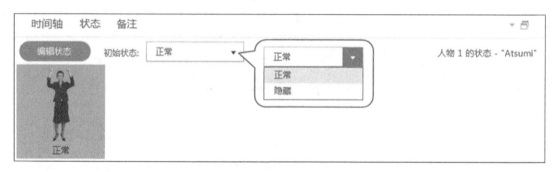

图 7-2-62　"初始状态"下拉框

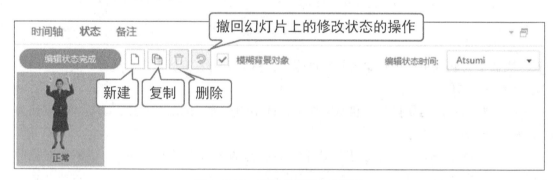

图 7-2-63　若干编辑状态的按钮

个对象（图 7-2-65）。幻灯片上的文本框、图片等对象，并不是直接添加在幻灯片上，而是添加在幻灯片的图层上的。

在"幻灯片视图"中，右下侧有"幻灯片层"区域，可以在这里对幻灯片图层进行管理。如图 7-2-66 所示，每张幻灯片默认有一张基础层。

图 7-2-64 "备注"面板

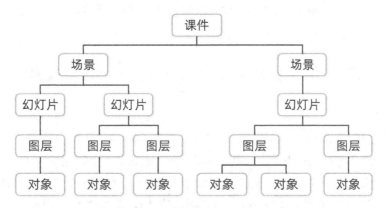

图 7-2-65 "课件、场景、幻灯片、图层、对象"的关系

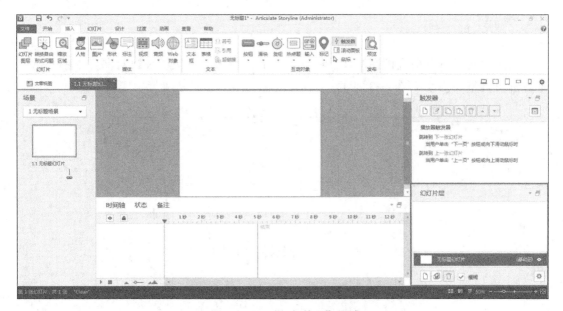

图 7-2-66 "幻灯片层"区域

还可以根据需要创建新的图层,并对所创建的新图层,进行"重命名、隐藏/显示、排序、复制、删除、模糊"等管理(图 7-2-67)。

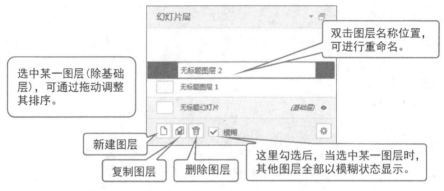

图 7-2-67 在"幻灯片层"区域上可进行的操作

第三节 用 Storyline 制作课件的必备技能

Storyline 3 中与 PowerPoint 类似的功能，本节不做具体介绍，这里主要围绕"触发器""互动元素""测试幻灯片""录制屏幕"等 Storyline 3 中常用的交互功能展开介绍。在刚开始学习 Storyline 3 时，每完成一个环节的设置，最好通过"预览"及时检验设置是否正确。因此，本节内容对 Storyline 3 的预览操作，首先进行了说明。

一、预览

通过预览，可以检查正在制作的课件在发布后的效果，以便及时对课件中不合适的地方进行调整和修改（图 7-3-1）。

图 7-3-1 预览界面

（一）预览整个课件

方式一：按键盘上的 F12 键。

方式二：点击菜单栏"开始/幻灯片"—"预览"图标（图 7-3-2）。

图 7-3-2　预览整个课件（方式二）

方式三：点击菜单栏"开始/幻灯片"—"预览"—"整个项目"（图 7-3-3）。

图 7-3-3　预览整个课件（方式三）

方式四：点击右下角的预览按钮（图 7-3-4）。

图 7-3-4　预览整个课件（方式四）

（二）预览课件的部分内容

方式一：（预览当前幻灯片）按快捷键"Ctrl+F12"。

方式二：（预览当前场景）按快捷键"Shift+F12"。

方式三：（预览当前幻灯片/场景）点击菜单栏"开始/幻灯片"—"预览"—"此幻灯片/此场景"（图7-3-5）。

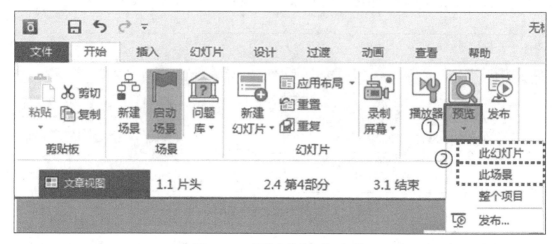

图 7-3-5 预览当前幻灯片/场景

（三）预览界面

在预览界面上，可通过预览界面左上角的菜单，完成预览的相关操作（图7-3-6）。

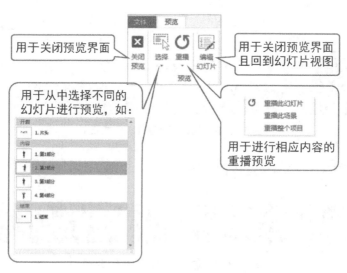

图 7-3-6 预览界面左上角的菜单

还可以通过预览界面右上角的若干功能按钮（图7-3-7），查看课件在不同设备上的显示效果。

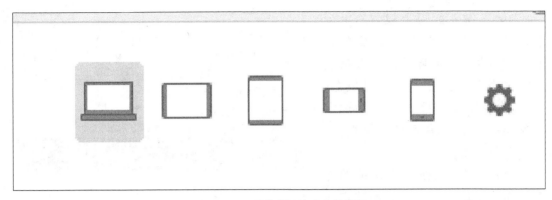

图 7-3-7 预览界面右上角的按钮

二、触发器

触发器是 Storyline 3 中实现交互的重要方式。触发器设置的逻辑是：当幻灯片上的某个对象（即触发对象，如文本框、图片……或者就是当前幻灯片本身）的某一事件发生时，触发同一对象/其他对象（即被触发对象）发生属性或状态的变化。如：某个按钮被点击，则动画开始播放；鼠标移动到某个对象上，该对象的颜色发生改变。

（一）"触发器"面板

"触发器"面板（图 7-3-8）是对所有对象的触发器进行管理的工具。

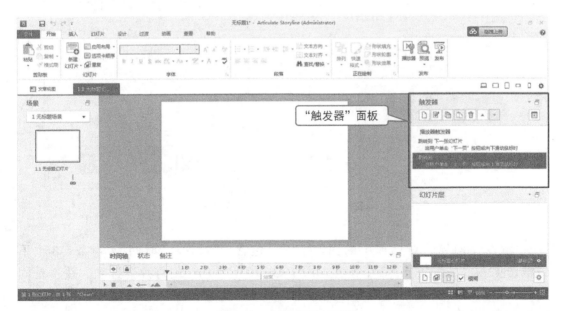

图 7-3-8 "触发器"面板

"触发器"面板上设置有 8 个功能按钮（图 7-3-9）：① 新建触发器、② 编辑选定触发器、③ 复制选定触发器、④ 粘贴选定触发器、⑤ 删除触发器、⑥ 向上移动选定触发器、⑦ 向下移动选定触发器、⑧ 项目管理变量。

这 8 个功能按钮，①②能够为某个对象添加触发器并编辑选定的触发器；③④将某个对象的某一触发器复制并粘贴到其他对象上；⑤删除不需要的触发器；⑥⑦调整同一个对象上的多个触发器的排列顺序；⑧对所有变量进行管理。

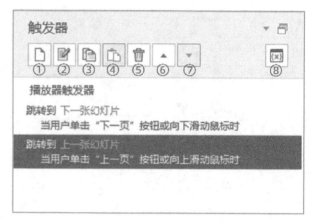

图 7-3-9 "触发器"面板上的按钮

（二）"触发器向导"对话框

点击"新建触发器"按钮，会弹出"触发器向导"对话框（图 7-3-10），用于给幻灯片上的对象设置触发器。

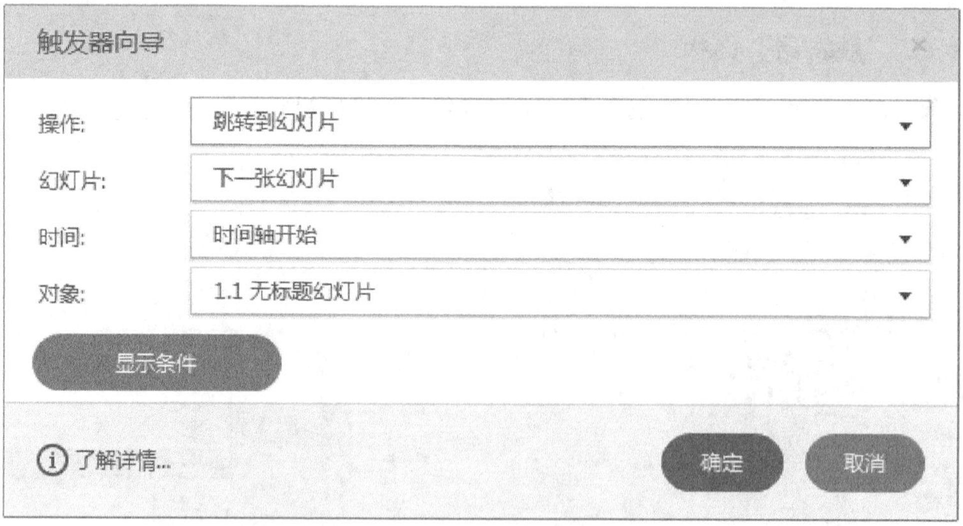

图 7-3-10 "触发器向导"对话框

"触发器向导"对话框中的固定要素，包含："操作""时间""对象"3 个下拉框选项和"显示条件"1 个按钮。图 7-3-10 所示的"幻灯片"选项，并不是固定的要素，这个位置的选项内容，会随"操作"选项的不同选择结果而变动（图 7-3-11）。

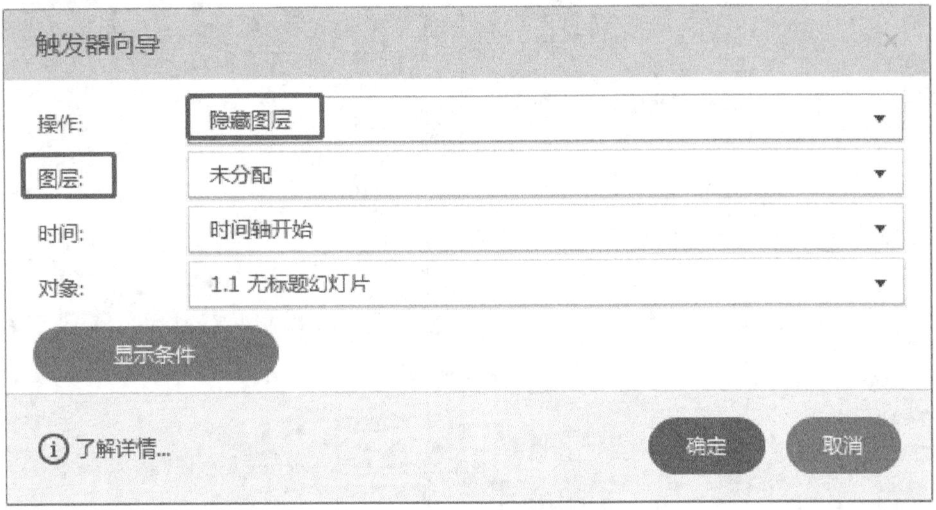

图 7-3-11 举例：当"操作"下拉框的选项为"隐藏图层"时，其下方显示"图层"下拉框

1. "对象"下拉框选项

"对象"下拉框选项用来选择"在哪个对象上添加触发器"，即用来确定触发对象。如图 7-3-12 示例，该张幻灯片上有两个矩形，故下拉框中可选的触发对象，可以是当前幻灯片本身，也可以是幻灯上的 2 个矩形。

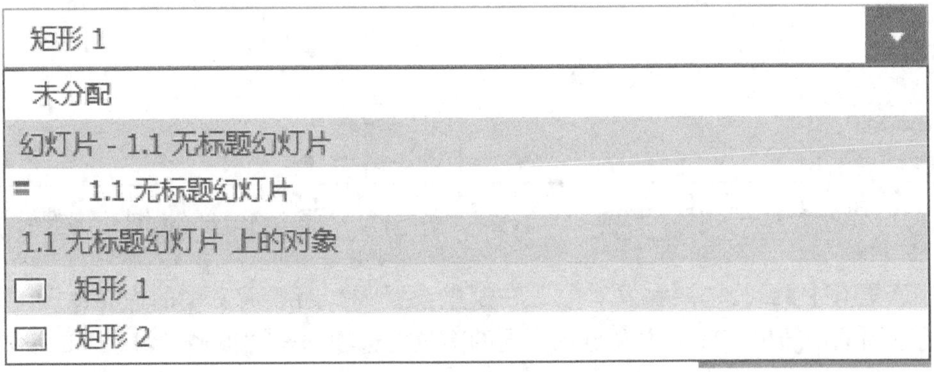

图 7-3-12 "对象"下拉框（举例）

2. "时间"下拉框选项

"时间"下拉框选项用于设置触发对象的事件，即当触发对象发生了什么事件的时候，才导致被触发对象发生属性或状态的变化。

如图 7-3-13 所示，触发事件包括鼠标事件、对象事件、控件事件、时间轴事件、拖放事件。

3. "操作"下拉框选项

如图 7-3-14 所示，"操作"下拉框选项包含：常用、媒体、项目、其他、测验这 5 类，用于设置被触发对象的状态或操作。

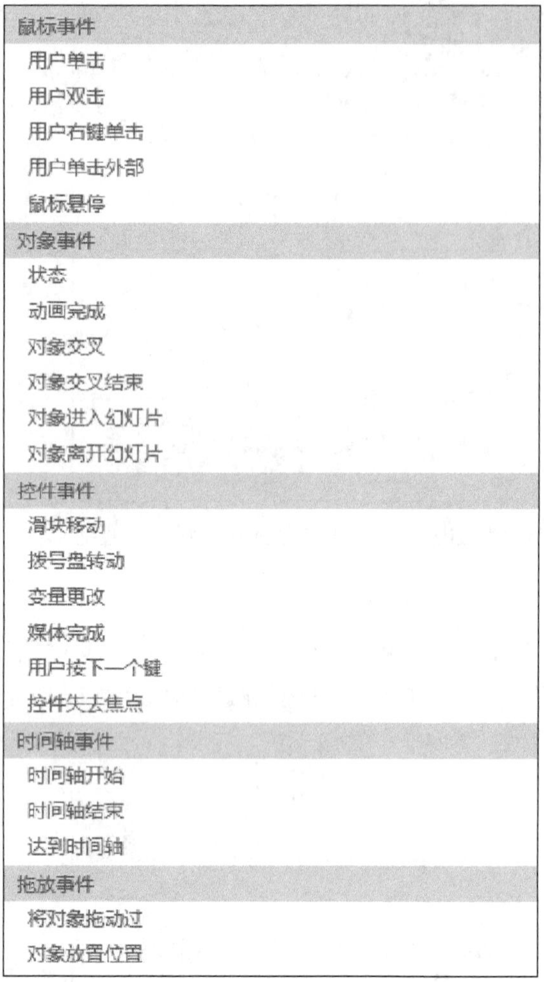

鼠标事件
用户单击
用户双击
用户右键单击
用户单击外部
鼠标悬停
对象事件
状态
动画完成
对象交叉
对象交叉结束
对象进入幻灯片
对象离开幻灯片
控件事件
滑块移动
拨号盘转动
变量更改
媒体完成
用户按下一个键
控件失去焦点
时间轴事件
时间轴开始
时间轴结束
达到时间轴
拖放事件
将对象拖动过
对象放置位置

图 7-3-13 "时间"下拉框

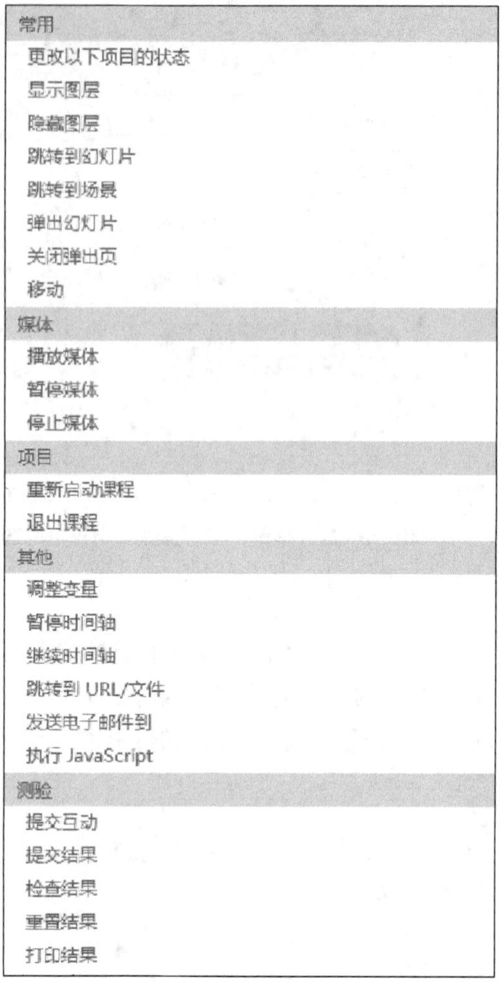

常用
更改以下项目的状态
显示图层
隐藏图层
跳转到幻灯片
跳转到场景
弹出幻灯片
关闭弹出页
移动
媒体
播放媒体
暂停媒体
停止媒体
项目
重新启动课程
退出课程
其他
调整变量
暂停时间轴
继续时间轴
跳转到 URL/文件
发送电子邮件到
执行 JavaScript
测验
提交互动
提交结果
检查结果
重置结果
打印结果

图 7-3-14 "操作"下拉框

那这里有个疑问,"被触发对象"在哪里设置呢?回顾前文中的内容:随"操作"选项的不同选择结果,其下方会显示不同的下拉框选项——"被触发对象"的设置就是在这里进行操作的。

4. 举例

下面通过 1 个例子,来说明其中的逻辑关系。如图 7-3-15 所示,幻灯片上有两个矩形,现在需要对第 1 个矩形设置触发器:当矩形 1 被单击时,触发矩形 2 按弧形移动。

点击"新建触发器"按钮,打开"触发器向导"对话框(图 7-3-16),并设置如下。设置完成后点击确定按钮;随后打开预览,可对触发器的设置进行操作验证。

可以观察到,设置逻辑与对话框内容的对应关系是:当矩形 1(①)被单击(②)时,矩形 2(④)会按弧形(⑤)移动(③)。在设置"触发器向导"时,可参考上图①②③④⑤的顺序;也可就按③④⑤②①,即从上到下的顺序。

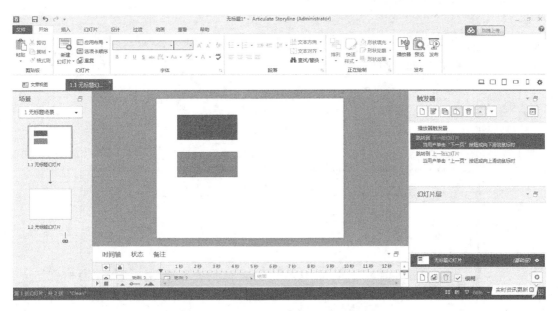

图 7-3-15 举例：幻灯片上有两个矩形

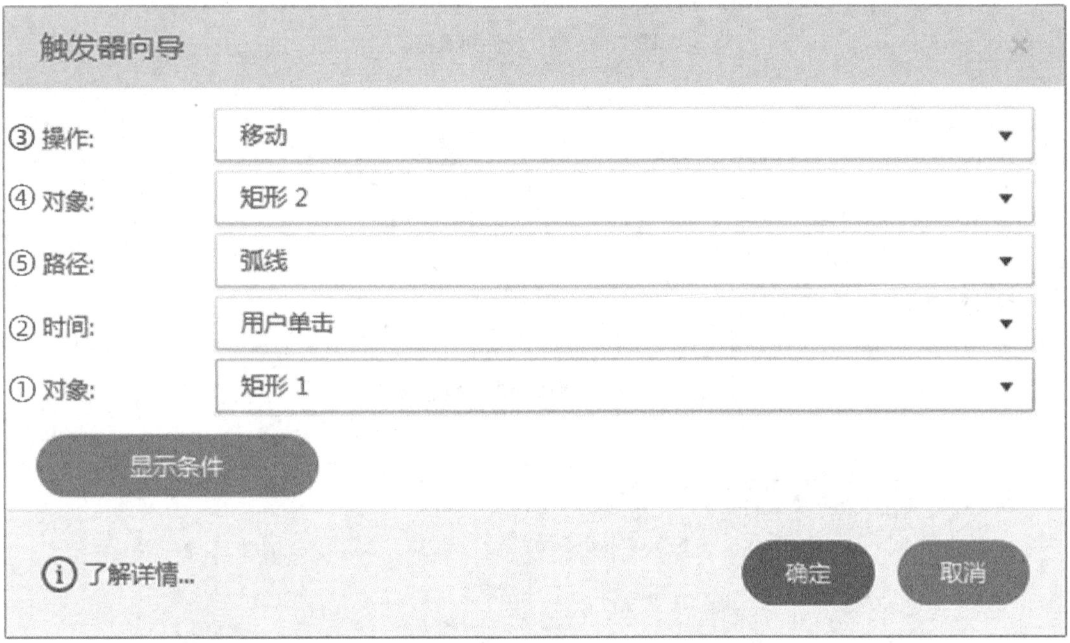

图 7-3-16 举例：设置"当矩形"被单击时，触发矩形 2 按弧形移动

> "显示条件"按钮

点击"显示条件"按钮，可展开条件列表框（图 7-3-17），用于设置 1 个或多个触发条件（图 7-3-18）。点击"隐藏条件"按钮，条件列表框再次被隐藏。

点击 按钮，弹出"添加触发条件"对话框（图 7-3-19）。

"添加触发条件"对话框中，条件间的运算有 AND（和）、OR（或）两种。

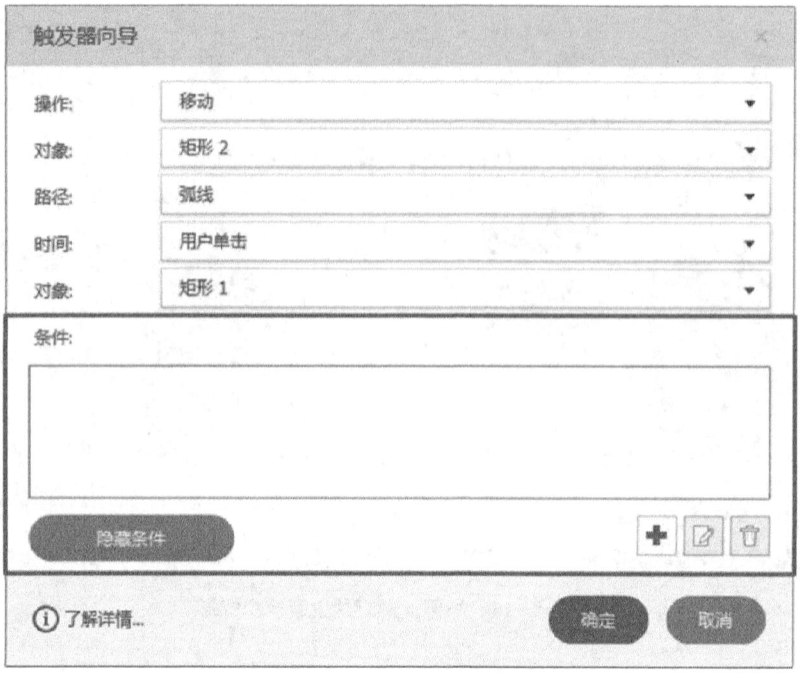

图 7-3-17 条件列表框

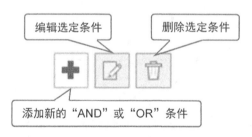

图 7-3-18 添加/编辑/删除条件

图 7-3-19 "添加触发条件"对话框

"列表"部分，有变量、形状、窗口3个选项，用于选择所添加的条件，是与变量有关（如：当滑块滑动到"15"这个值时），或是与状态有关（如：某个对象的状态是"已选中"时），还是与窗口状态有关？

完成"列表"点选后，再在其下方的"如果"区域进一步设置具体的条件。随后，点击确定按钮。

三、互动元素

Storyline 3 中的互动元素非常丰富，这里挑选部分常用的进行介绍。

（一）按钮

在"幻灯片视图"下，点击菜单栏"插入"—"按钮"，可在当前幻灯片上，添加按钮。如图 7-3-20 所示，按钮库中有 3 种按钮样式。

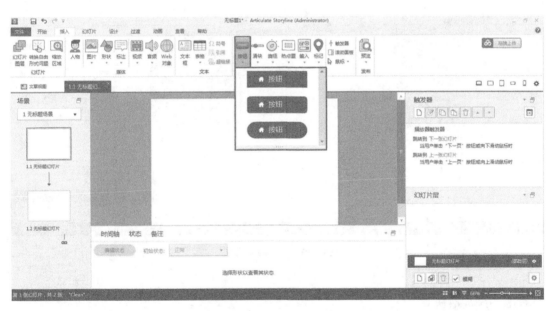

图 7-3-20　插入按钮

针对已添加的按钮，将其选中后，可在菜单栏"格式"下，进行"按钮图标""按钮样式""排列""大小和位置"等设置（图 7-3-21）。

在幻灯片中添加 1 个或多个按钮后，可通过编辑按钮的状态、添加触发器等方式，使按钮具有交互的功能。

（二）滑块

在"幻灯片视图"下，点击菜单栏"插入"—"按钮"（图 7-3-22），可在当前幻

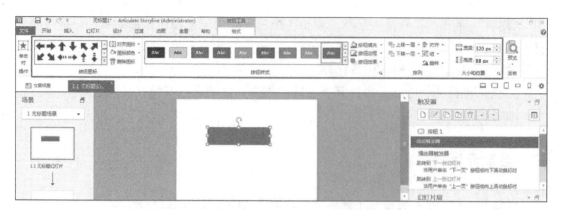

图 7-3-21　按钮图标、按钮样式、排列、大小和位置

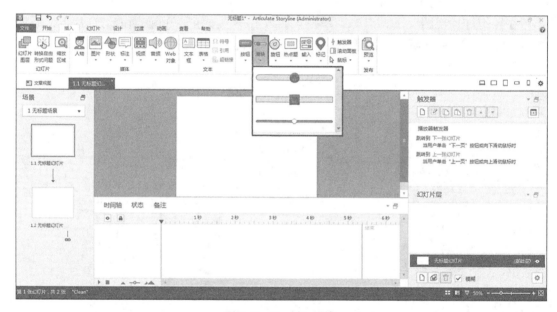

图 7-3-22　插入滑块

灯片上，添加滑块。

　　针对已添加的滑块，将其选中后，可在菜单栏"设计""格式"下，进行属性、外观等设置（图 7-3-23）。滑块的交互功能，可以通过改变其属性来实现。

（三）拨号盘

　　拨号盘，也叫旋钮。在"幻灯片视图"下，点击菜单栏"插入"—"旋钮"（图 7-3-24），可在当前幻灯片上，添加拨号盘。

　　针对已添加的滑块，将其选中后，可在菜单栏"设计""格式"下，进行属性、外观等设置（图 7-3-25）。拨号盘的交互功能，同样可以通过改变其属性来实现。

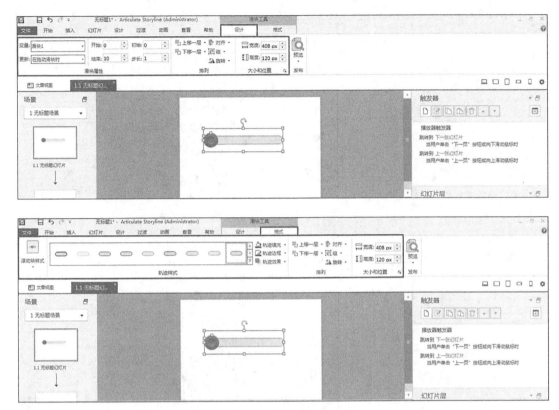

图 7-3-23　滑化设置

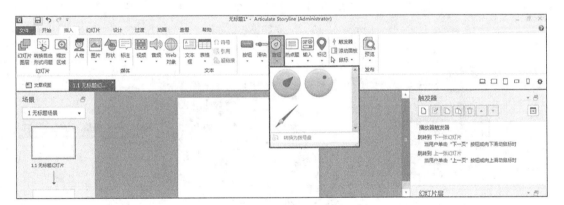

图 7-3-24　插入拨号盘

（四）热点

热点是一种无形的交互对象，是看不见的按钮，对触发动作很有用。

在"幻灯片视图"下，点击菜单栏"插入"—"热点题"（图 7-3-26），可在当前幻灯片上，添加热点。

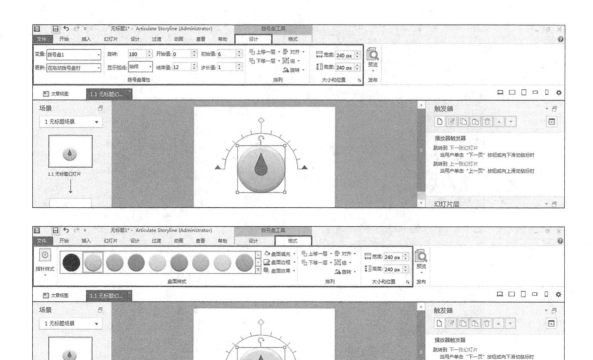

图 7-3-25 拨号盘和指针设置

图 7-3-26 插入热点

针对已添加的热点,将其选中后,可在菜单栏"格式"下,进行外观等设置(图 7-3-27)。可以通过 1 个或多个热点添加触发器的方式,使热点具有交互功能。

(五)输入控件

输入控件包括复选框、单选按钮、数据条目。输入控件能够将收集到的信息存储在变量中,通过相应触发器的操作,使收集到的信息显示在幻灯片或其他控件上。

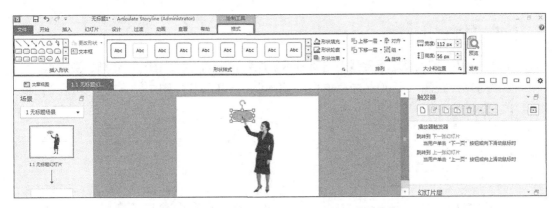

图 7-3-27　已添加的热点，会自动生成触发器

在"幻灯片视图"下，点击菜单栏"插入"—"输入"（图 7-3-28），可在当前幻灯片上，添加输入控件。

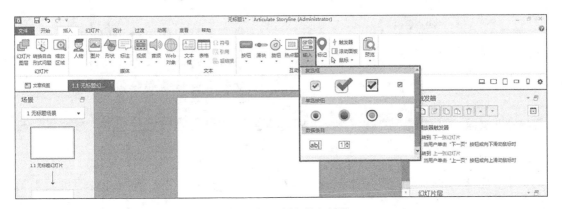

图 7-3-28　插入输入控件

针对已添加的输入控件，将其选中后，可在菜单栏"格式"下，进行外观等设置（图 7-3-29）。

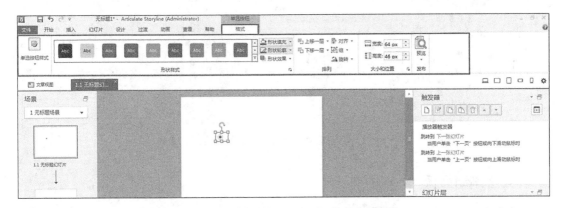

图 7-3-29　形状样式、排列、大小和位置等

（六）标记

标记的作用，是在鼠标悬停或单击时显示附加内容（如文字、图片、音频、视频等）。

在"幻灯片视图"下，点击菜单栏"插入"—"标记"（图7-3-30），可在当前幻灯片上，添加标记。

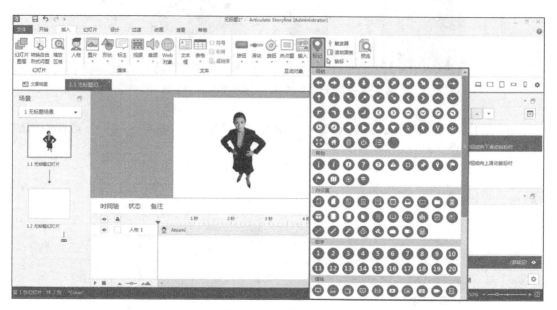

图7-3-30 插入标记

针对已添加的标记，将其选中后，可在菜单栏"格式"下，进行外观等设置（图7-3-31）。

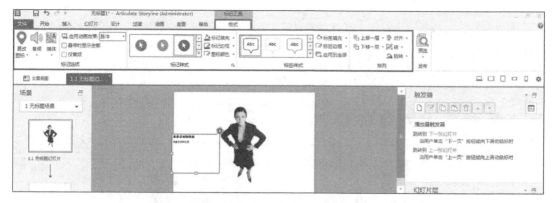

图7-3-31 标记选项、标记样式、标签样式、排列

（七）滚动面板

当课件中需要设置可以滑动的超长页时，可通过滚动面板的功能来实现。图片、截

图、视频、音频、形状、标注、标记、文本框、按钮、热点等，都可以放置在滚动面板上。

在"幻灯片视图"下，点击菜单栏"插入"—"滚动面板"，可在当前幻灯片上，添加滚动面板（图 7-3-32）。

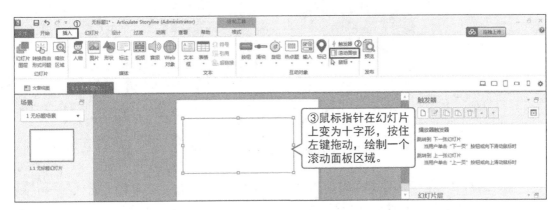

图 7-3-32 插入滚动面板

针对已添加的滚动面板，将其选中后，可在菜单栏"格式"下，进行外观等设置（图 7-3-33）。

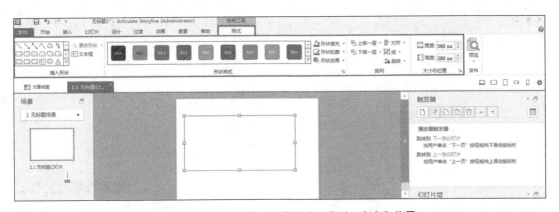

图 7-3-33 插入形状、形状样式、排列、大小和位置

在滚动面板中添加对象的步骤是：先将对象添加到幻灯片上，然后将对象拖到滚动面板中。在幻灯片上调整滚动面板的大小时，其中的对象大小不变；当移动滚动面板的位置时，其中的对象随之移动；若其中的对象有超出滚动面板大小的，滚动面板会自动显示垂直滚动条（图 7-3-34）。

（八）鼠标光标

鼠标光标可以添加在每张幻灯片的基础图层中，但只能添加 1 个。

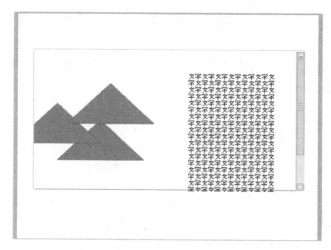

图 7-3-34 滚动面板中的垂直滚动条

在"幻灯片视图"中,(在当前幻灯片的基础层上)点击菜单栏"插入"—"鼠标",可添加鼠标光标(图 7-3-35)。

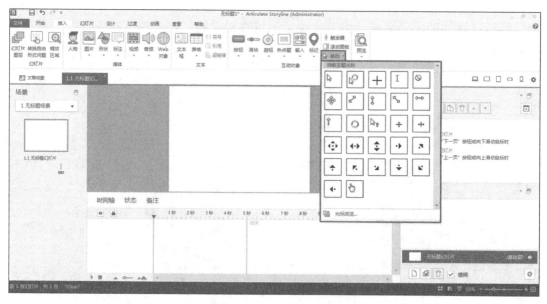

图 7-3-35 插入鼠标光标

针对已添加的鼠标光标,将其选中后,可在菜单栏"格式"下,进行"点击""光标""路径"的设置/修改(图 7-3-36)。

(1)"点击"设置:包括"无""单击""双击"3个选项,用于设置鼠标光标移动到路径末尾时的声音效果。

(2)"光标"设置:用于修改光标的样式。

(3)"路径"设置:用于设置光标的路径、方向、速度、点击效果等。

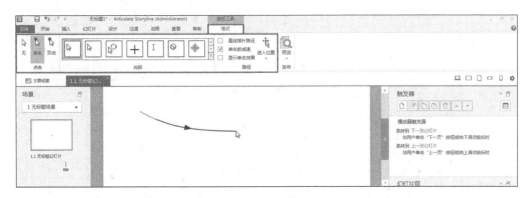

图 7-3-36　点击、光标、路径

四、测试幻灯片

Storyline 3 中可以创建多种类型的测试题，有"评分问题""调查问题""自由形式的问题""结果"。在"幻灯片视图"中，其创建路径有：

方式一：点击菜单栏"开始"—"新建幻灯片"—"评分问题/调查问题/自由形式问题/结果"（图 7-3-37）。

方式二：点击菜单栏"幻灯片"—"评分问题/问卷评估类问题/自由形式问题/结果"（图 7-3-38）。

（一）评分问题

打开"评分问题"对话框（图 7-3-39），可以创建 11 种题型。这里以"判断对错题"为例进行介绍。

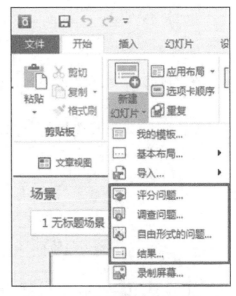

图 7-3-37　创建测试幻灯片（方式一）

图 7-3-38　创建测试幻灯片（方式二）

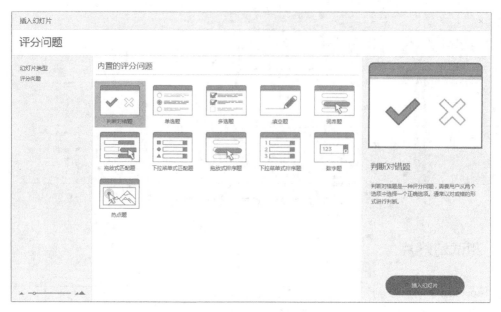

图 7-3-39 "评分问题"对话框

在"判断对错题"的幻灯片上,各项操作内容大致如图 7-3-40 所示。

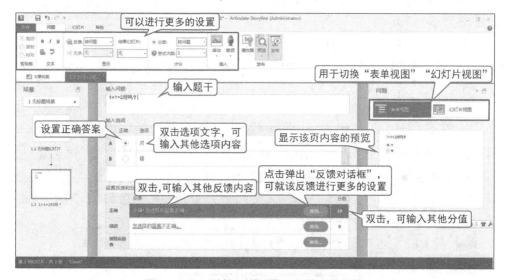

图 7-3-40 "判断对错题"幻灯片上的操作

其中,"问题"菜单的"反馈"下拉框中,有"按问题"和"无"2 个选项。当选择"按问题"时,会创建一个基于问题的(正确/反馈)反馈和分支(图 7-3-41);当选择"无"时,则不会创建基于问题的反馈和分支(图 7-3-42)。点击"设置反馈和分支"区域中各项反馈对应的"其他"按钮,会弹出"反馈"对话框,提供更多的设置内容,其中包含"分支"(图 7-3-43)。

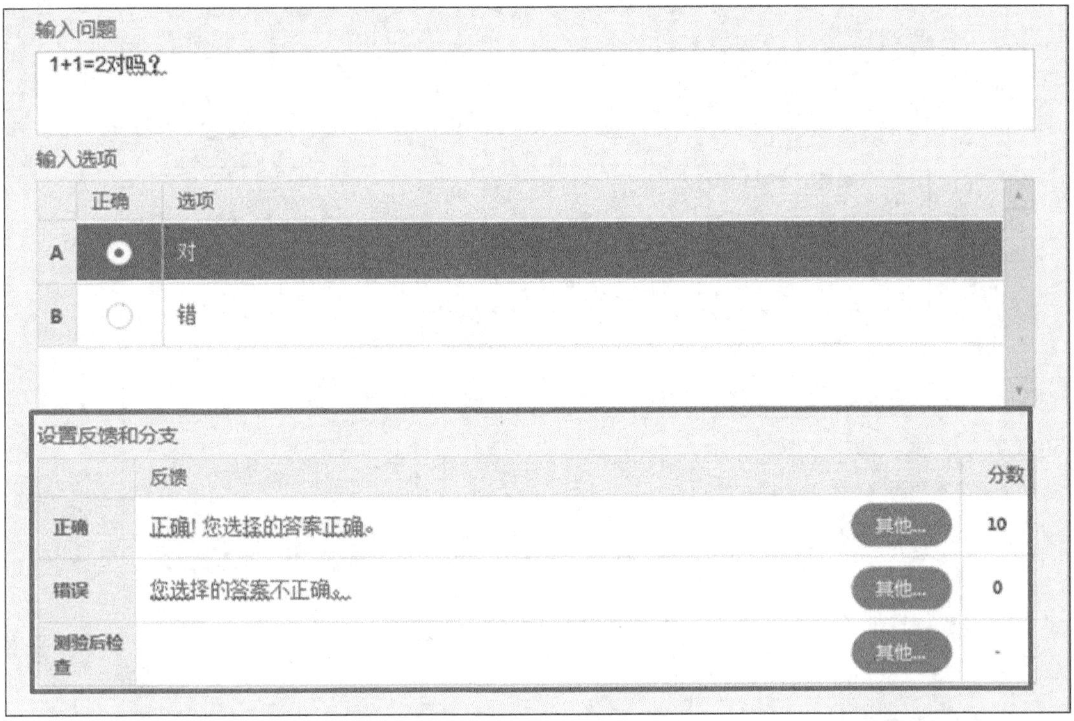

图 7-3-41　选择"按问题"时，会创建一个基于问题的（正确 / 错误）反馈和分支

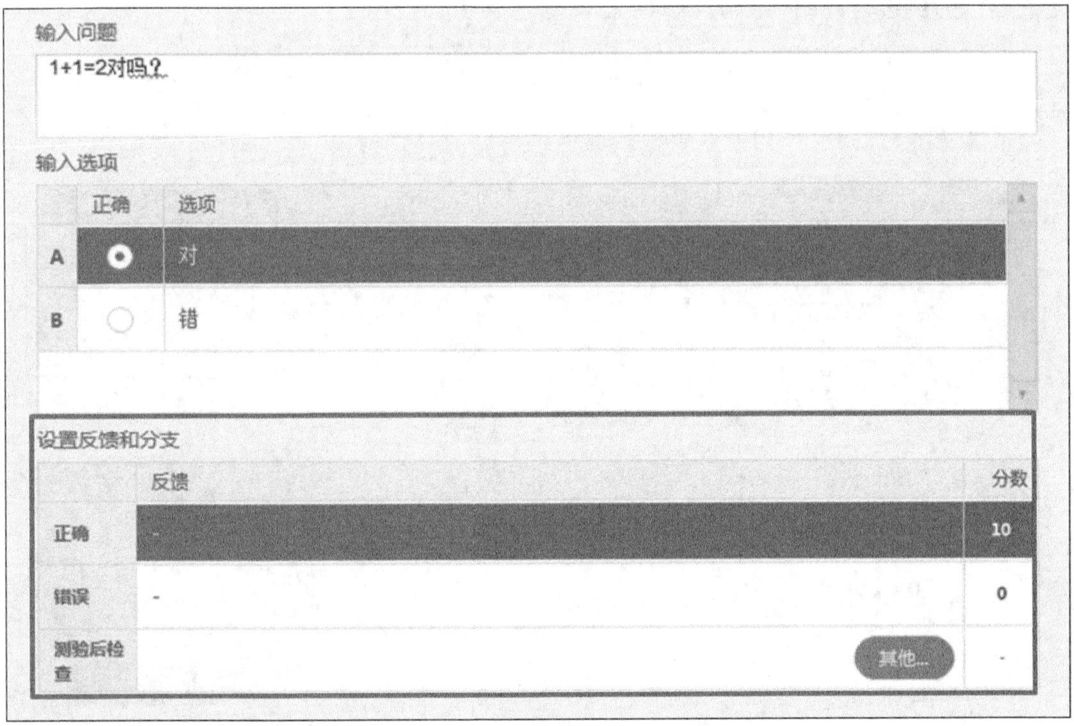

图 7-3-42　选择"无"时，不会创建基于问题的反馈和分支

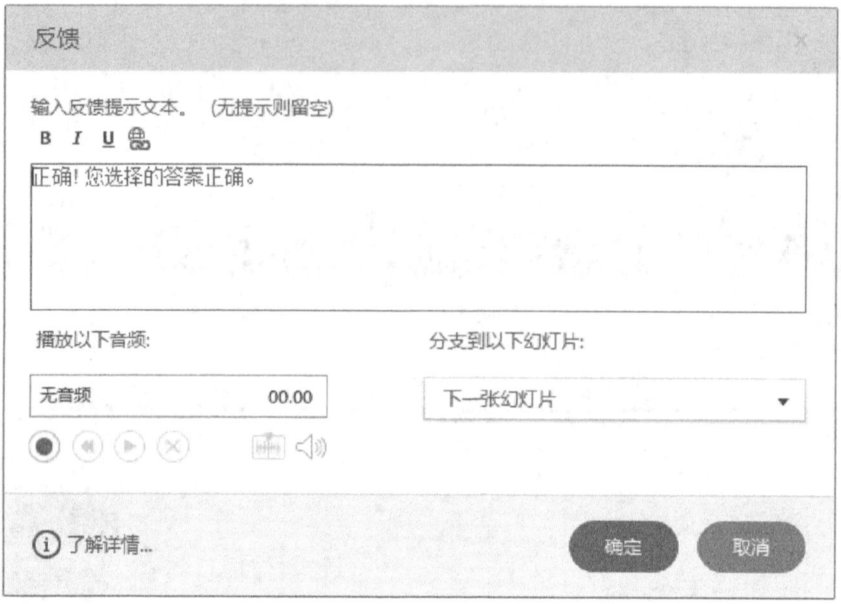

图 7-3-43 "反馈"对话框

（二）调查问题

打开"调查问题"的对话框（图 7-3-44），可以创建 9 种题型。这里以"李克特量表题"为例进行介绍（图 7-3-45）。

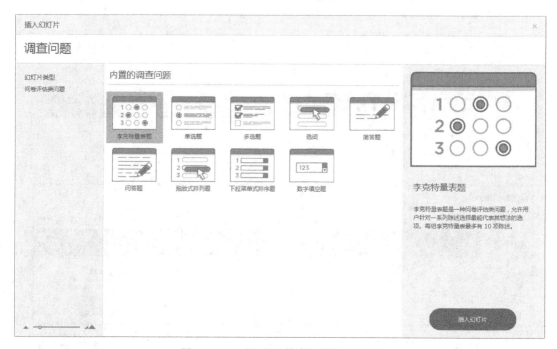

图 7-3-44 "问卷评估类问题"对话框

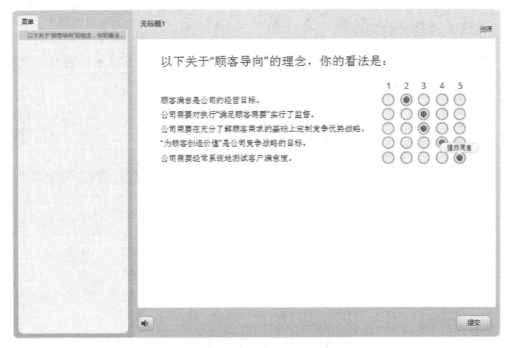

图 7-3-45　预览模式下的李克特量表题

在"李克特量表题"的幻灯片上,各项操作内容大致如图 7-3-46 所示。其中,点击"比例"按钮会弹出"李克特量表题"对话框。在其比例标签下默认有"强烈反对""反对""中立""同意""强烈同意"5 种标签,可根据需要,修改标签的内容和数量;比例标签下方的"显示比例数字"项默认被勾选,勾选后,将显示各个答案所占的比例数字。

图 7-3-46　"李克特量表题"幻灯片上的操作

（三）自由形式的问题

打开"自由形式的问题"的对话框（图 7-3-47），可以创建 6 种题型。这里以"拖放题"为例进行介绍。

图 7-3-47 "自由形式的问题"对话框

在"拖放题"的幻灯片视图下，先在幻灯片上放入拖动项目、拖动区域的对象，以图 7-3-48 为例。

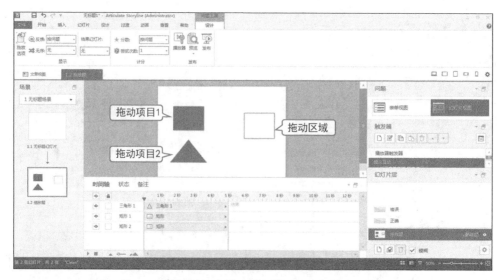

图 7-3-48 举例：在幻灯片上放入拖动项目、拖动区域的对象

然后，切换到"表单视图"，在"拖动项目和放置目标"区域进行设置（图7-3-49）。设置时：同一个放置目标可对应多个拖动项目；若某个拖动对象的放置目标设置为"无"，表示该拖动对象为错误的放置目标。

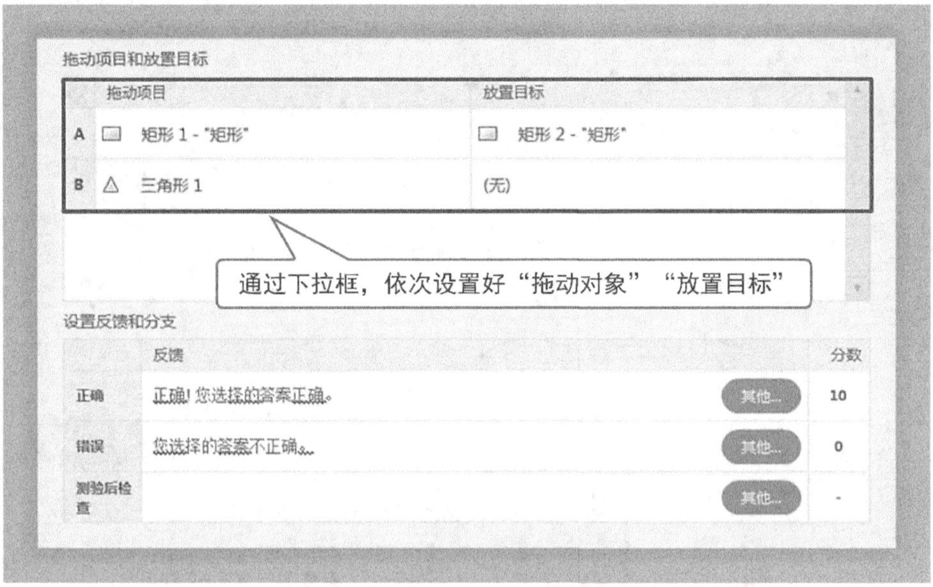

图 7-3-49　举例：在"拖动项目和放置目标"区域进行设置

点击"拖放题"幻灯片菜单栏中的"拖放选项"后，弹出"拖放选项"对话框（图 7-3-50），可对拖放选项进行更多的设置。

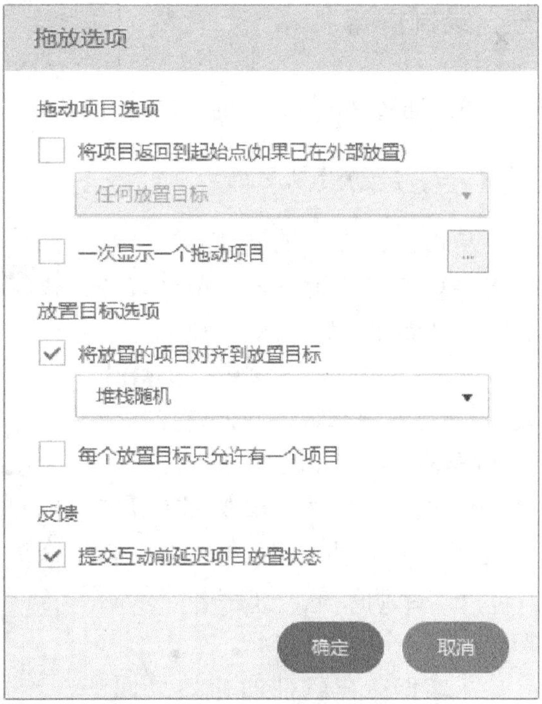

（四）结果

"结果"幻灯片用于对答题结果提供反馈，如图 7-3-51 所示，一共有三种："评分结果幻灯片""问卷评估类结果幻灯片""空白结果幻灯片"。根据需要选择后插入，并进行编辑。

（1）"评分结果幻灯片"包含"您的得分"信息、"通过分数"信息和"回顾测试"按钮。

（2）"问卷评估类结果幻灯片"包含"回顾测试"按钮和"感谢完成问卷"等反馈信息。

图 7-3-50　"拖放选项"对话框

图 7-3-51 "结果"对话框

（3）"空白结果幻灯片"只包含"回顾测试"按钮。

五、录制屏幕

可以通过 Storyline 3 的"录制屏幕"功能，创建交互式的软件仿真操作。

（一）启动录制屏幕

方式一：在"文章视图"中，点击菜单栏"开始"—"新建幻灯片"—"录制屏幕"（图 7-3-52）。

方式二：在"文章视图/幻灯片视图"中，点击菜单栏"幻灯片"—"录制屏幕"图标（图 7-3-53）。

方式三：在"文章视图/幻灯片视图"中，点击菜单栏"幻灯片"—"录制屏幕"文字—"录制您的屏幕"（图 7-3-54）。

方式四：在软件的初始页面，点击"录制屏幕"（图 7-3-55）。

图 7-3-52 启动录制屏幕（方式一）

图 7-3-53 启动录制屏幕（方式二）

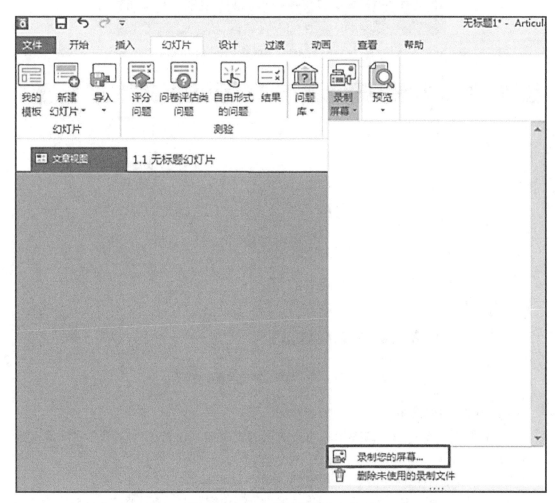

图 7-3-54 启动录制屏幕（方式三）

（二）录制屏幕窗口

录制屏幕窗口包含"录制区域"和"录制工具栏"两部分（图 7-3-56）。"录制区域"可以手动调整其大小。"录制工具栏"的内容依次为："录制"按钮、音频下拉框、区域选择下拉框、"设置"按钮、"取消"按钮。

图 7-3-55　启动录制屏幕（方式四）

图 7-3-56　"录制区域"和"录制工具栏"

（1）"录制"按钮 ：点击后，开始录屏。

（2）音频下拉框：用于选择录屏时所使用的音频输入设备或不使用音频设备（图 7-3-57）。

（3）区域选择下拉框：用于设置录屏区域的大小和比例（图 7-3-58）。

（4）"设置"按钮 ：点击后，弹出"屏幕录制内容"对话框（图 7-3-59）。

图 7-3-57　音频下拉框

图 7-3-58　区域选择下拉框

（5）"取消"按钮：点击后，关闭录制屏幕窗口。

（三）录制屏幕

点击"录制"按钮 开始录制屏幕后，录制工具栏上出现"暂停/继续"按钮、"删除"按钮、"完成"按钮（图7-3-60）。

（1）"暂停/继续"按钮：录制过程中需要暂停或暂停后要继续录制时，可点击此按钮（也可使用上文"屏幕录制内容"对话框中的快捷键，进行暂停/继续的操作）。

（2）"删除"按钮：点击后，对于已录制的内容将不会保留。

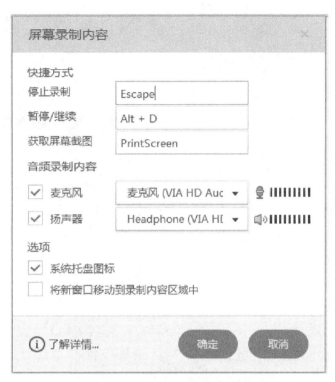

图7-3-59 "屏幕录制内容"对话框

（3）"完成"按钮：点击后，完成并结束录制，同时打开"插入幻灯片"对话框（图7-3-61）。

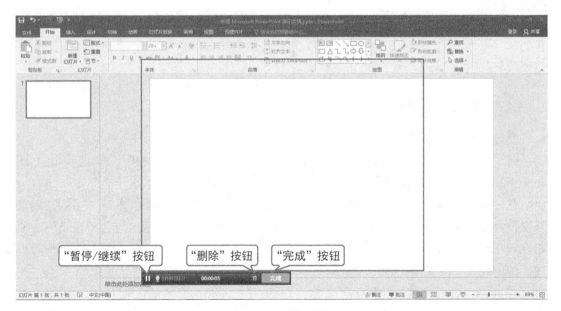

图7-3-60 录制屏幕

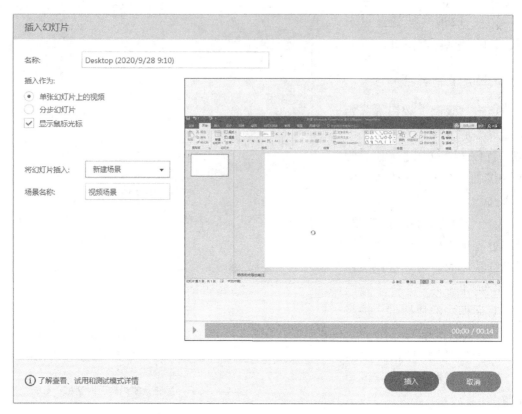

图 7-3-61 "插入幻灯片"对话框

> **小贴士**
>
> 录制屏幕的时长最多不超过 2 h。

(四)插入录制屏幕

通过"插入幻灯片"对话框,可将录制好的屏幕视频插入项目中。

在"插入幻灯片"对话框中,选择"单张幻灯片上的视频"单选按钮(图 7-3-62),则插入的录屏视频将不具备交互性,只能观看。

在"插入幻灯片"对话框中,选择"分布幻灯片"单选按钮(图 7-3-63),则录屏视频会作为分步幻灯片被插入,且录屏中记录的音频将不能使用(但音频在录屏的原始视频中仍然存在)。"分步幻灯片"下面的模式选项下拉框,包含 3 个选项:查看模式、试用模式、测试模式。

若选择"查看模式",则录制屏幕将作为一个演示性内容插入项目中,其不具备交互性,只是在播放一个个操作步骤的过程。点击"查看模式选项"弹出对话框(图 7-3-64),完成设置后,点击确定。

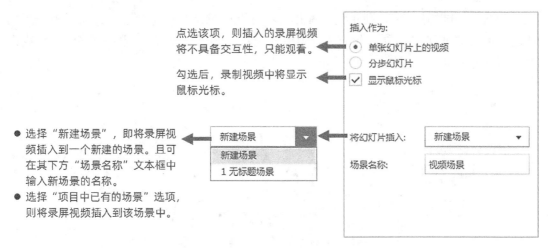

图 7-3-62 关于"单张幻灯片的视频"单选按钮的说明

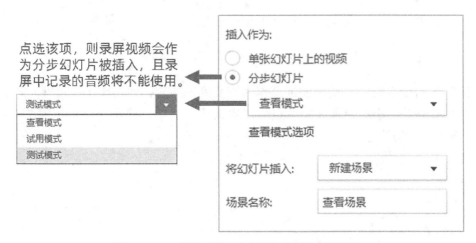

图 7-3-63 关于"分布幻灯片"单选按钮的说明

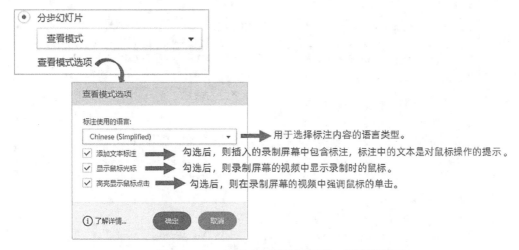

图 7-3-64 关于"查看模式选项"对话框的说明

若选择"试用模式",则录制屏幕作为不分配的测试插入,即可在此模式下进行测试,但不给测试评定分数。点击"试用模式选项"弹出对话框(图7-3-65),完成设置后,点击确定。

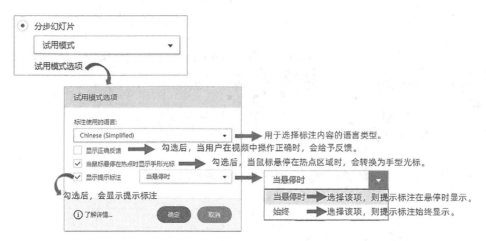

图 7-3-65　关于"试用模式选项"对话框的说明

若选择"测试模式",则录制屏幕作为答复测试插入,即在操作视频时,对于操作步骤的正确与否会给出分数评定。点击"测试模式选项"弹出对话框(图7-3-66),完成设置后,点击确定。

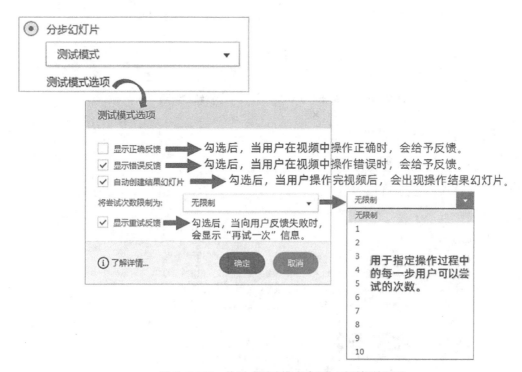

图 7-3-66　关于"测试模式选项"对话框的说明

在"插入幻灯片"对话框上完成设置后,点击右下方的"插入"按钮,即完成录制屏幕的插入(插入到项目中)过程。

若录制屏幕后,在"插入幻灯片"对话框上点击右下方的"取消"按钮,会弹出"保存录制内容"提示框(图7-3-67)。若无需保存,点击"否"。若需要保存供以后使用,点击"是"即可。

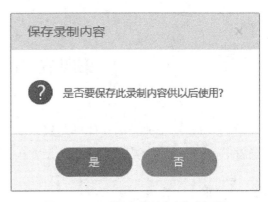

图7-3-67 "保存录制内容"提示框

保存后的视频,会在"录制屏幕"命令的库窗口(图7-3-68)的视频列表中列出。单击视频列表中的某一视频,会打开"插入幻灯片"对话框。视频列表中的视频如果在任何幻灯片中都没有被使用,则可单击"删除未使用的录制文件",把它们从库中删除。

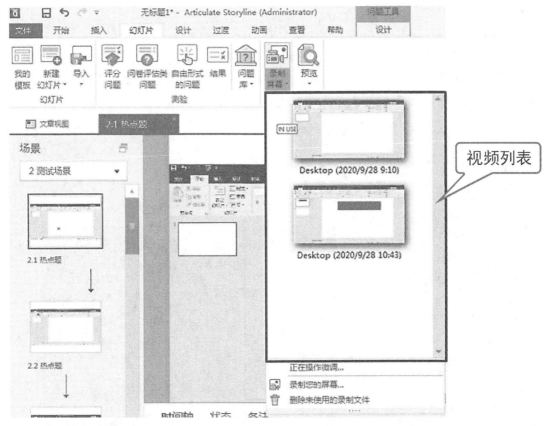

图7-3-68 "录制屏幕"命令的库窗口的视频列表

第四节 设置播放器

播放器是一个课程的整体外观展示。"播放器属性"对话框的打开方式是：在"文章视图"或"幻灯片视图"下，点击菜单栏"开始"—"播放器"（图7-4-1）。

图7-4-1 "播放器属性"对话框的打开方式

"播放器属性"对话框的设置内容包括：功能、菜单、资源、词汇表、颜色和效果、文本签到、其他等。

一、功能

"功能"模块（图7-4-2）的内容，包括：播放器选项卡、功能、控件3部分；其设置后的效果，都会在右侧同步预览显示。

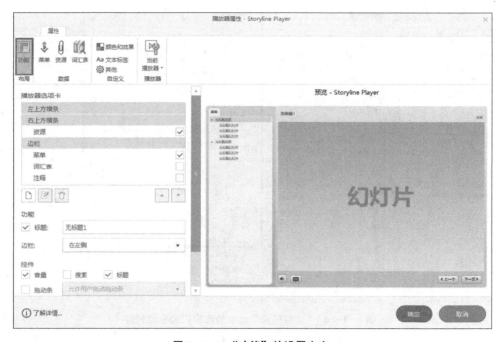

图7-4-2 "功能"的设置内容

1. 播放器选项卡

"播放器选项卡"中的选项内容（图 7-4-3），包括：资源、菜单、词汇表、注释；可通过"添加"按钮，新增选项；所新增的选项，可通过"编辑""删除"按钮进行修改（图 7-4-4）。

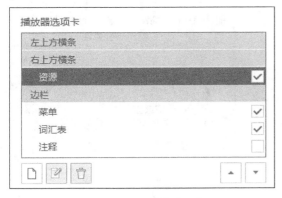

图 7-4-3　播放器选项卡

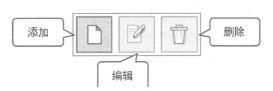

图 7-4-4　依次为"添加""编辑""删除"按钮

在"播放器选项卡"中，勾选哪些选项，播放器上就会对应显示哪些内容；选中"播放器选项卡"中的某个选项（注意：这里是选中，不是勾选；选中后，该条选项变成蓝底白字），可通过 按钮，调整该选项的位置和顺序。

2. 功能

"功能"部分（图 7-4-5）包含：标题、边栏。

"标题"项被勾选时，标题会显示在播放器上。标题的名称，也可在文字框内进行修改（图 7-4-6）。

图 7-4-5　功能

图 7-4-6　修改标题名称

"边栏"在播放器上的显示位置，可通过其下拉框选择（图 7-4-7）。

3. 控件

"控件"模块（图 7-4-8），主要用于设置有关播放器控制的选项，包括：音量、搜索、标题、拖动条、徽标。其中，"拖动条"选项被勾选后，其下拉框选项会激活（图 7-4-9），可供选择；"徽标"选项被勾选后，可点击"单击以添加徽标"，弹出对话框（图 7-4-10），为播放器添加个性化的徽标。徽标图像高和宽的最大值均为 200 像素，

图 7-4-7　选择边栏在播放器上出现的位置

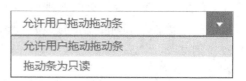

图 7-4-8　控件　　　　　　　　　图 7-4-9　"拖动条"选项被勾选后，其下拉框选项会激活

图 7-4-10　点击"单击以添加徽标"后，弹出对话框

如果超过了这个值，Storyline 3 会自动调整为合适的值。

二、菜单

"菜单"（图 7-4-11）中的各个标题名称，默认与"文章视图"/"幻灯片视图"中的场景标题和幻灯片标题相同。选中"菜单"列表框中的某项场景标题或幻灯片标题，双击后可输入新的名称；但该修改并不会影响"文章视图"和"幻灯片视图"中的标题名称。

可通过"菜单"列表框下方的按钮（图 7-4-12），进行更多的编辑操作，包括：新建标题、删除标题、修改菜单排序、修改菜单层级、将项目已有内容插入菜单。

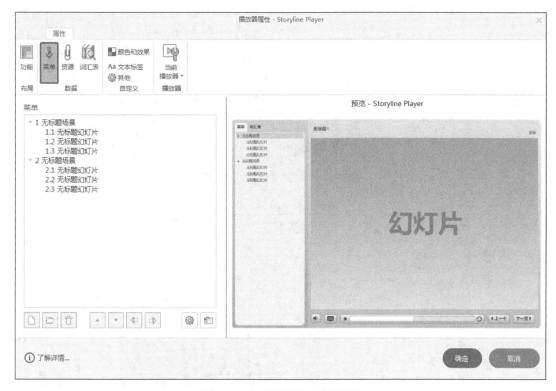

图 7-4-11 "菜单"的设置内容

图 7-4-12 "菜单"列表框下方的按钮

通过"从文章重置"按钮，可将菜单内容恢复为默认内容，即默认与"文章视图"/"幻灯片视图"中的场景标题和幻灯片标题相同。

点击"其他选项"按钮（图 7-4-13），弹出"菜单选项"对话框，可对菜单在播放器上的交互使用进行更多的设置（图 7-4-14）。设置完成后，点击确定按钮。

图 7-4-13 "其他选项"按钮

三、资源

课件中如果需要显示"资源"选项卡，必须在"功能"模块的"播放器选项卡"中，对"资源"选项进行勾选（图 7-4-15）。

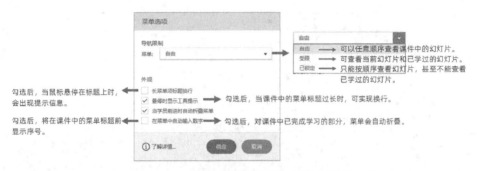

图 7-4-14 "菜单选项"对话框

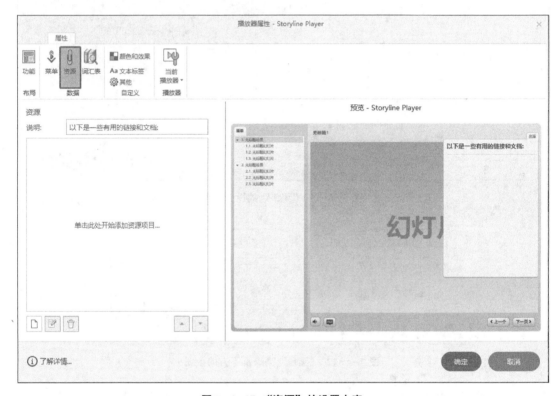

图 7-4-15 "资源"的设置内容

说明： 以下是一些有用的链接和文档：

图 7-4-16 输入框

在"资源"模块，"说明"后的输入框内容，默认显示说明文字"以下是一些有用的链接和文档："（图7-4-16）。可根据需要，对输入框内的文字内容进行修改。

点击资源列表框中的"单击此处开始添加资源项目"的位置，弹出"添加资源"对话框（图7-4-17），可在该对话框内，输入资源的标题、添加网址／文件形式的资源。"URL"选项默认被点选，在其输入框内输入网址后，可点击"测试"按钮，查看网址能否正常打开；点选"文件"选项后，通过点击"预览"添加需要的文件。资源内容输

图 7-4-17 "添加资源"对话框

入完成后，点击保存按钮。

在课件中点击资源的标题时，就会打开对应的网址 / 文件。

还可通过"新建""编辑""删除"这三个按钮（图 7-4-18），对资源内容修改。

当需要编辑、删除已添加的资源内容时，需先选中资源列表框中的对应的资源内容（图 7-4-19）。

图 7-4-18 "新建""编辑""删除"按钮

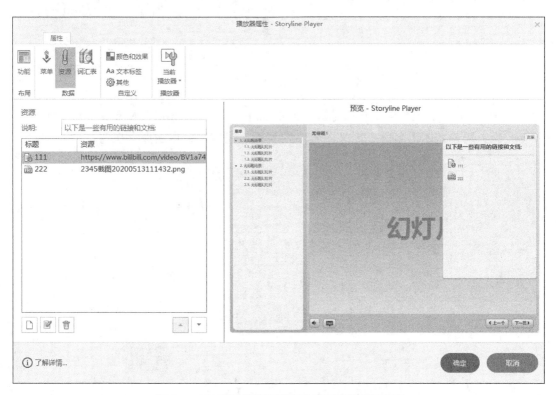

图 7-4-19 选中资源列表框中的对应的资源内容

四、词汇表

播放器中如果需要显示"词汇表"选项卡,必须在"功能"模块的"播放器选项卡"中,对"词汇表"选项进行勾选(图7-4-20)。

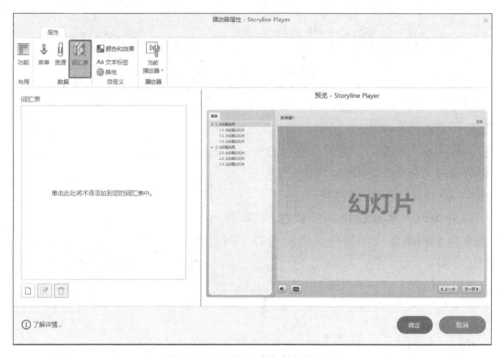

图 7-4-20 "词汇表"的设置内容

点击"单击此处将术语添加到您的词汇表中"位置,弹出"术语表"对话框(图7-4-21),可输入术语名称、定义内容。内容输入完成后,点击保存按钮。

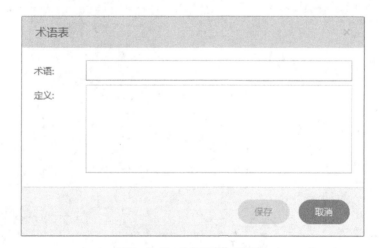

图 7-4-21 "术语表"对话框

可通过"添加""编辑""删除"按钮（图7-4-22），对词汇表列表中的内容进行修改。

词汇内容添加完成后，可在对话框右侧的预览中，查看已添加的词汇内容（图7-4-23）。

图 7-4-22　"新建""编辑""删除"按钮

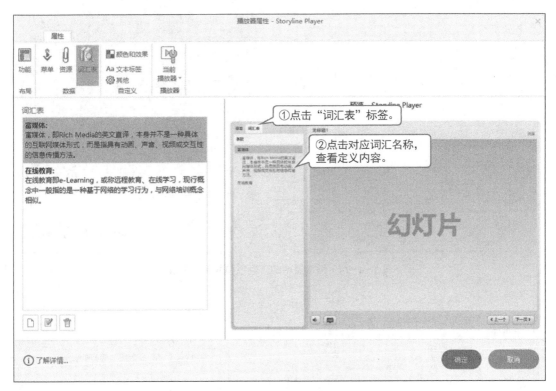

图 7-4-23　在预览中查看已添加的词汇内容

五、颜色和效果

如图 7-4-24 所示，可通过"颜色和效果"对播放器的颜色、字体等外观进行设置，具体参见图 7-4-25 设置说明。

六、文本标签

如图 7-4-26 所示，在"文本标签"中，可修改播放器中用于信息和控件的默认文本标签，也可修改播放器文本标签的语言。点击"保存"按钮，可将当前设置的文本标签保存为一个 .xml 文件；点击"打开"按钮，可将一个 .xml 文件加载进来。点击"更新预览"按钮，右侧预览区将刷新预览效果，具体如图 7-4-27 所示。

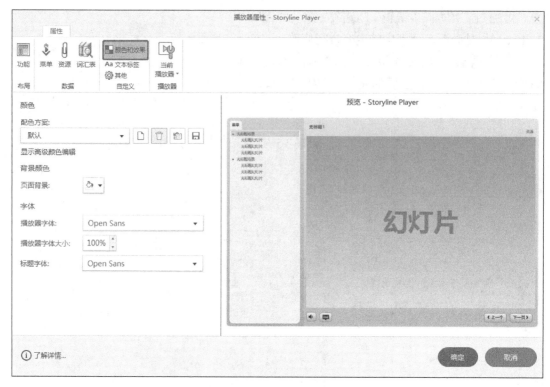

图 7-4-24　播放器中的"颜色和效果"设置

图 7-4-25　设置说明

七、其他

如图 7-4-28，"其他"的设置内容，包括：浏览器设置、继续方式设置、文本读取顺序、辅助功能。教师根据课件制作的需要，在各个下拉框中进行设置（图 7-4-29）。

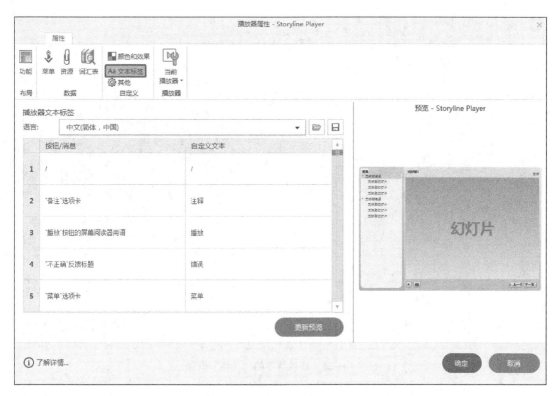

图 7-4-26 播放器中的"文本标签"设置

图 7-4-27 设置说明

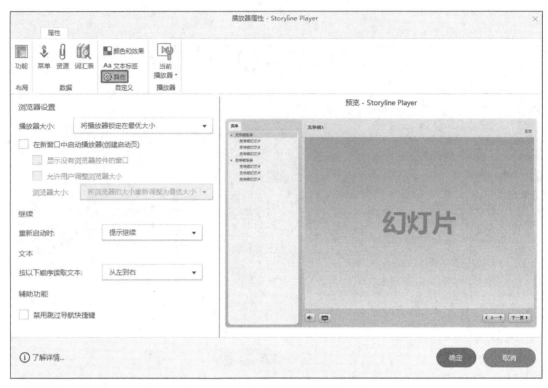

图 7-4-28 播放器中的"其他"设置

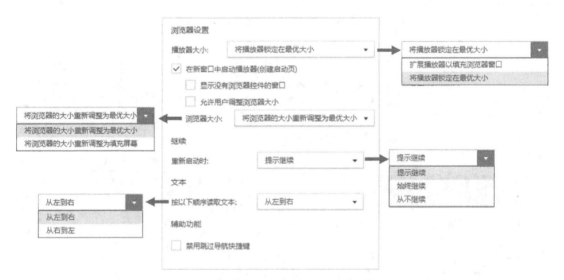

图 7-4-29 "其他"设置内容中的各个下拉框

八、保存设置

完成播放器的各项设置后,点击"播放器属性"对话框右下角的"确定"按钮,即将已设置的内容，应用在课件中。

点击"播放器属性"对话框中的"当前播放器"按钮（图 7-4-30），还可对播放器进行保存、导入、导出、重置等操作。

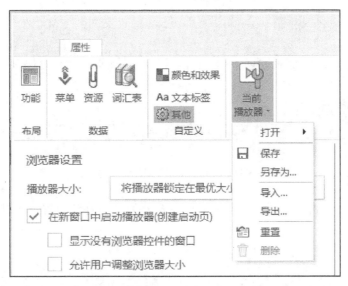

图 7-4-30　点击"当前播放器"按钮后，可进行的操作内容

第五节　Storyline 课件的发布

本节主要介绍，将 Storyline 3 中完成的课件发布为"网页"的操作。

一、打开"发布"对话框

"发布"对话框的打开路径有：

方式一：点击菜单栏"开始"—"发布"（图 7-5-1）。

图 7-5-1　打开"发布"对话框（方式一）

方式二：点击菜单栏"开始"—"预览"—"发布"（图7-5-2）。

图7-5-2　打开"发布"对话框（方式二）

"发布"对话框的"网页"选项卡上，主要分为"标题和位置"区域、"属性"区域（图7-5-3）。

图7-5-3　"标题和位置"区域、"属性"区域

二、输入"标题和位置"

在"发布"对话框的"标题和位置"区域（图7-5-4），教师可以输入自定义的标题名称，输入关于这门课件的描述说明文字，并设置发布输出的位置。

图 7-5-4 "标题和位置"的说明

三、设置"属性"

在"发布"对话框的"属性"区域，有4个信息项："格式"说明发布格式（图7-5-5），"播放器"说明播放发布项目使用的播放器（图7-5-6），"质量"说明所发布项目的音频、视频等的质量（图7-5-7），"发布"说明发布课程的范围（图7-5-8）。这4个信息项会显示默认的设置内容，教师可根据需要，进行具体的设置修改。

四、发布

在"发布"对话框中完成相关设置后，单击"发布"按钮，弹出"发布成功"对话

图 7-5-5 "发布格式"对话框

图 7-5-6 "播放器属性"对话框

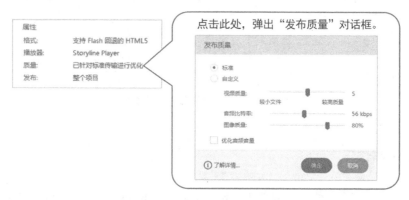

图 7-5-7 "发布质量"对话框

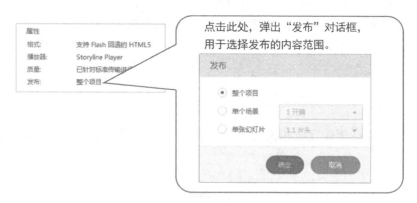

图 7-5-8 "发布"对话框

框(图 7-5-9);同时在前面步骤中所设置的发布输出位置,生成了项目文件夹。

在"发布成功"对话框中:

(1)点击"查看项目"按钮,会在 Web 浏览器中启动课程。

(2)点击"电子邮件"按钮,会打开一个带有发布输出压缩文件的新邮件窗口。

(3)点击"FTP"按钮,会弹出"通过 FTP 发布的内容"对话框,在其中可以输入 FTP 信息和传送输出到网站。

（4）点击"压缩"按钮，可将发布的课件创建为一个压缩文件。

（5）点击"打开"按钮，即打开了该课件的项目文件夹（图7-5-10），可双击 story.html 打开网页课件。

图7-5-9 "发布成功"对话框

图7-5-10 项目文件夹

第八章　Diibee 富媒体工具的使用

第一节　Diibee 工具介绍

一、Diibee Author 概述

Diibee Author（简称 DB）是睿泰集团自主研发的以智媒体技术为核心，以自然语言处理、知识服务、大数据、云计算、人工智能等技术为支撑，建立智媒体服务生态系统的内容聚合工具（图 8-1-1）。

图 8-1-1　Diibee Author 宣传页

工具融合了移动交互内容、仿真场景排版制作，能够实现 3D 动画、点击事件、移动活动等复杂场景快速创建，通过视、听、触觉全面结合展现沉浸式触屏体验。其简单的制作流程，让设计不再受到时间、人员及技术的限制。

1. 可视化创作与排版

Diibee Author 无须进行编码或自定义开发，操作简便，易学易用。它独有的游戏

处理引擎、OpenGL ES2.0（业界标准应用程序编程接口）、强大的文件兼容能力、支持混合模式（一般图文模式和智媒体）的数字内容制作，让操作人员的创造力不受拘束。

2. 多平台全面覆盖

Diibee Author 支持 web 端、移动终端，支持高清晰触摸屏、智能电视等，可实现真正随时随地的碎片化阅读。

3. 大数据调用管理

Diibee Author 能提供各项 API 的调用，方便用户将数据收集到后台。此外它还拥有账户管理接口、图书管理接口、数据分析接口，可以检查和展示超媒体内容。

4. 云服务同步协作

海量空间的特色云服务，全方位云端管理协同；融合数字版权授权和保护方案，轻松实现图书等内容作品的云端更新并同步多平台应用程序。

二、Diibee App 概述

Diibee App 是一款为使用 Diibee 工具的用户打造的交流、分享以及作品展示平台。Diibee App 不仅能让用户更加直接地了解和使用 Diibee Author 工具，同时这种智媒体阅读方式也打破了时间与空间的限制，让全民阅读变得更加便利（图 8-1-2）。

图 8-1-2　Diibee App

三、知识拓展

（一）软件安装

双击如图所示的 Diibee Author.exe，运行安装程序；点击"快速安装"按钮进行默认安装。如果需要改变安装位置，可在右下角自定义安装处修改路径；安装完成后，点击"立即体验"按钮，Diibee Author 开始运行（图 8-1-3）。

图 8-1-3　软件安装

（二）账号注册、登录

用户需要使用唯一的账号和密码进行登录，方可正常使用 Diibee Author。账号获取方式：

（1）登录官网：https：//www.diibee.com 进行注册。

（2）手机端下载 Diibee App，安装完成之后进行注册。

（3）工具端登录，点击用户注册。

在登录界面输入账号和密码，点击"箭头"按钮。登录成功后，会自动进入 Diibee Author 设计界面（图 8-1-4）。

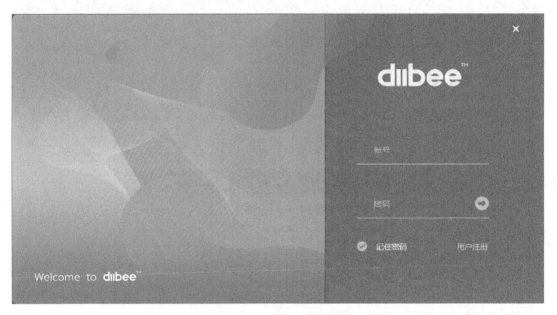

图 8-1-4 注册、登录界面

第二节　Diibee 界面结构

Diibee Author 打开后的界面如图 8-2-1 所示，下面将逐一对每个功能区进行介绍，并对每个功能区中的图标功能进行详细描述。

一、主菜单

Diibee Author 界面的主菜单在界面的左上方。在这个菜单栏中，包含文件、编辑、视图、窗口、帮助功能，如图 8-2-2 所示。

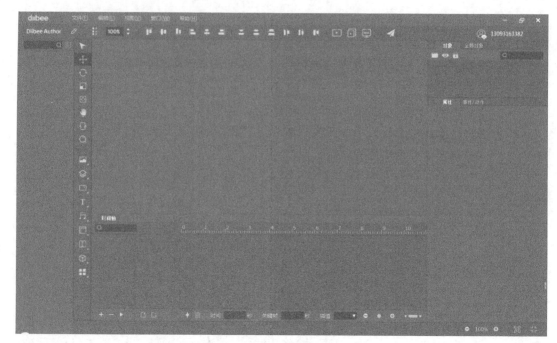

图 8-2-1 主界面

图 8-2-2 主菜单

（一）文件

文件主要负责新建、打开、保存、另存、文件导入导出、信息修改、发布、退出和关闭等与文件内容相关的操作（图 8-2-3）。

（二）编辑

编辑主要负责的是对制作内容的编辑，以及设置对象操作（撤销、复制、剪贴等）的基本功能。

1. 首选项

首选项是 Diibee Author 软件的常规设置。如图 8-2-4 所示，在这里可以修改界面语言、播放器储存位置，以及画布边框、网格线等功能。

2. 脚本设置

对于技术高手来说，简单的模板式特效已经无法满足他们的创造力。因此可以在脚本设置中加入写好的脚本程序对页面进行控制，以此获得更好的页面效果（图 8-2-5）。

3. 问答组设置

将问题对象设置为群组的菜单（图 8-2-6）。在此菜单下将问题对象设置为群组

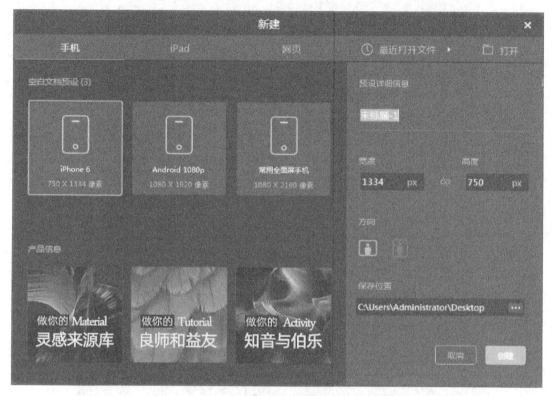

图 8-2-3 文件类型

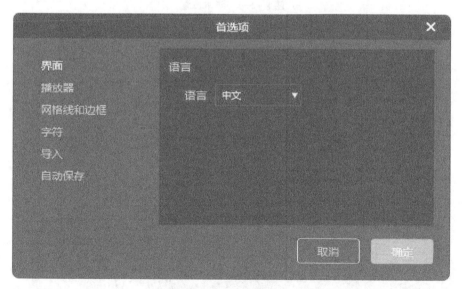

图 8-2-4 首选项

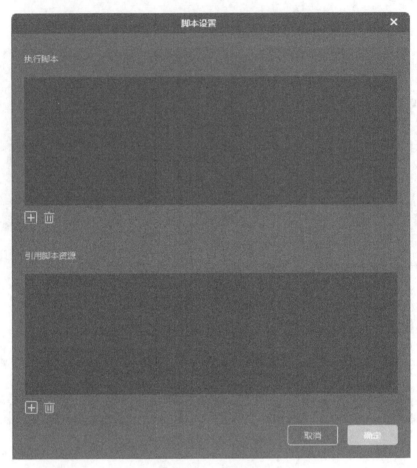

图 8-2-5 脚本设置

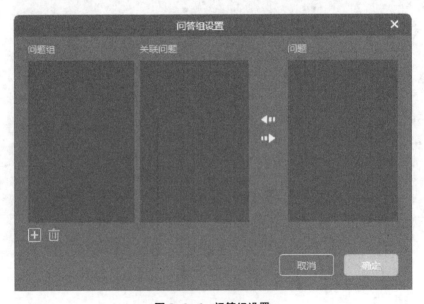

图 8-2-6 问答组设置

后，可以使用"提交按钮""重做按钮"来解答问题。

（三）视图

视图主要提供画布的放大、缩小、参考线设置等功能（图8-2-7）。

（四）窗口

窗口菜单中可以设置各个功能（页面列表、对象、属性、全局对象、事件、时间轴）开启或关闭显示（图8-2-8）。

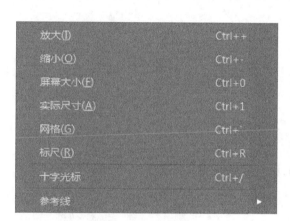

图 8-2-7　视图设置

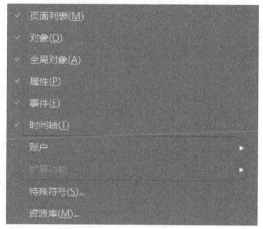

图 8-2-8　窗口菜单

（五）帮助

帮助可提供检查更新、查看版本信息功能。

二、水平工具栏

水平工具栏由使用频率高的功能图标组成，如图8-2-9所示，包含命名、对齐方式、平均分布、预览、发布功能。具体功能说明，见表8-2-1。

图 8-2-9　水平工具栏

表 8-2-1　水平工具栏说明

序　号	工具名称	说　　　　明
1	命名	修改文件名称

(续表)

序号	工具名称	说　　明
2	对齐方式	对象的对齐方式选项分别为顶端对齐、垂直居中对齐、底端对齐、左侧对齐、水平居中对齐、右侧对齐
3	平均分布	多对象平均分布方式选项分别为顶端分布、垂直居中分布、底端分布、左侧分布、水平居中分布、右侧分布
4	预览模式	项目的预览模式，分别为预览（从首页开始预览全部）、预览当前页和移动端预览。预览当前页必须在杂志模式下才能执行
5	发布模式	工程文件的发布

三、垂直工具栏

垂直工具栏里是 Diibee Author 的基本工具，包括编辑工具和对象工具，如图 8-2-10 所示。

（一）编辑工具

编辑工具主要指辅助进行对象编辑的工具，具体说明详见表 8-2-2。

表 8-2-2　编辑工具栏说明

序号	工具图标	工具名称	说　　明
1		选择	可自由选择对象
2		平移	可以在 X/Y/Z 轴上移动对象的位置
3		旋转	对象围绕轴心进行旋转（轴心默认左上端顶点）
4		缩放	将对象进行拉伸和缩小
5		中心轴	分为 X/Y/Z 轴三个方向，点击按钮可以对轴位置进行查看和调整；选择 X/Y/Z 轴，对其进行拖动，即可更改中心轴位置
6		移动画布	可以将画布的位置进行移动
7		旋转画布	可以将画布进行 720° 旋转
8		缩放画布	将画布进行拉伸和缩小

图 8-2-10　垂直工具栏

（二）对象工具

工具图标右下方有小三角符号的，可通过单击鼠标右键或长按鼠标左键，进行工具的切换，具体详情见表 8-2-3。

表 8-2-3　对象工具栏说明

序号	工具图标	工具名称	说明
1		图片	包含图片、图片切换、360°序列和 720°全景图四种
2		序列动画	包含序列动画、GIF 两种
3		矩形	包含矩形和按钮两种
4		文本	包含文本、文本编辑和公式三种
5		音频	包含音频、视频和录音三种
6		子页面	包含子页面和页面切换两种
7		填空题	包含填空题、判断题、选择题、连线题、简答题、提交按钮和重做按钮七种
8		边界框	包含边界框、镜头、模型三种
9		全局对象	可将图像置于视频上层

四、页面窗口

页面窗口用来查看制作页面缩略图和页面名列表，缩略图和列表可进行切换，如图 8-2-11 所示。新建文件时，此部分显示 1 张空白页面。需要制作多少页的智媒体数字资源内容，就需要新建多少页面。

在此窗口空白处，点击鼠标右键，即可剪切、复制、粘贴已存在的页面，新建、删除、替换页面，调整页面顺序，预览当前页面，以及更改页面属性功能。

五、功能属性窗口

为了方便用户的快捷操作，Diibee Author 在界面右侧设置了功能属性窗口分类。点击右侧属性按钮，打开属性窗口，如图 8-2-12 所示。属性窗口是当前选中对象的移动位置和可见性属性参数，与水平工具栏中的坐标和可见性设置相同。

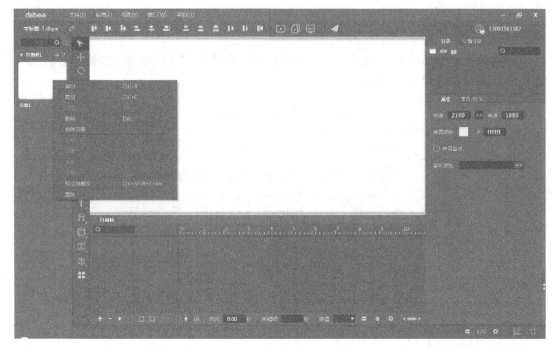

图 8-2-11 页面窗口

技巧提示：在制作时，除了通过垂直工具栏中选择平移、缩放、旋转功能对选择对象进行调整外，也可以在属性窗口中对当前选择对象进行位置移动、大小缩放、旋转及调整轴心。而且使用参数进行调节，调整位置将会更精准。

（一）文本对象

如图 8-2-13 所示，文本属性窗口包含文本对象的常用属性设置工具，包括宽度和高度、字体字号、间距、字符效果、颜色和对齐方式等。

（二）图片对象

如图 8-2-14 所示，图片属性窗口包含图片对象的常用属性设置工具。

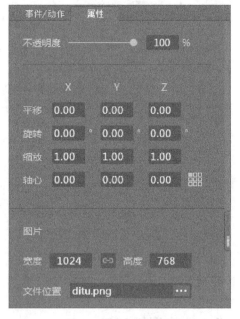

图 8-2-12 属性窗口

（三）子页面

若当前选择对象为子页面内容时，当前选择对象在元素属性窗口中会增加模式选项模块，如图 8-2-15 所示。可对当前选择的子页面对象进行交互模式选择，但需要在页面预览状态下才能查看相应效果。

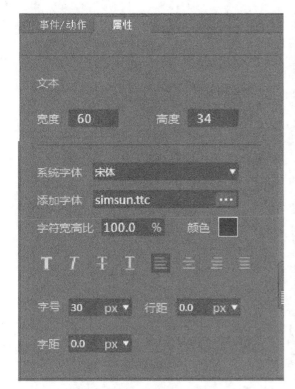

图 8-2-13　文本对象属性窗口

图 8-2-14　图片对象属性窗口

图 8-2-15　子页面属性窗口

六、对象列表窗口

（一）对象列表窗口

如图 8-2-16 所示，通过对象列表窗口，我们可以查看当前选择页上的所有对象。在这里点击对象名称，画布上也会同时定位到该对象。

技巧提示：在单页内容对象过多无法选择的时候，使用对象列表进行选择定位将会更方便。

如图 8-2-17 所示，单击鼠标右键，可以对选择对象进行剪切、复制、粘贴、删除、群组或取消群组、显示或隐藏、上下移动的操作。

在列表中拖动对象名称，可以对当页对象进行层级顺序调整。按住 Ctrl 并点击对象名称，可同时选中列表中的多个对象。点击文件夹按钮，如图 8-2-18 所示，进行建组或者选中需要建组的对象后右击选择建组。

如图 8-2-19 所示，选择对象名称，可选择 1 个或多个，点击可见性按钮，设置对象可见性。此操作在实际制作中，便于调整层级顺序较后的对象。

锁定后，在对象名称后方会出现小锁的标记，表示此对象已被锁定如图 8-2-20 所示。若要解锁，点击对象名称后方的小锁即可。

图 8-2-16 对象列表窗口

图 8-2-17 对象列表基本操作

图 8-2-18 建组

图 8-2-19 锁定对象

（二）全局对象列表窗口

全局对象列表窗口，如图 8-2-21 所示。全局图像的对象会在这个窗口中显示，只有可见性的设置。

如图 8-2-22 所示，选中对象单击鼠标右键，可以对全局对象进行剪切、复制、粘贴和删除操作。

图 8-2-20　解锁对象

图 8-2-21　全局对象列表窗口

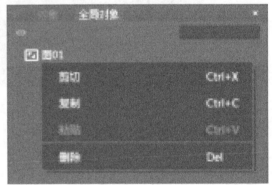

图 8-2-22　基本操作

七、事件 / 动作窗口

点击事件 / 动作按钮，即可打开对应窗口（图 8-2-23）。该处可以对页面进行事件、动作的设置。

（一）创建页面的事件、动作

为当前页面创建事件、动作，可以对页面上所有交互效果进行总控制。

1. 新建事件

首先，点击画布外任意位置，默认

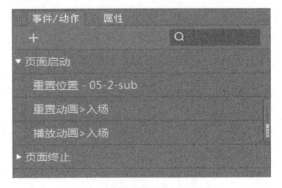

图 8-2-23　事件 / 动作窗口

选择对象为当前页面。点击事件窗口上的添加按钮,可为该页面添加事件,弹出如图8-2-24所示的事件界面。选择事件,点击确定后,列表上出现所添加的事件名称。

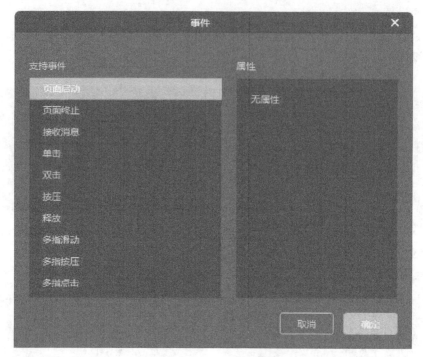

图 8-2-24 新建页面事件

2. 新建动作

点击鼠标右键,打开功能选项,选择"新建动作",如图 8-2-25 所示。选中需要添加动作的事件,就能为该事件创建动作了。

技巧提示:事件与动作的关系可以理解为把事件比作开关,动作比作灯变亮的过程。需要先打开开关,然后灯才会亮。因此,在操作中需要先建立事件,进行触发,然后才能创建动作来实现变化过程。

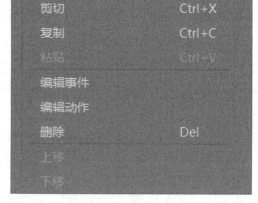

图 8-2-25 新建动作

(二)创建对象的事件、动作

为当前页面中的对象创建事件、动作,从而对页面中对象的交互效果进行总控制。

1. 添加事件

选择页面上的对象,点击事件窗口上添加按钮,可为该对象添加事件。如图8-2-26 所示,当前对象的事件创建界面与页面创建事件界面不完全相同。

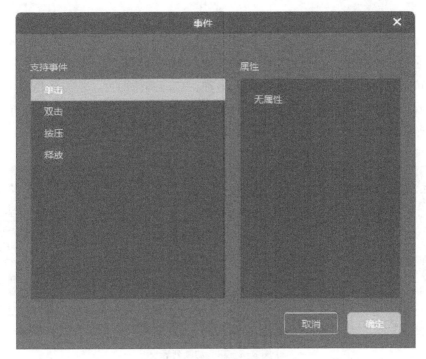

图 8-2-26　新建对象事件

2. 添加动作

在创建好的事件上单击鼠标右键，针对该事件新建动作。

八、动画窗口

界面下方为动画功能部分。在这个区域，可以为对象创建序列帧动画，创建简单的动画效果，使智媒体数字资源内容的呈现形式更丰富。

整个区域主要分为 4 个子区域，这里将逐一进行简单介绍（图 8-2-27）。

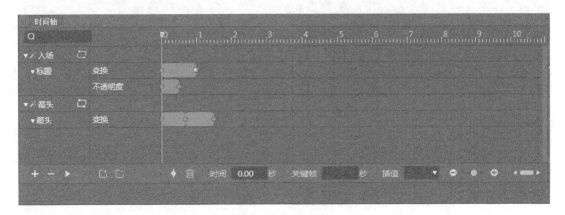

图 8-2-27　动画窗口

（一）动画列表

如图 8-2-28 所示为动画列表的操作区域。当需要创建一个动画的时候，要点击下方的添加按钮进行新建动画。输入动画的名称，点击确认即可。若需要删除一个或多个动画的时候，选中这些动画，点击下方的删除按钮，即可删除动画。双击某个动画，即可进行重命名操作。

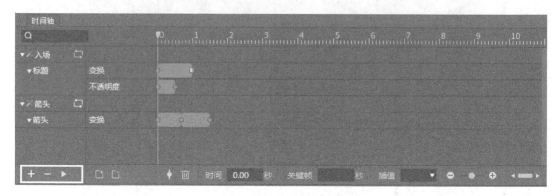

图 8-2-28　动画列表

（二）选择动画对象

先选择需要进行动画设置的对象，点击下方的添加按钮，将动画与对象建立对应关系，如图 8-2-29 所示。一个动画可对应多个对象的多种属性变化。Diibee Author 动画已内置常用功能，仅须在功能区进行关键帧的设置即可。

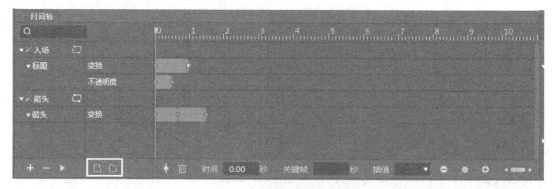

8-2-29　动画对象及其属性

（1）变换：通过关键帧设置，达到当前选择对象位置坐标、旋转、缩放、轴心坐标等变换的动画效果。

（2）不透明度：通过关键帧设置，达到当前选择对象透明度变化的动画效果。

（3）可见性：通过关键帧设置，达到当前选择对象在可见与不可见间切换的动画效果。

（三）设置关键帧

如图8-2-29所示，在此区域内，可对动画对象的属性进行具体的设置，包括关键帧、插值效果和是否进行循环（这里只做简单介绍，后续进阶操作会详细说明）

九、界面信息栏

如图8-2-30所示，在操作界面最底端的是界面信息栏，显示当前的实际尺寸、屏幕大小。

图 8-2-30 界面信息栏

第三节 Diibee 基础操作

本节主要学习 Diibee Author 的基本制作流程，从整体上了解数字资源内容制作环节与制作逻辑，有利于学习者在后续制作过程中能够合理分配资源进行实践学习。每个制作流程环节均有其各自的制作技巧，以及需要注意的地方。学习后运用到实际制作中，将会起到事半功倍的效果。

一、工程创建

（一）新建项目

和大多数设计类软件类似，使用 Diibee Author 进行制作首先需要新建一个工程文档，具体的步骤如下：

1. 打开新建项目菜单

点击主菜单上的"文件"—"新建"，就会弹出"新建项目"菜单。也可以通过快捷键"Ctrl+N"的方式，直接打开"新建项目"菜单（图8-3-1）。

2. 填写项目信息

在新建项目菜单中提供了常见多种预设（手机、ipad、网页），学习者可根据工程文件需求，创建合适的尺寸（图8-3-2）。同时，也可对预设进行调整，在右侧修改项目名称、保存路径、方向、分辨率信息，点击"创建"按钮保存信息。若点击"取消"操作，则所填信息将无法保存，也不能完成项目文档的新建。

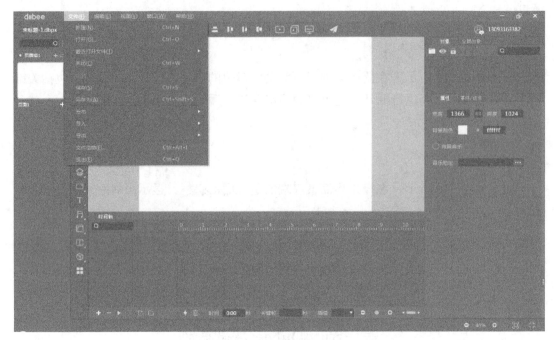

图 8-3-1 项目生成菜单

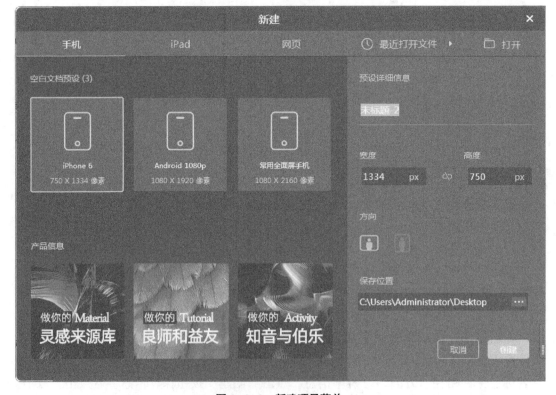

图 8-3-2 新建项目菜单

分辨率大小是根据阅读终端设备的屏幕尺寸来确定的。由于用户使用的终端设备存在各种不同品牌型号显示屏尺寸的差异，在通常情况下，我们优先以目标用户大概率使用终端设备的屏幕分辨率作为数字资源内容制作的分辨率设置依据。通常我们将768×1 024像素作为平板设备的制作尺寸；1 080×1 920像素作为移动设备的制作尺寸。表8-3-1列举常用的分辨率设置尺寸，以供制作参考。

表 8-3-1　常用分辨率设置尺寸

设 备 名 称	分 辨 率
Ipad Mini	768×1 024 像素 72 ppi
Ipad Retina	1 536×2 048 像素 72 ppi
Ipad Pro	2 048×2 732 像素 72 ppi
Iphone6	750×1 334 像素 72 ppi
Android 1080P	1 080×1 920 像素 72 ppi
常用全面屏手机	1 080×2 160 像素 72 ppi
常规网页	1 366×1 024 像素 72 ppi
大网页	1 080×1 920 像素 72 ppi
最小尺寸	1 024×768 像素 72 ppi

毫无疑问，即便使用一样的平板设备进行阅读体验，设置1 536×2 048像素分辨率的作品比设置768×1 024像素时明显更清晰。因此，若数字资源内容需要高清表现时，需要对运用到的所有图片资源（包括转换成图片的文字部分），切图时均需要做适当的放大处理（建议放大为原有尺寸的2倍），置入工具后再将其缩小0.5倍，方能获得高清展现。

技巧提示：项目文件的大小会影响项目预览、播放时的打开和加载速度，所以不要盲目为了追求高清的效果设置过高的分辨率，而影响阅读的顺畅性。

3. 生成新项目

新项目生成完毕后将显示画布与操作界面。之后，我们就能开始制作了。

（1）项目文件夹的位置：如图8-3-3所示，新项目生成后，会在之前设定的保存路径下生成一个以用户所输入名称命名的文件夹。

（2）项目文件夹的构成：Diibee文件夹由项目基本素材文件夹"Res"、缩略图文件夹"Thumbs"、项目文件"*.dbpx"和资源列表"Resource"构成（图8-3-4）。

图 8-3-3　生成的项目文件夹

Res文件夹里是保存项目中所有素材文件的位置。即使移动了项目，只要Res文件夹里没动，那么打开的项目文件（*.dbpx）都不会受到影响，都能按照原本的设计顺利阅读/再编辑。

Res	2020/9/9 10:51	文件夹	
Thumbs	2020/9/9 10:51	文件夹	
__bookmarks.dat	2020/9/9 10:51	DAT 文件	1 KB
loadingpage_back.jpg	2020/9/9 10:51	看图王 JPG 图片…	906 KB
loadingpage_fore.gif	2020/9/9 10:51	看图王 GIF 图片…	23 KB
Resource.xml	2020/9/9 10:51	XML 文档	1 KB
未标题-2.dbpx	2020/9/9 10:51	DBPX File	4 KB

图 8-3-4 生成的项目文件夹结构

（二）打开项目

面对未完成的工程项目，再次打开则需通过"文件"—"打开"方式，如图 8-3-5 所示，从电脑中选取工程文档进行打开即可。

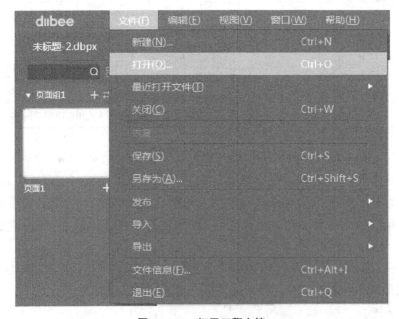

图 8-3-5 打开工程文档

另外，Diibee 能够记录之前制作的文档路径，如图 8-3-6 所示，将鼠标悬停在"文件"—"最近打开文件"上，可以看到工程历史打开记录。从中点选想要再次编辑的工程名称，即可快速打开历史制作工程。当然，这种情况需在历史制作工程文档未改变其位置的情况下，才能打开成功。

（三）协同导入

Diibee Author 支持协同文件的导入，当工程需要多个人员配合完成时，可以使用这种方式进行文件的合并，以此达成协同制作的效果。协同文件是一种快速、便捷的工程

第八章　Diibee 富媒体工具的使用 | 255

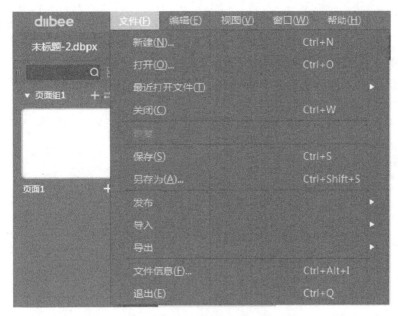

图 8-3-6　打开最近操作的工程文档

组合模块，可以迅速地插接到其他的工程文档中，因此常作为模板或范本进行应用，让制作效率大大提高。

1. 协同文件的准备

可以通过自行导出协同文件，或至 Diibee 门户网站素材模板页面下载模板文件，作为即将准备导入的协同文件。准备好协同文件后，就可以开始执行协同导入操作。

2. 协同文件的导入

如图 8-3-7 所示，使用"文件"—"导入"—"协同文件"开始协同操作；如图

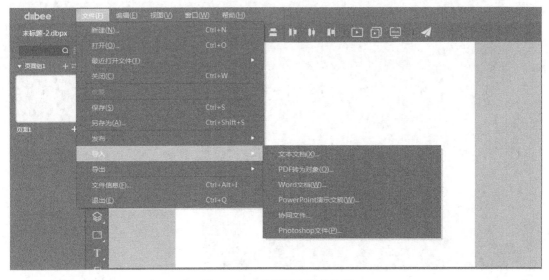

图 8-3-7　协同导入操作位置

8-3-8所示，选择需要进行协同操作的文件；如图8-3-9所示，选择需要协同合并的页面后进行"确定"导入，工具会自动导入操作，导入完毕后即可看到页面已被合并进入当前打开的工程文档中。

除了协同文件，用户还可选择其他格式进行导入，Diibee Author兼容 *.txt、*.Pdf、

图8-3-8　协同导入操作位置

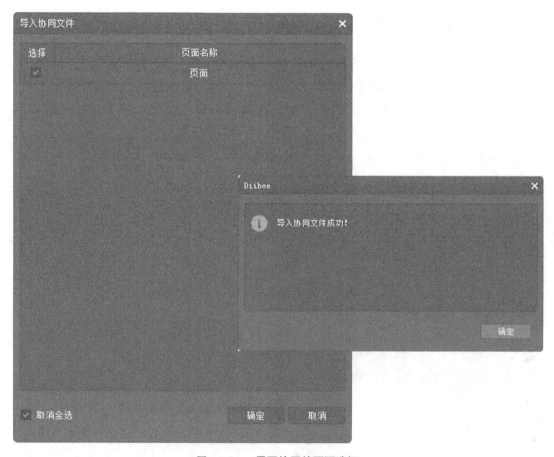

图8-3-9　需要协同的页面选择

.word、.PowerPoint，与 Photoshop 的 *.Psd 格式的导入。提供基于原始材料的高效转换通道，让资源实现数字化应用的高效转换。

二、对象编辑

（一）图片

图片是最常见的素材类型，是版面最通用的展示元素。智媒体资源中的图片对象除了静态的图片之外，还包含了图片切换、全景图、序列图、序列动画、Gif 动图等多种展现形式，动态图片展示可以赋予作品精彩的画面动态与灵活的交互体验。

1. 图片对象

（1）打开资源库菜单：如图 8-3-10 所示，在"垂直工具栏"中单击图片工具的图标，会弹出资源库菜单。

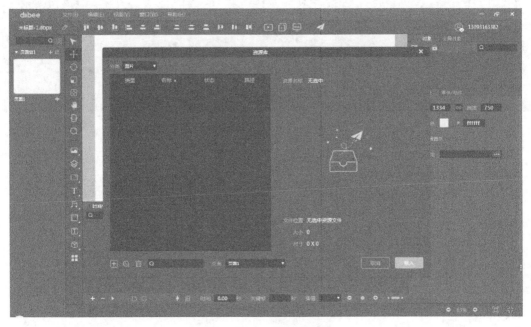

图 8-3-10　资源库菜单

（2）添加资源：如图 8-3-11 所示，在资源库菜单中点击添加资源按钮，弹出浏览窗口。如图 8-3-12 所示，在窗口中选择资源后，点击"打开"按钮，就能将其导入资源库中。

（3）载入图片：如图 8-3-13 所示，选中需要添加到画布中的资源对象，点击"载入"按钮后，就能将该资源添加到画布中。

（4）修改图片属性：如果要修改图片的元素属性，先在画布中选中图片，然后在图片属性窗口中设置。

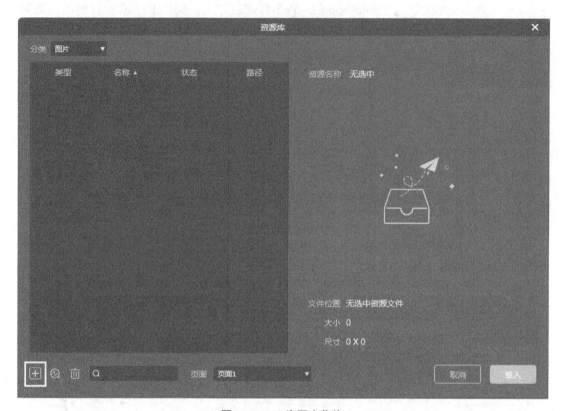

图 8-3-11 资源库菜单

图 8-3-12 浏览窗口

图 8-3-13　资源库导入菜单

如图 8-3-14 所示,在该窗口的宽度和高度栏中,直接可以修改图片的大小;点击按钮,会弹出浏览窗口,可以修改文件位置。

2. 交互图片

(1) 打开交互图片:如图 8-3-15 所示,在"垂直工具栏"中单击交互图片的图标,会弹出交互图片窗口。

(2) 添加和删除交互图片:在资源库菜单中,选择合适的图片作为图片切换时展示的图片。图片选择无误后,点击"确定"导入资源。图片文件可以单张选择后点击"载入"添加图片,也可以按住 Shift 键选择多张图

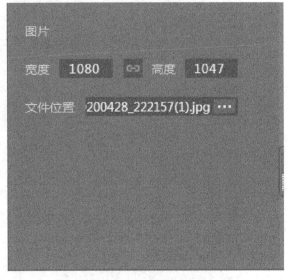

图 8-3-14　图片属性窗口

片后点击"载入"添加图片。完成图片添加后,点击"确定",保存设置。

如图 8-3-16 所示,若要删除图片,先选中要删除的图片文件,之后点击"删除"按钮就能删除图片。

图 8-3-15 交互图片窗口

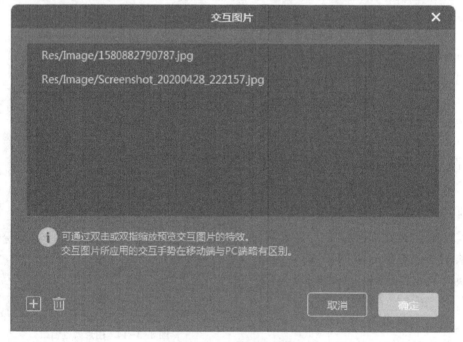

图 8-3-16 删除交互图片

(3) 修改交互图片属性：如果要修改交互图片的大小、拖拽和标示，先在画布中选中图片切换，然后切换到交互图片属性窗口（图 8-3-17）。

3. 图片切换

图片切换是可以将多张图片制作成相册形态进行图片切换的对象。

（1）打开图片文件窗口：在垂直工具栏的图片工具图标上，点击鼠标右键，在弹出菜单中单击如图 8-3-18 所示的图片切换工具图标。

单击垂直工具栏图片切换工具图标，会弹出图片文件菜单（图 8-3-19）。

（2）添加和删除图片文件：在资源库菜单中，选择合适的图片作为切换时展示的图片。图片选择无误后，点击"确定"导入资源。图片文件可以单张选择后点击"载入"添加图片，也可以按住 Shift 键选择多张图片后点击"载入"添加图片。完成图片添加后，点击"确定"，保存设置（图 8-3-20）。

图 8-3-17　交互图片属性窗口

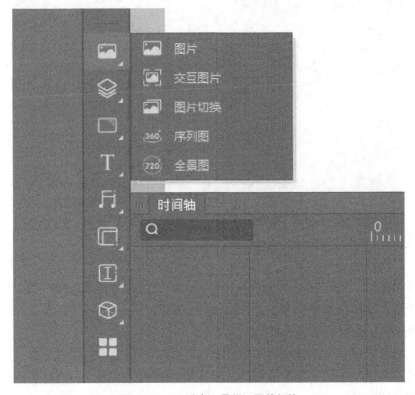

图 8-3-18　垂直工具栏—图片切换

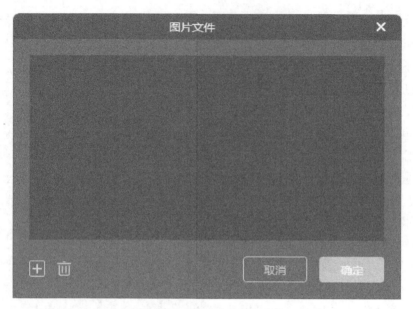

图 8-3-19　图片文件菜单

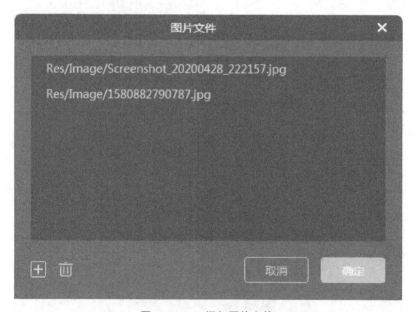

图 8-3-20　添加图片文件

若要删除图片，先选中要删除的图片文件，之后点击"删除"按钮就能删除图片。

（3）修改图片切换属性：如果要修改图片切换的大小、样式和标示，先在画布中选中图片切换，然后切换到图片切换属性窗口。

如图 8-3-21 所示，在该窗口的宽度和高度栏中，直接填数值可以修改展示区域的大小；点击"设置"按钮，会弹出图片文件菜单，可以修改图片切换时展示的图片，属性窗口的图片切换具体功能见表 8-3-2。

表 8-3-2　属性窗口的图片切换说明

序号	属性名称	说明
1	宽度	对象的宽度
2	高度	对象的高度
3	资源	图片切换时展示的图片，点击"设置"添加或删除图片文件
4	允许拖拽	是否激活拖拽功能
5	拖拽方向	分为水平和垂直两种方向
6	循环	是否重复播放
7	自动播放	是否自动播放
8	播放间隔	图片自动转换的时间（以秒为单位），输入秒数后，会对应指定时间自动进行图片切换
9	提示圆点	显示是否使用导航标记
10	显示位置	导航标记的位置，分为左部、顶部、右部、底部四种位置
11	激活图标	激活标记时显示的图片，点击右侧按钮，在弹出资源库菜单中进行设置
12	未激活图标	未激活标记时显示的图片，点击右侧按钮，在弹出资源库菜单中进行设置

4. 360°序列图

可以导入使之进行 360°旋转的连续图片对象。

（1）打开 360°序列图：在垂直工具栏的序列动画工具图标上，点击鼠标右键，在弹出菜单中单击如图 8-3-22 所示的 360°序列图图标。

单击垂直工具栏的 360°序列图标，会弹出图片文件菜单（图 8-3-23）。

（2）添加和删除图片文件：在图片文件菜单中，点击"添加"按钮，会弹出资源库菜单。在资源库菜单中选择合适的图片作为 360°旋转时展示的图片。图片选择无误后，点击"确定"保存设置（图 8-3-24）。图片文件可以单张选择后点击"打开"添加图片，也可以按住 Shift 和 Alt 键选择多张图片后，点击"打开"添加图片。

图 8-3-21　图片切换

若要删除图片，先选中要删除的图片文件，之后点击"删除"按钮就能删除图片。

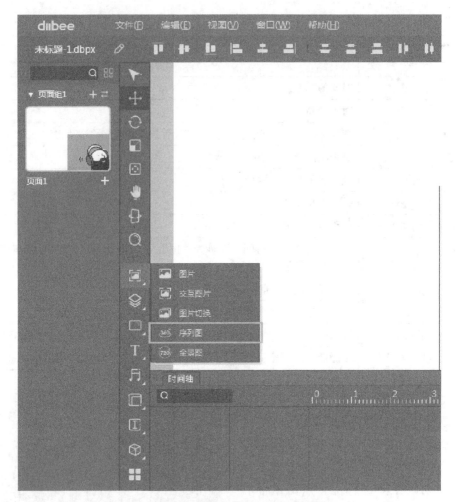

图 8-3-22　垂直工具栏—360°序列图

图 8-3-23　图片文件菜单

图 8-3-24　添加图片文件

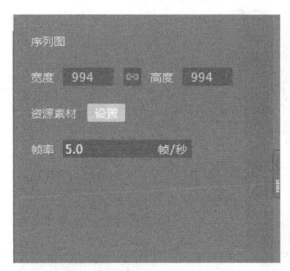

图 8-3-25　360°序列图属性窗口

（3）修改 360°序列图属性：如果要修改 360°序列图的大小和样式，先选中该对象，然后切换到元素属性窗口。在 360°序列图属性窗口中，在宽度和高度栏中直接填数值就可以修改其大小，如图 8-3-25 所示。

5. 720°全景图

选择六张上下、左右、前后的图片进行全景图合成，旋转图片，连接变换的场景或全景。

（1）打开全景图：在垂直工具栏的图片工具图标上，点击鼠标右键，在弹出菜单中单击全景图工具图标，会弹出全景图显示框（图 8-3-26）。

（2）全景图属性：如图 8-3-27 所示，先点击全景图对象，在全景图属性窗口中会显示其大小和样式。

6. 序列动画

使用序列动画，可以使多张图片按顺序进行播放。

（1）打开序列动画菜单：如图 8-3-28 所示，在垂直工具栏中单击序列动画工具的图标，会弹出序列动画菜单。

（2）打开序列动画菜单：如图 8-3-29 所示，在图片文件菜单中，点击加号按钮，会弹出资源库菜单。在资源库中选择合适的图片作为序列动画时展示的图片。图片选择

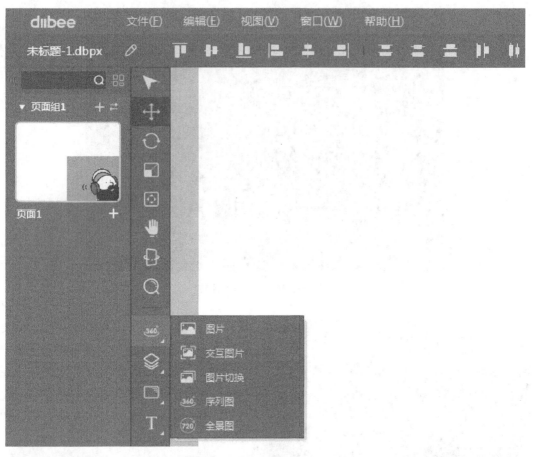
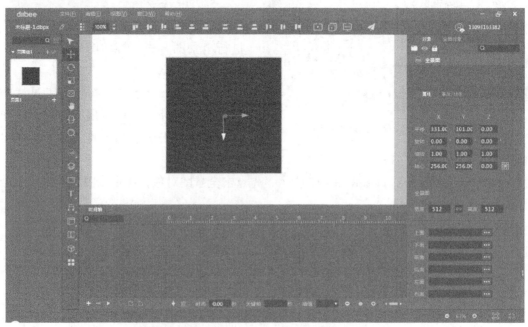

图 8-3-26　垂直工具栏—全景图

无误后,点击"确定"导入资源。图片文件可以单张选择后点击"载入"添加图片,也可以按住 Shift 键选择多张图片后点击"载入"添加图片。图片添加后,点击"确定",保存设置。

(3)修改序列动画属性:如果要修改序列动画的大小和样式,先在画布中选中序列动画,然后切换到序列动画属性窗口修改,如图 8-3-30 所示。

在该窗口中,在宽度和高度栏中直接填数值可以修改序列动画的大小;点击"设置"按钮,会弹出图片文件菜单,可以修改序列动画播放时展示的图片。

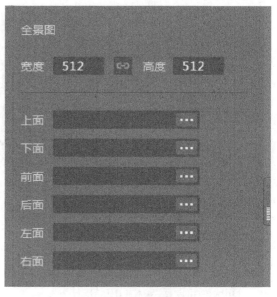

图 8-3-27　全景图属性窗口

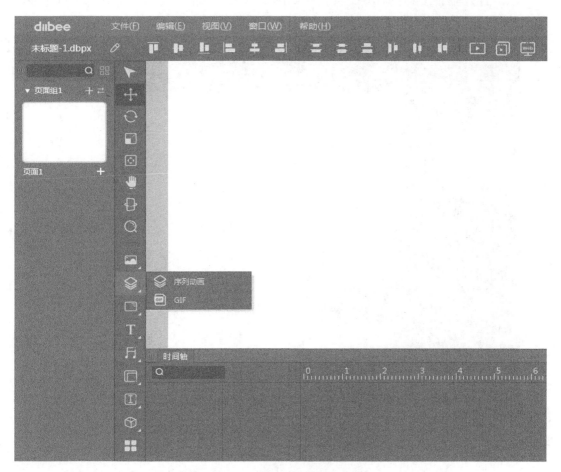

图 8-3-28　垂直工具栏—序列动画

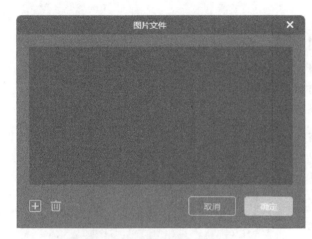
图 8-3-29　添加图片文件菜单

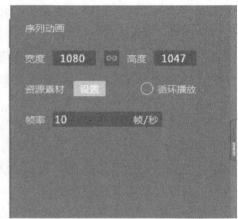
图 8-3-30　属性窗口—序列动画

7. GIF 图

Diibee 可直接导入 GIF 图。

（1）打开垂直工具栏 GIF 工具栏：如图 8-3-31 所示，在垂直工具栏中单击 GIF 工具的图标，会弹出 GIF 菜单。

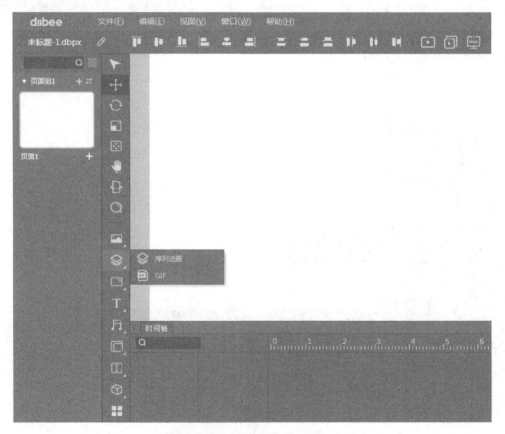
图 8-3-31　垂直工具栏—GIF

（2）添加和删除图片文件：在图片文件菜单中，点击加号按钮，会弹出资源库菜单。在资源库中选择需要添加的 GIF。图片选择无误后，点击"确定"导入资源。图片文件可以单张选择后点击"载入"添加 GIF，也可以按住 Shift 键选择多张图片后点击"载入"添加 GIF（图 8-3-32）。图片添加后，点击"确定"，保存设置。

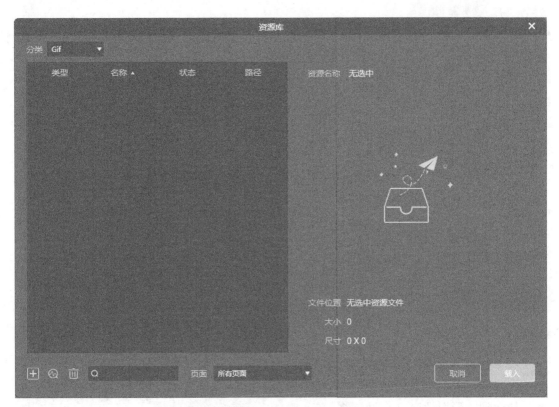

图 8-3-32　资源库导入菜单

（3）修改 GIF 属性：如果要修改 GIF 的大小、样式和标示，先在画布中选中 GIF，然后切换到 GIF 属性窗口，如图 8-3-33 所示。在该窗口中，在宽度和高度栏中直接填数值可以修改 GIF 的属性。

（二）图形

1. 矩形

矩形是用于编辑矩形图形的对象。

（1）新建矩形：如图 8-3-34 所示，在垂直工具栏中单击矩形工具的图标，新建一个矩形。

图 8-3-33　属性窗口—GIF

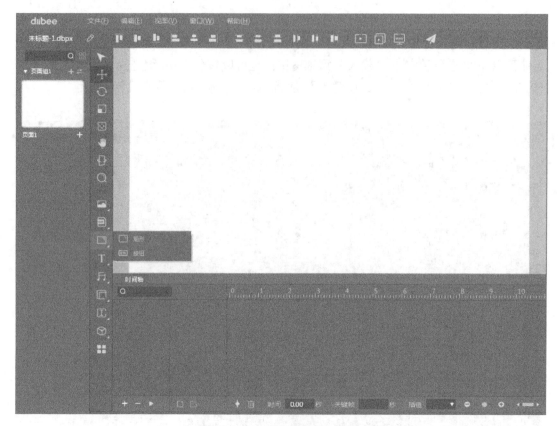

图 8-3-34　垂直工具栏—矩形

（2）修改矩形属性：如果要修改矩形的大小和样式，先在画布中选中矩形，然后切换到矩形属性窗口（图 8-3-35）。

在该窗口中，在宽度和高度栏中直接填数值可以修改矩形的大小；点击颜色的显示框，会弹出设置颜色窗口，可以修改矩形的显示颜色（图 8-3-36）。

在弹出的设置颜色窗口中，可以在基本颜色中选择，也可以自定义颜色，或者直接输入颜色数值。在选好颜色后，点击"确定"按钮保存设置。

2. 按钮

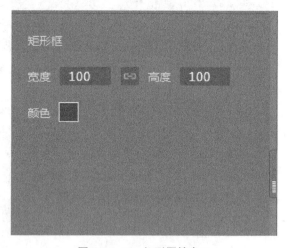

图 8-3-35　矩形属性窗口

在场景中可添加自定义按钮对象，并能设置按钮对象不同点击状态下的图片。按钮是使用两个图片文件就可以轻易制作的对象。

（1）打开按钮图片菜单：在垂直工具栏的矩形工具图标上，点击鼠标右键，在弹出菜单中单击如图 8-3-37 所示的按钮工具图标。单击垂直工具栏的按钮工具图标，会弹

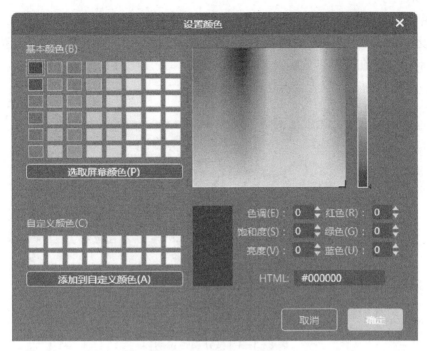

图 8-3-36　颜色设置菜单

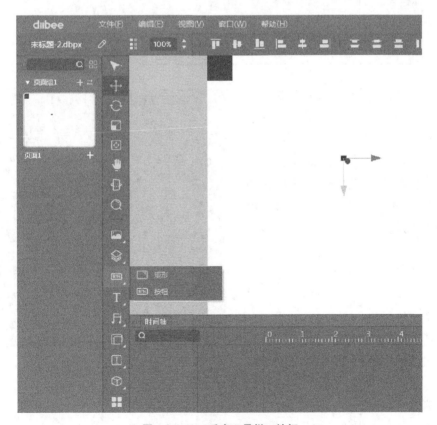

图 8-3-37　垂直工具栏—按钮

出按钮图片菜单。

（2）设置按钮图片：在按钮图片菜单中，点击按钮，会弹出资源库菜单。按钮属性说明见表8-3-3。在资源库中，分别为默认图片和按压图片选择合适的图片，图片选择无误后，点击"确定"导入资源（图8-3-38）。

图 8-3-38　按钮图片菜单

表 8-3-3　按钮属性说明

序　号	属性名称	说　　　　明
1	默认图片	未按压对象时按钮显示的图片在资源库中的位置
2	按压图片	按压对象时按钮显示的图片在资源库中的位置

（3）修改按钮属性：如果要修改按钮的大小和样式，先在画布中选中按钮，然后将其切换到按钮属性窗口。如图8-3-39所示，在该窗口的宽度和高度栏中，直接填数值就可以修改按钮的大小；点击按钮，会弹出浏览窗口，可以修改按钮样式。

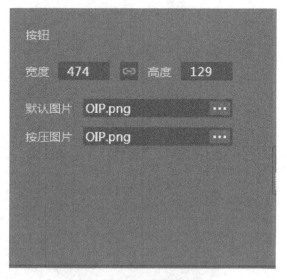

图 8-3-39　按钮属性画面

（三）文本

1. 文本

输入文字的对象。

（1）新建文本：如图8-3-40所示，在垂直工具栏中单击文本工具的图标新建文本。

（2）编辑文本内容：双击文本，文本框中出现如图8-3-41所示的闪动光标，可以修改文本内容；输入完成后点击空白区域退出文本编辑模式。

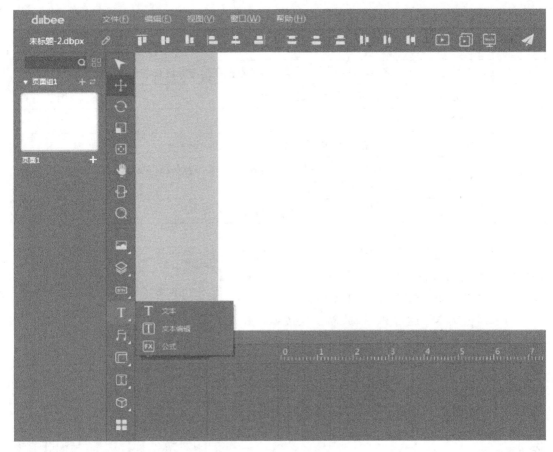

图 8-3-40 新建文本图

（3）修改文本属性：如果要修改文本的大小和样式，先在画布中选中文本，然后将界面切换到文本属性窗口如图 8-3-42 所示。在该窗口中会显示文本的属性，包括大小、样式、段落样式和是否合并。属性窗口的文本属性说明见表 8-3-4。

图 8-3-41 编辑文本内容

表 8-3-4 文本属性说明

序号	属性名称	说明
1	宽度	对象的宽度
2	高度	对象的高度
3	资源表字体	显示字体所处的位置。字体为 ttf 或 oft 或 ttc 格式。字体文件需要存放在素材文件夹中，否则移动项目后无法显示该字体
4	行间距	文字行与行之间相隔的距离，可选择自动或自定义数值
5	字符间距	文字与文字相隔的距离，可选择自动或自定义数值
6	字符宽高比	文字显示的宽度是正常宽度的多少倍

（续表）

序号	属性名称	说明
7	颜色	文字显示的颜色，可以点击色彩框在弹出的设置颜色菜单中重新选择
8	系统字体	系统自带的字体：如宋体等
9	字号	文字显示的大小
10	显示风格	分为加粗、斜体、下划线、删除线和阴影五种
11	显示位置	段落左移、段落右移；左对齐、居中、右对齐、两端对齐；顶端对齐、垂直居中、底端对齐
12	合并文本	可以同时选中多个文本进行合并

技巧提示：若用户输入宽高度指定值，则边框区域被固定，若将边框区域值输入为"0"，则边框区域会根据文本长度进行相应调整。

（4）预览文本：运行 PC 播放器，长按编辑好的文本，则文本被激活。可使用色笔对文本进行标记（图 8-3-43）。

此外，可使用笔记功能对选择的区域标注信息（图 8-3-44）。点击搜索图标，则可以显示当前的标注信息，方便查看、跳转，同时也支持删除功能（图 8-3-45）。

2. 文本编辑

在播放器状态时输入信息的对象，主要用于填空题、简答题时输入答案的区域。

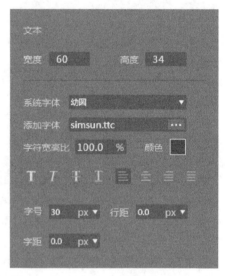

图 8-3-42　文本属性窗口

图 8-3-43　标注重点

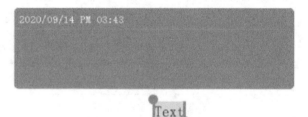

图 8-3-44　笔记功能

（1）新建文本编辑：在垂直工具栏的文本工具图标上，点击鼠标右键，在弹出菜单中单击如图 8-3-46 所示的文本编辑工具图标。

（2）文本编辑属性：先点击文本编辑对象，在文本编辑属性窗口中会显示其属性，包括大小、样式和段落样式（图 8-3-47）。

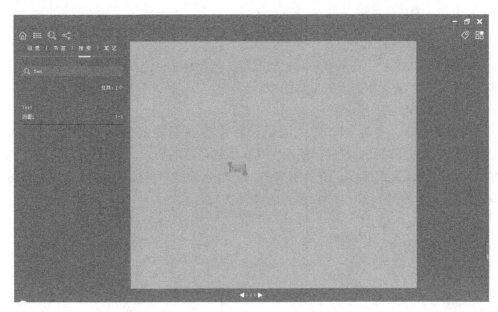

图 8-3-45　显示文本搜索结果

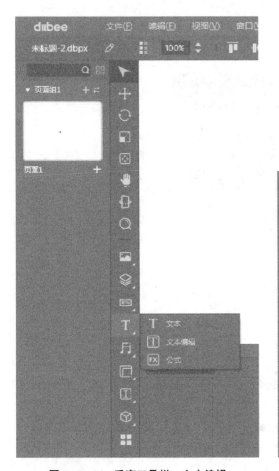

图 8-3-46　垂直工具栏—文本编辑

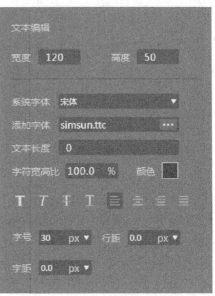

图 8-3-47　文本编辑属性窗口

3. 公式

在页面中可以添加化学公式和数学公式。

（1）打开公式菜单：在垂直工具栏的文本工具图标上，点击鼠标右键，在弹出菜单中单击如图8-3-48所示的公式工具图标。

（2）编辑公式

点击"公式"，会跳转至公式编辑模板（需提前安装Microsoft Office）。如图8-3-49所示，在公式编辑模板中使用工具，编辑需要的公式。编辑完成后，点击空白处退出编辑。确认无误后，点击关闭按钮，退出公式编辑模板，返回Diibee Author工具编辑界面，编辑好的公式将会以图片的方式插入文本中。

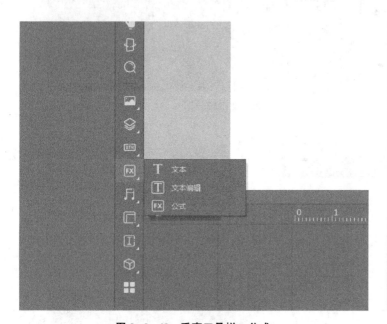
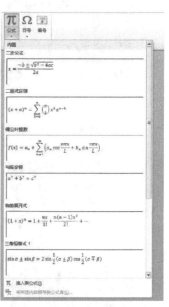

图8-3-48 垂直工具栏—公式　　　　图8-3-49 公式编辑模板

（四）多媒体资源

1. 音频

音频是指音频文件对象。

（1）新建音频对象：如图8-3-50所示，在垂直工具栏中单击音频工具的图标，新建一个音频对象。

（2）编辑音频属性：先点击音频对象，在音频属性窗口中会显示其属性（如图8-3-51所示）。

点击文件位置按钮在资源库中选择音频文件所在位置，并选择是否重复播放。

2. 视频

视频包含视频文件和URL对象。

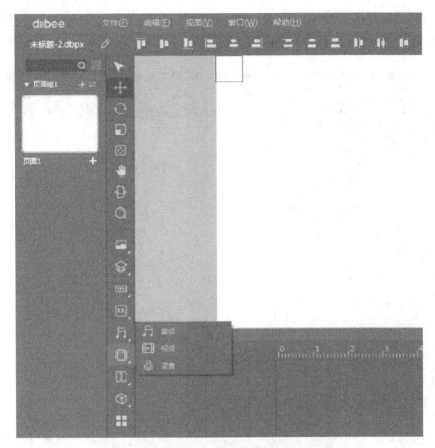

图 8-3-50　垂直工具栏—音频

图 8-3-51　音频属性窗口

（1）新建视频对象：在垂直工具栏的音频工具图标上，点击鼠标右键，在弹出菜单中单击视频工具的图标，新建一个视频对象（图8-3-52）。

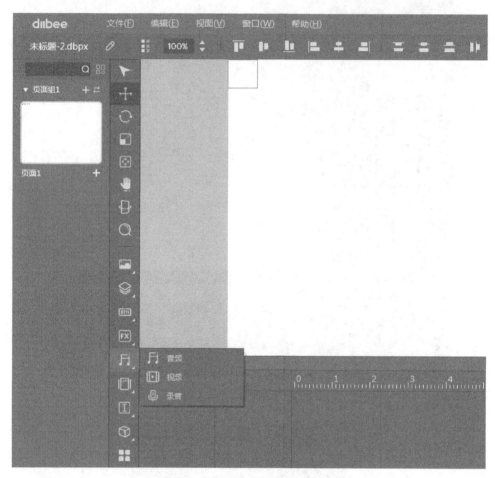

图8-3-52　垂直工具栏—视频

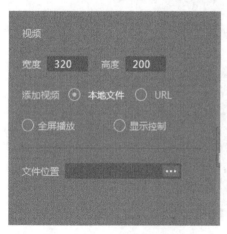

图8-3-53　视频属性窗口

（2）编辑视频属性：点击视频对象，在视频属性窗口中会显示其属性，包括大小和类型（图8-3-53）。视频文件分为文件和URL两种，文件指的是一般视频文件（视频文件格式必须是mp4），URL是网页视频文件。

3. 录音

录音是指录制音频的功能。

在垂直工具栏的音频工具图标上，点击鼠标右键在垂直工具栏中单击录音工具的图标，新建一个录音对象。点击录音对象，在录音属性窗口中会显示其属性，设置是否重复，如图8-3-54所示。

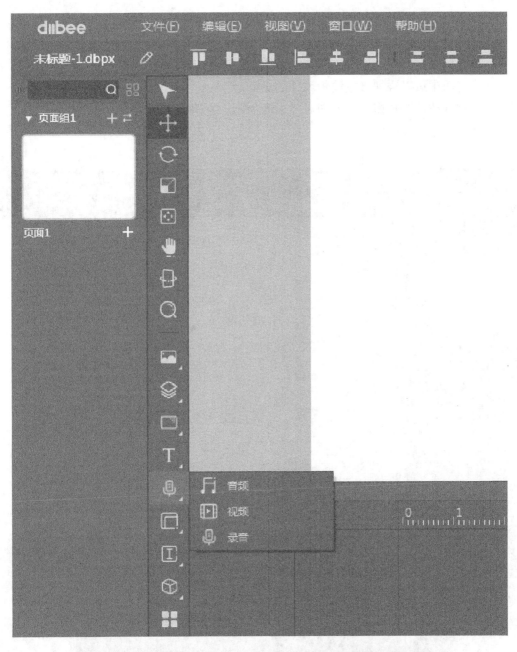

图 8-3-54 垂直工具栏—录音

(五)页面

1. 子页面

在子页面中可以添加自主设置尺寸的页面。

(1)打开按钮图片窗口:如图 8-3-55 所示,在垂直工具栏中单击子页面工具的图标,会弹出新建子页面菜单。

图 8-3-55 垂直工具栏—子页面

(2)新建子页面:在页面栏中选择作为子页面导入的页面名,点击"确定"保存设置(图 8-3-56)。

(3)修改子页面属性:如果要修改子页面的大小、样式和模式,先在画布中选中矩形,然后切换到子页面属性窗口(图 8-3-57)。

图 8-3-56　新建子页面菜单

图 8-3-57　子页面属性窗口

2. 页面切换

在页面切换中可以添加自主设置尺寸的页面。

（1）打开页面切换菜单：在垂直工具栏的子页面工具图标上，点击鼠标右键，在弹出菜单中单击如图 8-3-58 所示的页面切换工具图标。

（2）添加和删除页面：在页面切换菜单中，先在"所有页面"栏选中要添加的页面，点击左箭头按钮添加页面到左侧窗口中，也可以双击要添加的页面进行添加。选中要删除的页面，再点击右箭头按钮则可将其删除，也可以双击要删除的页面进行删除。完成操作后，点击"确定"保存设置（图 8-3-59）。

（3）修改页面切换属性：如果要修改页面切换的大小和样式，先在画布中选中主页面上的页面切换对象，然后切换到页面切换属性窗口（图 8-3-60），具体说明见表 8-3-5。

表 8-3-5　页面切换属性说明

序号	属性名称	说明
1	宽度	对象的宽度
2	高度	对象的高度
3	页面数量	页面切换时展示的页面，点击"设置"

(续表)

序号	属性名称	说明
4	透明背景	显示/隐藏背景颜色
5	允许拖拽	是否激活拖拽事件
6	拖拽方向	页面切换方向，分为水平和垂直两种方向
7	预加载	是否预先加载当前页面的左/右页面
8	特效	页面切换效果，分为滑入、反向旋转和翻转三种效果
9	显示标志	显示是否使用导航标记
10	显示位置	导航标记的位置，分为左部、顶部、右部、底部
11	选中	激活图标时显示的图片，点击按钮，在弹出浏览窗口中选择图片
12	未选中	未激活图标时显示的图片，点击按钮，在弹出浏览窗口中选择图片

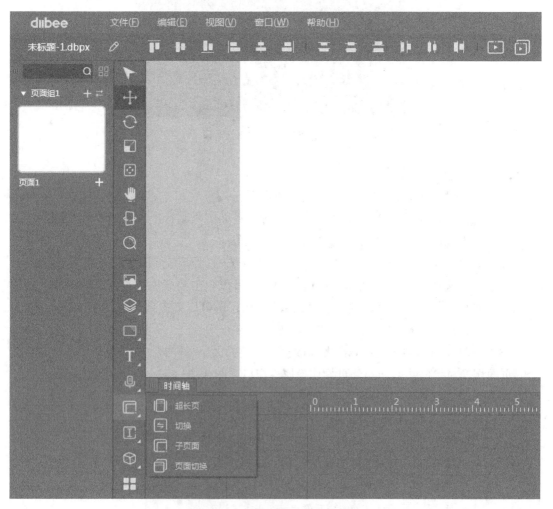

图 8-3-58　垂直工具栏—页面切换

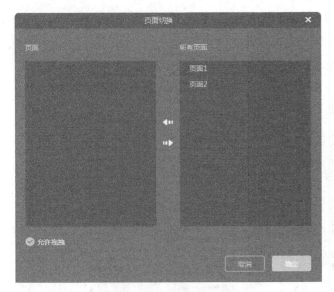

页面切换
页面
所有页面
页面1
页面2
允许拖拽
取消
确定

图 8-3-59　页面切换菜单

页面切换
宽度 1366
高度 1024
透明背景
页面数量
设置
允许拖拽
拖拽方向
水平
预加载
特效
滑入
提示圆点
显示位置
底部
激活图标
未激活图标

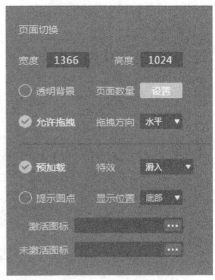

图 8-3-60　页面切换属性窗口

（六）习题

Diibee Author 工具提供基本的问题类型，包括填空题、判断题、选择题、连线题、简答题以及提交按钮和重做按钮（图 8-3-61）。下面以填空题和判断题为例，做详细说明，其他题型制作方法可借鉴前两种题型，不做详细讲解。

填空题
判断题
选择题
连线题
简答题
提交按钮
重做按钮

图 8-3-61　问题类型

1. 填空题

填空题，即空白问题，是在空白处输入答案类型的问题。

（1）打开填空题例题：在垂直工具栏中单击填空题工具的图标，会弹出如图 8-3-62 所示的填空题例题。

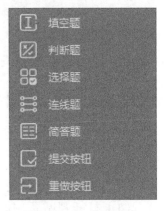

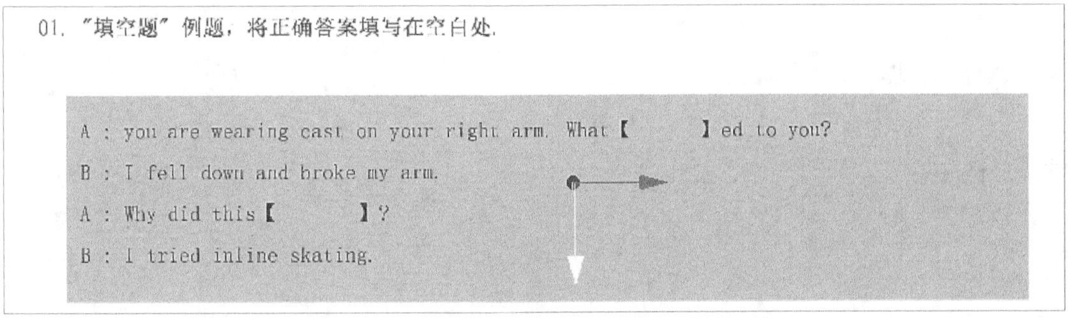

01. "填空题" 例题，将正确答案填写在空白处.
A : you are wearing cast on your right arm. What【　　】ed to you?
B : I fell down and broke my arm.
A : Why did this【　　】?
B : I tried inline skating.

图 8-3-62　填空题例题

（2）填空题文本属性：如图8-3-63所示，选中文本区域，在文本属性窗口中会显示其属性，包括大小、样式、段落样式和合并文本。

（3）填空题答案属性：选中填空题，在属性栏中点击编辑按钮，进入填空题的问题属性，在属性窗口中会显示如图8-3-64所示的分值、问题数和答案。所有信息填写完毕后，点击"完成"保存设置，就能退出填空题编辑界面。

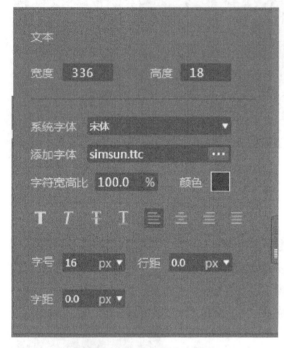

图8-3-63　填空题文本设置

图8-3-64　填空题问题属性

2. 判断题

判断题，即对错问题，是选择是否正确的问题。

（1）打开判断题例题：如图8-3-65所示，点击判断题的图标，会弹出判断题例题。

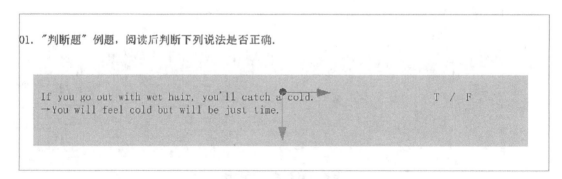

图8-3-65　判断题例题

（2）判断题文本属性：双击文本区域，可以修改题目的内容。

如图 8-3-66 所示，选中文本区域，在文本属性窗口中会显示其属性，包括大小、样式、段落样式和合并文本。

（3）判断题答案属性：选中判断题，在属性栏中点击编辑按钮，在元素属性窗口中会显示如图 8-3-67 所示判断题分值和答案。所有信息填写完毕后，点击"完成"保存设置，就能退出判断题编辑界面。

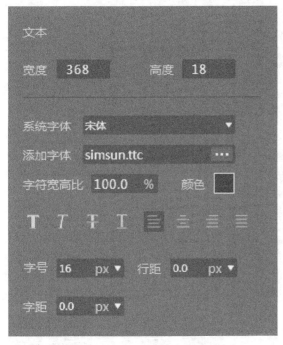

图 8-3-66　判断题文本设置

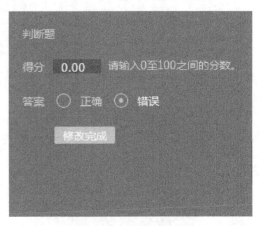

图 8-3-67　判断题答案属性

三、效果制作

（一）使用图片切换制作幻灯片效果

如图 8-3-68、图 8-3-69 所示，幻灯片效果是最常见的动态图片展示效果，接下来将学习如何在页面中制作幻灯片效果。

1. 新建页面

打开 Diibee Author，新建工程文档，设定文档参数，多页，横滑，分辨率为 1 024×768 像素。如图 8-3-70 所示，新建页面，将其命名为图片切换。

2. 创建图片切换对象

如图 8-3-71 所示，创建图片切换对象，如未找到，长按图片对象创建图标后即可显示图片类对象创建的子对象选项。如图 8-3-72 所示，选择点击图片切换对象创建图标。

图 8-3-68　幻灯片页面展示效果（1）

图 8-3-69　幻灯片页面展示效果（2）

图 8-3-70　新建页面

图 8-3-71　新建页面图片切换对象

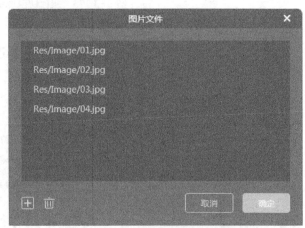

图 8-3-72　图片切换对象创建窗口

如需增添底部标记，则打开显示图标开关。如图 8-3-73 所示，添加激活图标与未激活图标按钮后，即可在画布上显示出标记添加后的展示效果。

3. 页面启动的事件动作设置

设置页面启动时，图片切换对象展示第一张图片。如图 8-3-74 所示，设置事件：页面启动；动作：图片切换→无效页面切换→类型为指定目标 01.jpg。

4. 版式设置

当完成页面内容的制作后，需要对文档进行版式设置，设置完成后才能进行作品预览，或者打包发布。如图 8-3-75 所示，其操作步骤为：编辑→版式设置→新建版式结

图 8-3-73　图标切换底部属性编辑

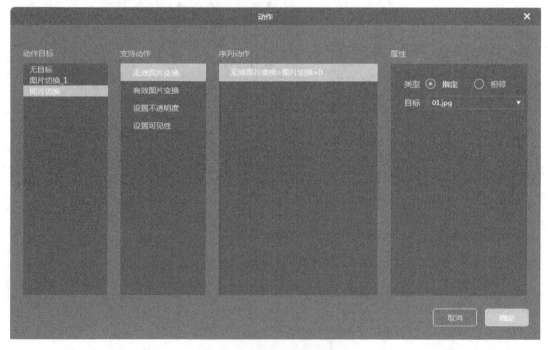

图 8-3-74　事件动作设置窗口

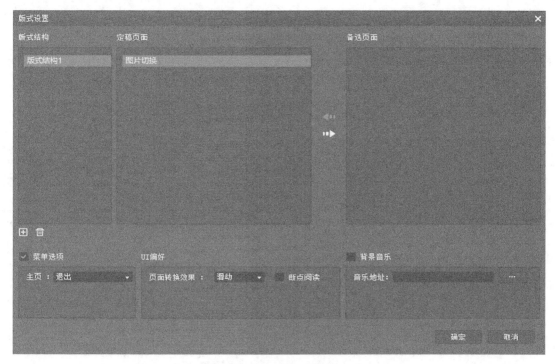

图 8-3-75　版式设置窗口

构,将幻灯片页面添加到版式结构的定稿页面栏中。

5.预览与保存

当制作完成之后,我们需要对整体内容进行预览(图 8-3-76),以保证所有设置正确且能流畅运行。如其中有些卡顿或功能连接不顺,则需要进行调整,只有经过不断调整之后,页面才会显示出精致的效果。

(二)使用音频对象添加音乐

音乐能够调动人的情绪,烘托氛围,使人声临其境,在数字资源内容中加入音乐的

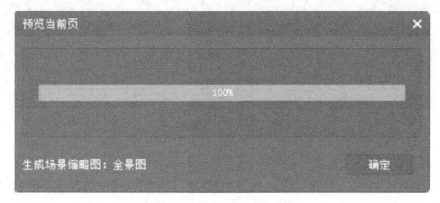

图 8-3-76　预览当前页进度弹窗

形式已被大众认可接受（图8-3-77）。在这个案例中，就音频的使用进行详尽的教学，学习后可应对在实际数字资源内容制作中所遇到的各类关于音频的场景。

1. 新建页面

打开 Diibee Author，新建工程文档，设定文档参数，多页、横滑、分辨率为 1 024×768 像素。如图8-3-78所示，新建页面，将其新建页面命名为音乐。

图8-3-77　音乐页面展示效果

图8-3-78　新建页面

2. 创建图片对象

如图8-3-79所示，添加背景图与标题文字图片，通过图片对象创建，需要注意其的类型与关系，可将同类的归并到组里，便于后期查找修改。

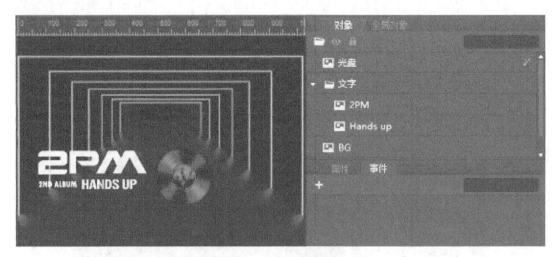

图8-3-79　图片对象创建

3. 创建音频对象

如图8-3-80所示，创建音频对象，使用对象创建工具栏中的音频对象创建按钮进行创建，创建后将自行生成音频控件。音频文件添加位置如图8-3-81所示。

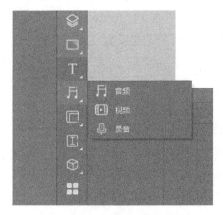

图 8-3-80　音频对象创建位置

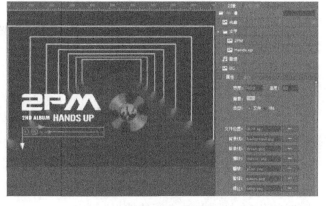

图 8-3-81　音频文件添加位置

4. 事件动作设置

音频控件默认设置固定的事件动作，设置项为：页面启动，停止播放音频；页面终止，重置音频。因此，在使用默认生成的音频控件的情况下，若无需进行特殊播放操作的话，事件动作无须设置。

5. 版式设置

当完成页面内容的制作后，需要对文档进行版式设置，如图 8-3-82 所示，设置完成后才能进行作品预览，或者打包发布。其操作步骤为：编辑→版式设置→新建版式结构，将音乐页面添加到版式结构的定稿页面栏中。

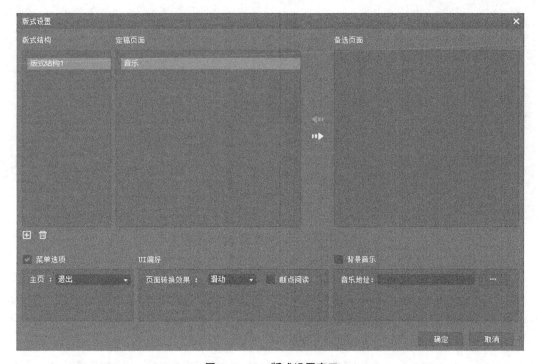

图 8-3-82　版式设置窗口

6. 版式预览

制作完成之后，我们需要对整体内容进行预览，以保证所有设置正确且能流畅运行。

（三）制作开场视频页面

开场视频与普通点击后播放视频最大的区别就在于触发的目标对象不同。一般开场视频，在页面启动后就开始执行；而点播则是通过页面上的某个对象进行触发，执行的视频播放。如图8-3-83所示，开场视频常应用于烘托整体氛围或进行某些必不可少的认知宣教，往往要求必须看完。因此在进行开场视频的时候，可以取消播放控制条，已达到视频完全被播放被查阅的效果。

图 8-3-83 开场视频页面展示效果

1. 新建页面

打开 Diibee Author，新建工程文档，设定文档参数，多页、横滑，分辨率为 1 024×768 像素。将其新建页面命名为片头。

2. 创建视频对象

如图 8-3-84 所示，使用对象创建栏中的视频对象创建图标，创建视频对象。创建后画布上就生成了视频框。视频框是红色的，视频对象和音频对象一样，需要去属性窗口添加文件后，方能配合事件动作进行播放控制。

3. 视频对象的属性设置

如图 8-3-85 所示，视频对象的属性需通过属性窗口进行调整。通过属性修改，使视频的播放达到预期效果。

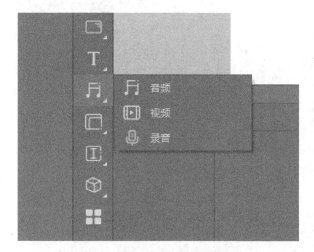

图 8-3-84 视频对象创建位置

图 8-3-85 视频对象的属性设置窗口

4. 创建图片对象

由于视频对象是不可视的，因此需要额外添加一张图片作为视频的待机画面。如图 8-3-86 所示，使用图片对象创建视频的待机画面，并调整位置，置于视频对象的上层。

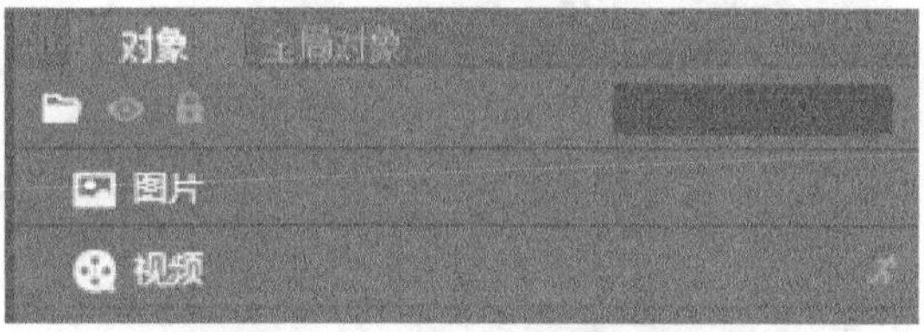

图 8-3-86 图片对象的创建

5. 事件动作设置

开场即播放视频，就不需要图片对象，可进行图片对象的删除。

给页面添加事件动作，使其在打开之后就执行视频播放操作，具体设置为页面启动，执行开始播放视频动作（图 8-3-87）。

6. 版式设置

当完成页面内容的制作后，需要对文档进行版式设置，设置完成后才能进行作品预览，或者打包发布。如图 8-3-88 所示，其操作步骤为：编辑—版式设置—新建版式结构，将页面添加到版式结构的定稿页面栏中。

7. 版式预览

制作完成之后，需要对整体内容进行预览，以保证所有设置正确且能流畅运行。如其中有些卡顿或功能连接不顺，则需要进行调整，只有经过不断调整之后，页面才会显示出精致的效果。

图 8-3-87　事件动作设置

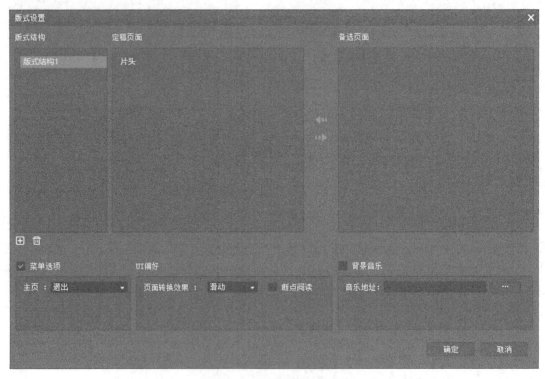

图 8-3-88　版式设置窗口

（四）使用子页面实现全屏滑动效果

子页面全屏滑动效果如图 8-3-89 所示。

图 8-3-89　全屏滑动页面效果演示

1. 新建页面

将鼠标移至页面窗口，在空白处单击鼠标右键，弹出页面的子菜单，选择新建页面选项。或在页面窗口敲击键盘 Enter 键，新建页面。将新建的页面命名为：全屏滑动。再新建一页面作为子页面，将页面名称设置为 sub4，此页面将作为子页面的资源页面（图 8-3-90）。

2. 创建图片对象

如图 8-3-91 所示，切换至 sub4 页，添加素材，使用图片对象进行创建。可修改图片名称为相应功能名称，便于后期查找修改。

3. 创建子页面

如图 8-3-92 所示，切换页面至全屏滑动页面，添加素材，使用图片对象进行页面对象创建。使用子页面的对象创建图标创建子页面对象，选择 sub4 作为子页面对象的资源内容页。

图 8-3-90　全屏滑动
页面效果演示

图 8-3-91　图片对象创建

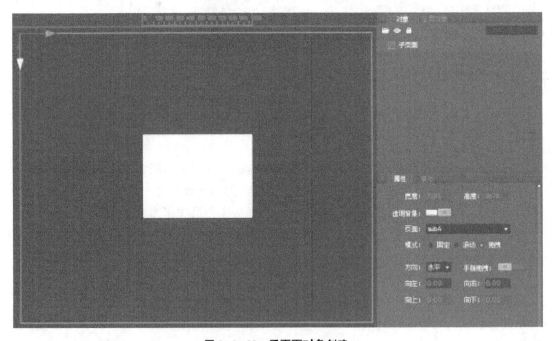

图 8-3-92　子页面对象创建

4. 子页面对象属性设置

如图 8-3-93 所示，调整子页面对象属性为拖拽，方向为平面，将向左、向右、向上、向下的可滑动位置参数进行设置。

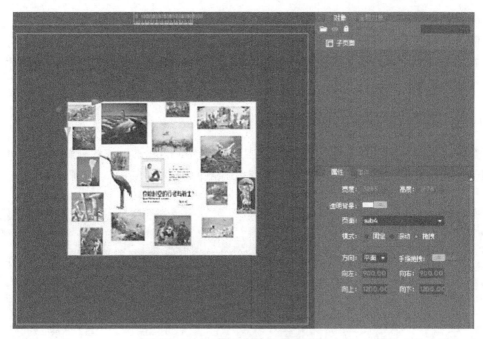

图 8-3-93 子页面对象属性设置

5. 版式设置

当完成页面内容的制作后，需要对文档进行版式设置，设置完成后才能进行作品预览，或者打包发布（图 8-3-94）。其操作步骤为：编辑—版式设置—新建版式结构，将页面添加到版式结构的定稿页面栏中。

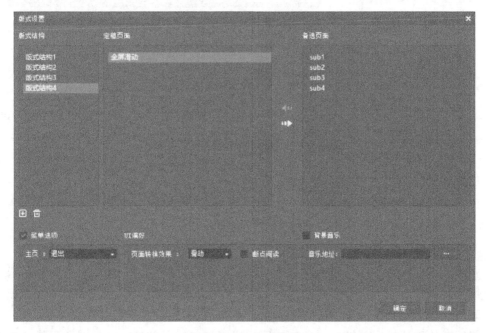

图 8-3-94 版式设置

6. 预览与发布

制作完成之后，需要对整体内容进行预览，以保证所有设置正确且能流畅运行。如其中有些卡顿或功能连接不顺，则需要进行调整，只有经过不断调整之后，页面才会显示出精致的效果。

（五）使用按钮制作点击弹出效果

按钮是智媒体交互的需要，是智媒体内容必不可少的元素。通过按钮可实现页面的控制、跳转等，带来更多的交互效果（图8-3-95）。

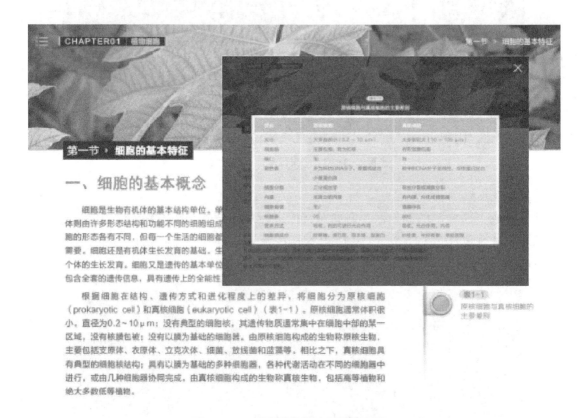

图8-3-95　按钮点击弹出页面效果演示

1. 新建页面

打开 Diibee Author，新建工程文档，设定文档参数，多页，横滑，分辨率为1 024×768像素，将其新建页面命名为按钮组件。

2. 添加素材

如图8-3-96所示，给页面添加图片素材，弹出页面的内容建组进行归类，便于后期查找与修改。

3. 创建按钮对象

使用对象创建栏中的按钮对象创建图标进行按钮对象创建，按钮对象是模板化的对

图 8-3-96 添加图片对象素材

象组件(图 8-3-97)。

按钮对象创建完毕后会弹出按钮图片的选择弹出,如图 8-3-98 所示。需要使用两张不同状态的图片作为按钮的默认图片与按压图片,添加完图片后按钮对象就成功创建了。

如图 8-3-99 所示,将其置于对象列表弹出内容对象组的下一层。

4. 动画设置

如图 8-3-100 所示,给弹出内容添加一个过渡动画,使用时间轴窗口创建动

图 8-3-97 按钮对象创建位置

画,命名为弹出。选择弹出对象组进行动画设置,让弹出动画组中的内容从画布中间逐渐放大弹出显示。

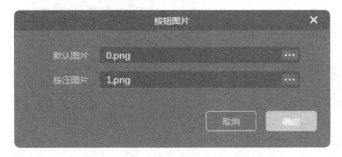

图 8-3-98 按钮对象图片添加弹窗

图 8-3-99 按钮对象层级位置

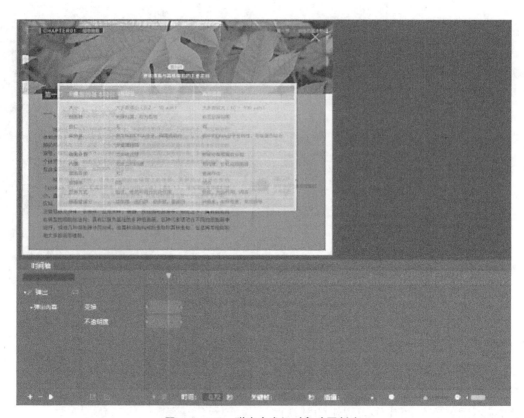

图 8-3-100　弹出内容组对象动画创建

5. 事件动作设置

如图 8-3-101 所示，在按钮对象上设置事件动作实现控制按钮的功能。该功能为点击按钮，弹出内容。

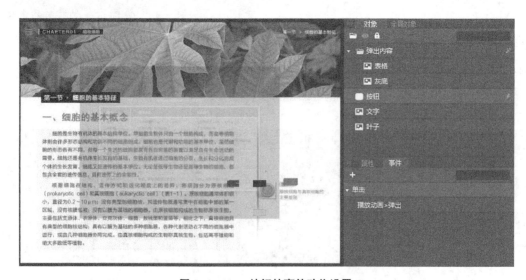

图 8-3-101　按钮的事件动作设置

如图8-3-102所示，给弹出的内容添加关闭弹出内容的事件动作设置，将该功能描述为点击弹出内容中的灰色底图，关闭弹出内容。

图8-3-102　弹出内容关闭的事件动作设置

6. 版式设置

当完成页面内容的制作后，需要对文档进行版式设置，设置完成后才能进行作品预览，或者打包发布。其操作步骤为：编辑→版式设置→新建版式结构，将页面添加到版式结构的定稿页面栏中（图8-3-103）。

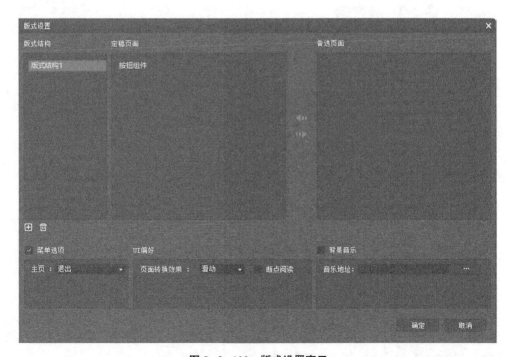

图8-3-103　版式设置窗口

7. 预览与保存

制作完成之后，需要对整体内容进行预览，以保证所有设置正确且能流畅运行。如其中有些卡顿或功能连接不顺，则需要进行调整，只有经过不断调整之后，页面才会显示出精致的效果。

（六）制作问答题

本案例通过学习填空题的制作过程，能按照操作说明独立再现填空题案例，实现对问答题效果的制作（图 8-3-104）。

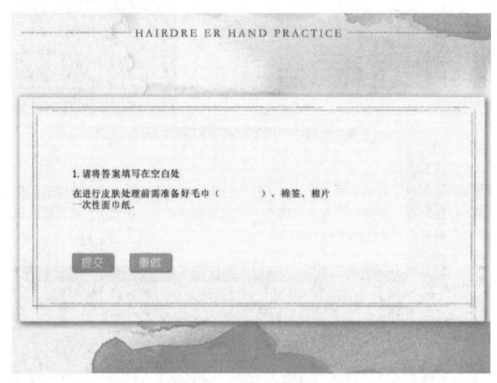

图 8-3-104　填空题效果演示

1. 新建页面

新建一个页面，并双击页面名，命名为填空题。

2. 添加对象

按照设计的内容，将所有的对象添加到对应的页面中，修改其命名。

3. 对象排序和群组化

如图 8-3-105 所示，将所有对象进行排序和分组。

4. 修改属性

如图 8-3-106、图 8-3-107 所示，先选中图片对象"di"，在其属性窗口中，修改其参数。其他对象的属性参数请查看案例文件中设置的参数。

图 8-3-105 填空题对象排序和群组

图 8-3-106 选中对象 di

5. 问题设置

如图 8-3-108 所示，选择填空题"问题"，在其元素属性窗口中点击"编辑"按钮，进入编辑界面。如图 8-3-109 所示，设置得分、问题数、正确答案。

完成所有设置后，点击图 8-3-110 中的"完成"按钮退出问题编辑。

6. 问答组设置

如图 8-3-111、图 8-3-112 所示，点击编辑—问答组设置，并将"问题"添加到该节点中。设置无误后，点击"确定"保存设置。

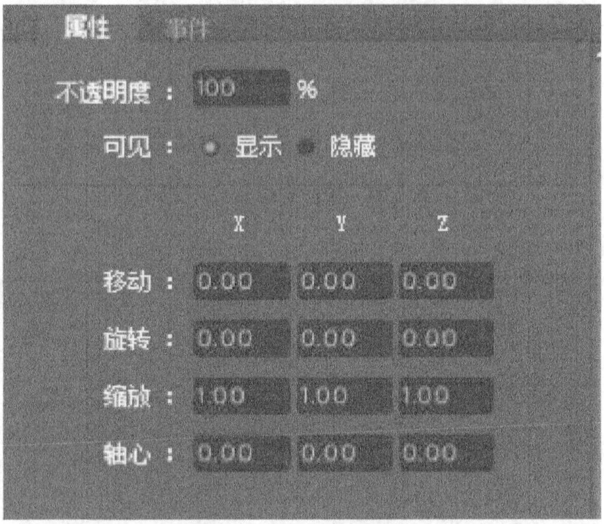

图 8-3-107 di 的通用设置

7. 设置按钮属性

如图 8-3-113 所示，先选中提交按钮，在元素属性窗口中点击"问题群组"的下拉窗口，选择"问题节点"。重对按钮做同样设置。

图 8-3-108 属性窗口

图 8-3-109 问题的整体设置

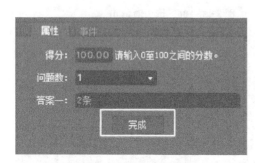

图 8-3-110 点击完成

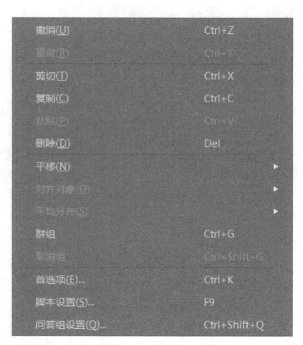

图 8-3-111 问答组设置

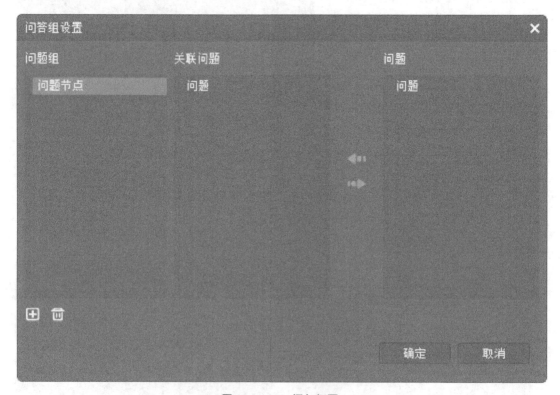

图 8-3-112 添加问题

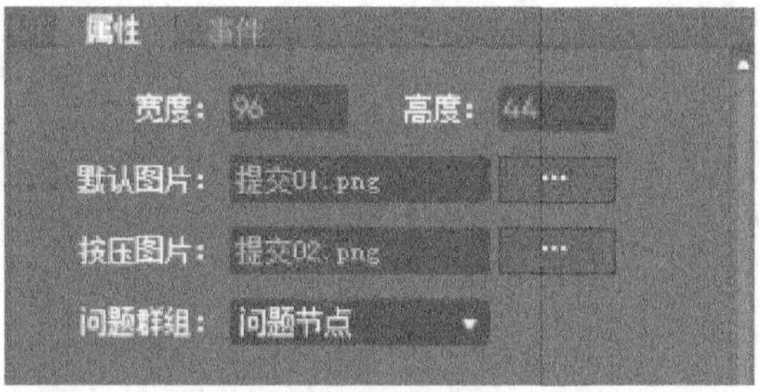

图 8-3-113　按钮属性设置窗口

8. 版式设置

如图 8-3-114 所示，新建文章，并将"tiank"添加到文章中，主页功能设置为"退出"。点击"确定"保存设置，并完成场景缩略图的生成。

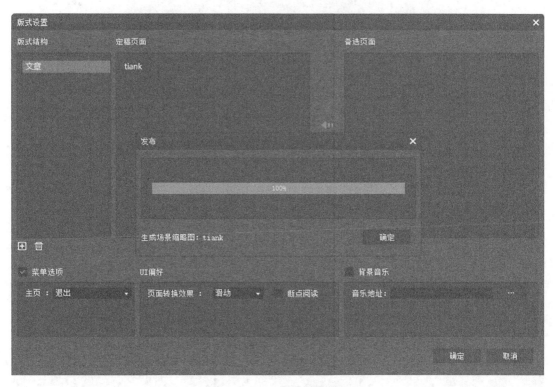

图 8-3-114　版式设置窗口

9. 预览和调整

预览填空题展示效果是否无误，若有偏差，修改对应的设置，直至准确无误为止。

10. 打包发布

点击主窗口上的"文件"→"发布"→"发布成 DB 文档"，打开发布窗口。如图 8-3-115 所示，在发布设置窗口中，填入填写相关内容。最后点击"发布"按钮进行发布。

图 8-3-115　发布设置窗口

第四节　Diibee 进阶操作

一、动画设计

（一）基本介绍

动画的制作主要是在动画窗口内进行，可进行添加及删除动画、是否循环播放、添加及删除动画属性、播放及停止动画、设置及删除关键帧、插值动画设置（图 8-4-1）。

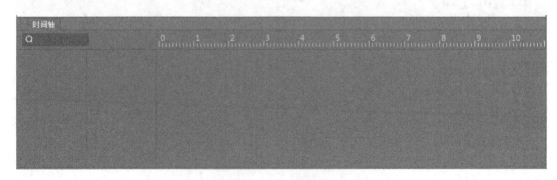

图 8-4-1　动画窗口

1. 时间轴

如图 8-4-2 所示，时间轴是展示动画关键帧的时间节点。

2. 关键帧

关键帧记录的是动画对象在某个时间节点时的属性状态。

为动画对象设置好状态后，在时间文本框内输入时间节点（秒）。调整好属性值后，点击设置关键帧按钮，添加该关键帧。如果要取消关键帧，先选中该关键帧，然后点击删除关键帧按钮（图 8-4-3）。

图 8-4-2　时间轴

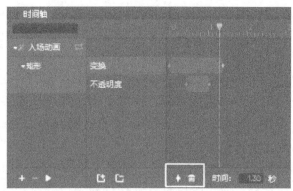

图 8-4-3　关键帧

3. 插值动画

插值动画是为动画对象选择一个动画变化快慢效果。插值动画有四种效果，分别为线性、顺序、淡入和淡出。

（1）线性：动画对象的属性状态匀速变化的效果，有中间的过渡帧。

（2）顺序：动画对象的属性状态直接改变的效果，没有中间的过渡帧。

图 8-4-4　插值动画

（3）淡入：动画对象的属性状态匀加速的效果，有中间的过渡帧。

（4）淡出：动画对象的属性状态匀减速的效果，有中间的过渡帧。

（二）动画类型

动画根据制作效果，分为移动动画、缩放动画、旋转动画、透明度动画和可见性动画。表 8-4-1 详细阐明了各动画类型之间的区别。

表 8-4-1 动画类型说明

序号	动画类型	说明
1	移动	使动画对象的移动坐标发生改变的动画效果
2	缩放	使动画对象的面积大小发生改变的动画效果
3	旋转	使动画对象的角度坐标发生改变的动画效果
4	透明度	使动画对象的透明度发生改变的动画效果
5	可见性	使动画对象的可见性发生改变的动画效果

（三）案例讲解

1.创建时钟工作的循环动画（图 8-4-5）

（1）新建页面：将鼠标移至页面窗口，在空白处单机鼠标右键，弹出页面子菜单，选择新建页面选项；或在页面窗口敲击键盘 Enter 键，新建页面。将新建的页面命名为循环动画。

（2）创建图片对象：如图 8-4-6 所示，添加素材，使用图片对象进行创建。可修改图片名称为相应功能名称，便于后期的查找修改。

图 8-4-5 动画页面效果演示

图 8-4-6 图片对象创建

（3）中心轴设置：如图 8-4-7、图 8-4-8 所示，将时钟指针的两对象中心轴调整至表盘中心点的位置上。

（4）创建动画：在时间轴窗口中创建动画，新建动画名称。选择时针与分针两对象分别置于不同的动画名称下创建变换动画。由于时间上分针走一圈，时针走一格（1/12 圈），因此需算好比例进行设置。

图 8-4-7 中心轴设置（1）

图 8-4-8 中心轴设置（2）

如图 8-4-9、图 8-4-10 所示，分针动画、时针动画这两个动画的创建方式类似，第一帧都分别设定其属性为原始状态，最后一帧设定属性旋转 Z 轴 360° 即可。制作完毕后记得打开循环播放按钮。

（5）事件动作设置：如图 8-4-11 所示，给页面启动设置事件动作，用于控制该段动画的播放。使用透明度和变换创建动画常用于制作入场动画效果。

（6）版式设置：当完成页面内容的制作后，需要对文档进行版式设置，设置完成后才能进行作品预览，或者打包发布（图 8-4-12）。其操作步骤为：编辑—版式设置—新建版式结构，将页面添加到版式结构的定稿页面栏中。

（7）预览与发布：制作完成之后，需要对整体内容进行预览，以保证所有设置正确且能流畅运行。如其中有些卡顿或功能连接不顺，则需要进行调整，只有经过不断调整之后，页面才会显示出精致的效果。

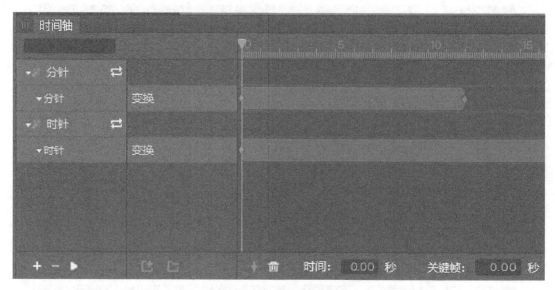

图 8-4-9　分针动画创建

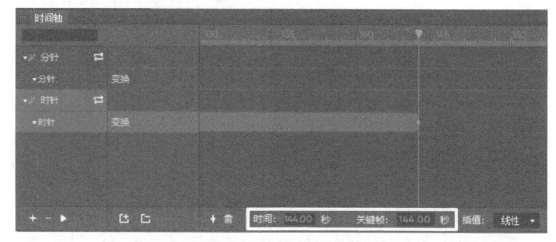

图 8-4-10　时针动画创建

图 8-4-11　事件动作设置

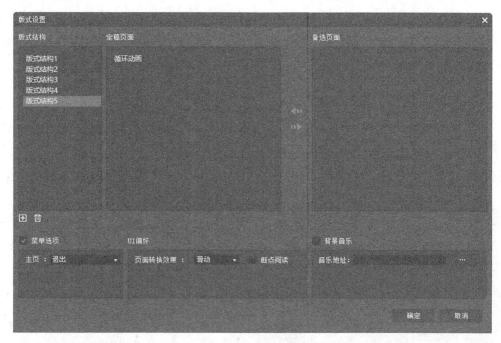

图 8-4-12 版式设置

2. 制作热气球飞行的回退动画（图 8-4-13）

图 8-4-13 回退动画页面效果演示

（1）新建页面：将鼠标移至页面窗口，在空白处单机鼠标右键，弹出页面子菜单，选择新建页面选项；或在页面窗口敲击键盘 Enter 键，新建页面。将新建的页面命名为回退动画。

（2）创建图片对象：如图 8-4-14 所示，添加素材，使用图片对象进行创建。可修改图片名称为相应功能名称，便于后期的查找修改。

（3）创建动画：首先，创建一个气球开始带房子飞的动画，命名为"起飞"。如图 8-4-15 所示，创建房屋飞到顶部的动画，命名为"飞行"。在这个动画中，对飞屋组与背景组同时制作动画，使得飞行效果更自然（图 8-4-16）。为了能够让回退效果更

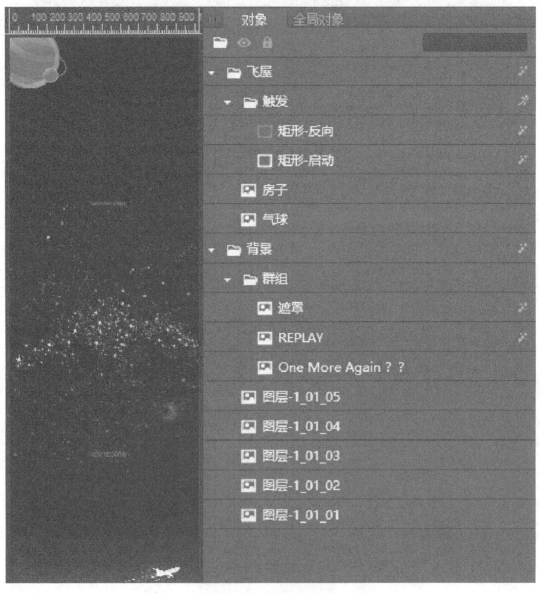

图 8-4-14　图片对象创建

图 8-4-15 飞屋组动画创建

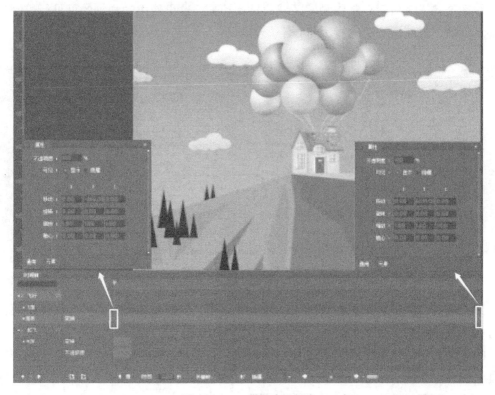

图 8-4-16 背景动画创建

明显，这里设置的飞行持续时间为 15 秒。

制作飞到结束时，显示的内容动画：文字出现，再次播放按钮出现（图 8-4-17）。

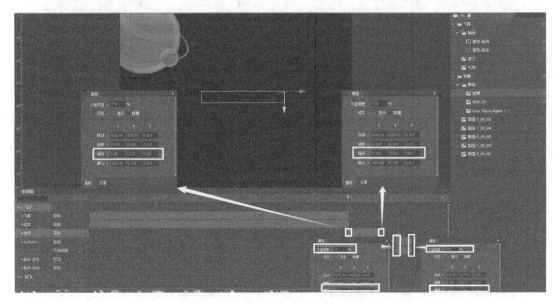

图 8-4-17　结束后文字出现的动画创建

如图 8-4-18 所示，制作触发区域的显示动画，这里使用动画轴的可见行控制对象的显示隐藏，方能让按钮的显示与否不受限制。

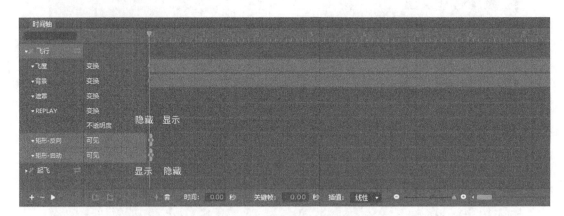

图 8-4-18　触发区域显示动画创建

（4）事件动作设置：给触发区域添加事件动作，以控制动画的播放（具体步骤详见图 8-4-19～图 8-4-21）。

（5）版式设置：当完成页面内容的制作后，需要对文档进行版式设置，设置完成后才能进行作品预览，或者打包发布。其操作步骤为：编辑—版式设置—新建版式结构，将页面添加到版式结构的定稿页面栏中（图 8-4-22）。

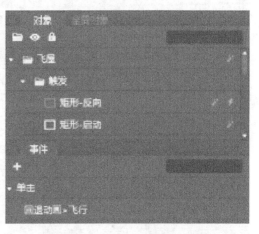

图 8-4-19　启动的事件动作设置　　　　图 8-4-20　反向的事件动作设置

图 8-4-21　再次播放按钮的事件动作设置

（6）预览与发布：制作完成之后，需要对整体内容进行预览，以保证所有设置正确且能流畅运行。如其中有些卡顿或功能连接不顺，则需要进行调整，只有经过不断调整之后，页面才会显示出精致的效果。

二、交互设计

（一）事件类型

学习 Diibee Author 的事件动作功能的使用方法和技巧，为对象设置事件触发命令后，就能使原本静态的智媒体资源内容出现动态的交互效果。

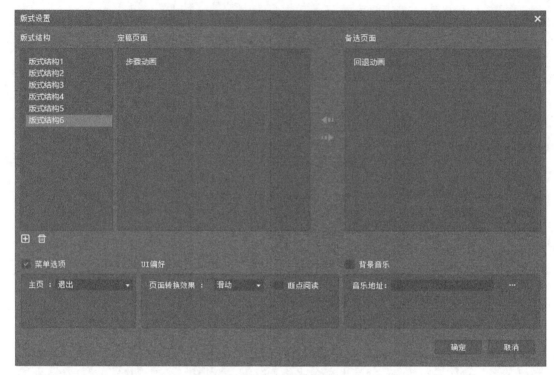

图 8-4-22 版式设置

1. 页面事件

页面事件功能，是通过指定的操作命令来触发页面的事件。页面事件最常用的是页面启动与页面终止，这两项常用于页面启动时进行事件动作的控制与页面再次被翻回时所要进行的事件动作控制（页面的刷新）。

而接收消息则用于嵌套页面之间实现命令传输，从而实现事件动作的跨页面展示。这些事件动作单独使用即可实现数字化交互的体验，而进行组合运用则会发现更多精彩的效果。

2. 对象事件

对象事件指的是事件动作在触发是有对象的，例如：按钮，标签等。此时需要运用到对象事件的选择。对象事件与页面事件的选择类似，仅少了页面启动与页面终止两项，用于制作时，可以根据需要进行合理配置。

例如：点击打开或关闭的效果，仅需要单击即可实现。而对对象做放大或缩小的时候，则可以选用双击的事件（如图 8-4-23 所示）。

（二）交互动作

动作分为"无目标"与"有目标"两类，接下来分别讲述这两类的区别：首先是"无目标"，可以看到选择"无目标"时，支持的动作包括对音视频的控制，对动画的控制以及其他一些没有特定对象的触发行为的设置等。

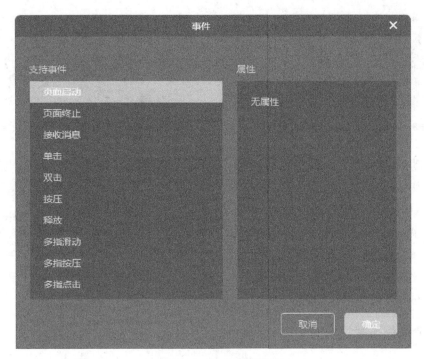

图 8-4-23 对象事件

而对"有目标"进行动作设置时,会通过选择好特定的对象后,再对它进行针对性的动作设置,以此来控制动作触发的实际效果。

1. 发送消息

发送消息是针对嵌套页面间进行命令互传的动作控制,其效果是可以在不同页面中,如子页面、页面切换进行命令的发送。而接收命令则是由需要执行事件动作页面进行接收(页面事件中包含接收消息)。

2. 页面变换

页面变换的效果是跳转页面,如果需要进行跨页的页面跳转,可使用该动作进行控制。通常在页面中的返回按钮或目录按钮等就是运用这个动作来进行控制的。

3. 动画控制

(1)动画的播放:动画播放,顾名思义就是播放某一段动画的命令控制。具体设置也非常简单,选中某个对象作为触发对象,然后对其进行事件动作的设置。如图 8-4-24 所示,假设触发的动作为单击,触发后的行为即为播放动画,那么这段动画就会在单击这个对象后进行播放。

(2)动画的停止:动画停止即动画暂停,就是暂停播放某一段正在播放的动画的命令控制。选中某个对象作为触发对象,然后对其进行事件动作的设置。如图 8-4-25 所示,假设触发的动作为单击,触发后的行为即为暂停动画,那么这段动画就会在单击这个对象后进行播放。注意:播放动画、暂停动画及其他对动画的播放控制不能为同一个对象。

图 8-4-24　播放动画的事件动作

图 8-4-25　停止动画/暂停动画的事件动作

（3）动画的续播：动画续播，就是对暂停播放某一段动画进行继续播放的命令控制。选中某个对象作为触发对象，然后对其进行事件动作的设置。如图 8-4-26 所示，假设触发的动作为单击，触发后的行为即为续播动画，那么这段动画就会在单击这个对象后进行继续播放。

图 8-4-26　续播动画的事件动作

（三）案例讲解

制作多页面内容展示效果（图 8-4-27）

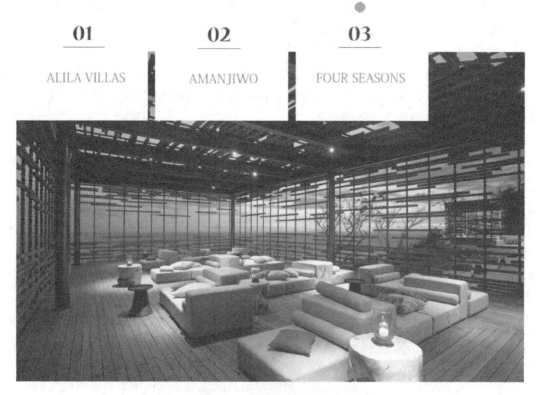

图 8-4-27　页面切换页面效果演示

（1）新建页面：打开 Diibee Author，新建工程文档，设定文档参数，多页，横滑，分辨率为 1 024×768 像素。

如图 8-4-28 所示，新建页面，将其新建页面命名为页面切换。将鼠标移至页面窗口，在空白处单机鼠标右键，弹出页面子菜单，选择新建页面选项；或在页面窗口敲击键盘 Enter 键，新建页面。将新建的页面命名为 sub1。按照这种方式再另外新建 2 个页面。

（2）创建图片对象：在 sub1 到 sub3 中分别添加内容素材，使用图片对象进行创建。可修改图片名称为相应功能名称，便于后期的查找修改。调整 sub1 到 sub3 页面尺寸为 920×621 像素。如图 8-4-29 所示，在页面切换页中同样使用图片对象进行图片对象创建，创建后调整图片对象的位置。

（3）创建页面切换对象：单击页面切换对象创建图标以创建页面切换对象，选择页面作为页面切换对象的资源内容（图 8-4-30）。

（4）事件动作设置：交互逻辑描述为：① 页面启动时，仅 01 点击按钮带圆点标识，页面切换显示 sub1 内容；② 分别点击这三个按钮，所点击的按钮带圆点表示，页面切换显示对应内容。按照此逻辑进行事件动作设置。

（5）版式设置：当完成页面内容的制作后，需要对文档进行版式设置，设置完成后才能进行作品预览，或者打包发布。其操作步骤为：编辑—版式设置—新建版式结构，

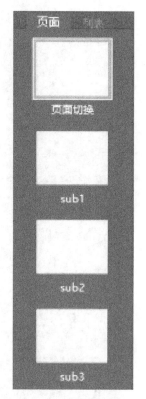

图 8-4-28　新建页面

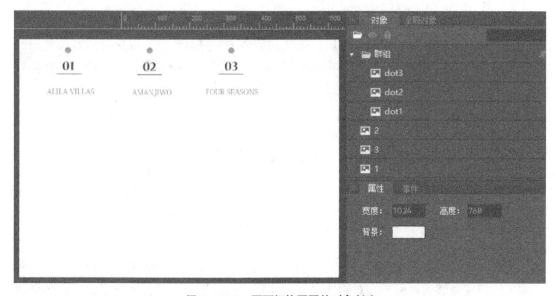

图 8-4-29　页面切换页图片对象创建

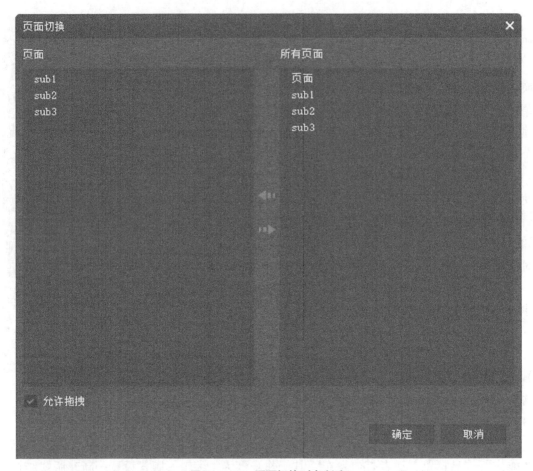

图 8-4-30　页面切换对象创建

将页面添加到版式结构的定稿页面栏中。

（6）预览与保存：制作完成之后，需要对整体内容进行预览，以保证所有设置正确且能流畅运行。如其中有些卡顿或功能连接不顺，则需要进行调整，只有经过不断调整之后，页面才会显示出精致的效果。

第五节　Diibee 文件管理与发布

一、概述

当用户制作并打包发布智媒体资源内容成品之后，需要上传到内容管理平台，上传成功后用户才能够通过用户端对制作的智媒体资源内容进行预览。因此了解智媒体资源内容管理平台的基础知识也是非常必要的。

通过本节内容学习，将了解智媒体资源内容管理平台的基础知识。以讲解内容管理平台的基本功能为重点，学习如何运用内容管理平台对智媒体资源内容进行管理以及对数据进行统计采集。

二、内容管理

（一）登录

登录智媒体资源内容管理平台，具体操作方法如下：如图8-5-1所示，打开Diibee官网（www.diibee.com），登录后进入"我的工作台"，选择左侧菜单栏中的"作品管理"，即可进入内容管理平台。

图8-5-1　进入内容管理平台的方式

（二）类别管理

功能模块"成品管理—类别列表"可以用来添加、编辑、删除智媒体资源内容类别名称。具体操作方法如下：

1. 添加类别

如图8-5-2所示，进入"成品管理"—"类别列表"页面，点击"添加"按钮，在弹出框中输入类别名称，点击"添加"按钮。

2. 编辑类别

如图8-5-3所示，点击类别名称后方"编辑"按钮，类别名称修改完成后，点击"保存"按钮。

三、成品管理

（一）成品上传

成功上传智媒体资源内容至内容管理平台后，用户才可通过客户端阅读器下载图

图 8-5-2 添加类别

图 8-5-3 编辑类别

书并进行阅读。进入"成品管理"—"成品列表"页面，点击"上传成品"按钮（图 8-5-4），依次填写、选择需要上传的智媒体资源内容信息（打＊为必填项）。

图 8-5-4　上传成品界面

（二）成品更新

如果需要在原有资源文件上做更新操作，可按照下方操作方式进行更新：

如图 8-5-5 所示，点击智媒体资源内容后方的"编辑"按钮，在弹出框中，可对原有成品进行更新操作，重新上传后资源内容的"详情"中将记录此次更新，用于后续查询。

图 8-5-5　成品的再次编辑

（三）成品发布

上传完成的成品，即可通过 Diibee App 的个人账号进行查阅。在资源管理平台中的"发布"与"取消发布"指的是将成品发布到公共书城的操作。通过发布成品，可以让成品被更多的人阅读、分享。这项操作有助于用户进行成品推广及内容运作。

（四）成品下载

如图 8-5-6 所示，下载已上传的智媒体资源内容到本地：点击智媒体资源内容后方"下载"按钮，选择下载路径。

图 8-5-6　成品下载界面

参 考 文 献

[1] 李建考. 浅析信息化教学在高职教育中的应用[J]. 福建茶叶, 2019, 41 (9): 242.
[2] 吕晓娟, 杨海燕, 李晓漪. 信息化教学的百年嬗变与发展愿景[J]. 电化教育研究, 2020, 41 (7): 122-128.
[3] 南国农, 李运林. 电化教育学（第二版）[M]. 北京：高等教育出版社, 1985.
[4] 阿伦娜. 中国电化教育（教育技术）年表（二）[J]. 电化教育研究, 2006 (12): 63-70.
[5] 李运林, 陈庆贵. 中国电化教育的理论与实践——南国农先生与中国电化教育发展[M]. 北京：北京大学出版社, 2010: 27.
[6] 南国农. 高校信息化教育课程：教材教法浅析[J]. 电化教育研究, 2004, (11): 37-43.
[7] 习近平. 在中国科学院第十七次院士大会、中国工程院第十二次院士大会上的讲话[EB/OL]. (2014-06-09)[2019-10-04]. http://news.cntv.cn/2014/06/09/ARTI1402316419354858.shtml.
[8] 国务院. 关于印发新一代人工智能发展规划的通知[EB/OL]. (2017-07-20)[2019-10-05]. http://www.gov.cn/zhengce/content/2017-07/20/content_5211996.htm.
[9] 杨现民, 骆娇娇, 刘雅馨, 等. 数据驱动教学：大数据时代教学范式的新走向[J]. 电化教育研究, 2017, 38 (12): 13-20, 26.
[10] 胡乐乐. 论"互联网+"给我国教育带来的机遇与挑战[J]. 现代教育技术, 2015, (12): 26-32.
[11] 黄明亮, 赵敏. 全媒体时代师生关系的解构与重构——基于教师权威的视角[J]. 中小学德育, 2019, (5): 20-23.
[12] 杨现民, 唐斯斯, 李冀红. 发展教育大数据：内涵、价值和挑战[J]. 现代远程教育研究, 2016, (1): 50-61.
[13] FARAHANY NA, GREELY HT, et al. The ethics of experimenting with human brain tissue [J]. Nature, 2018, 556(7702): 429-432.
[14] FREDERICK K. Artificial intelligence and society: a furtive transformation [J]. AI & society, 2013, 28(1): 107-115.
[15] 刘帅, 郭潇琼, 贾斐. 浅谈富媒体技术在教学信息资源建设中的应用[J]. 科技风, 2013, (07): 112-113.

［16］傅伟.富媒体技术在数字化学习终端上的应用探索［J］.远程教育杂志，2011，29（4）：95-102.

［17］The National Center on Accessible Information Technology in Education. What is rich media and how can I learn more about its Accessibility?［EB/OL］.［2010-11-28］. University of Washington. http://www.washington.edu/accessit/articles?1146.

［18］National Educational Technology Plan Technical Working Group. Transforming American Education: Learning Powered by Technology:（ii）［R］.US: Department of Education, 2010.

［19］艾瑞广告先锋.索爱 W800 富媒体广告创造点击神话［EB/OL］.［2010-11-28］. http://case.iresearchad.com/html/200507/2901010013.shtml.

［20］艾瑞市场咨询.2005 年 CNNIC 网络调研报告［EB/OL］.［2010-11-28］.http://www.ccw.com.cn/fortune/college/htm2006/20060123_09Y9Q.htm.

［21］郑爱平，张栋梁.基于流程再造的高校科研管理协同机制研究［J］.科研管理，2016，（8）：140-145.

［22］沃尔特·库默尔.在海外建立有效的研究与开发能力［M］//马可·伊恩斯等.高技术产业管理.北京：中国人民大学出版社，2002.

［23］赵慧.富媒体平台支持下未来教学发展研究［J］.中国管理信息化，2017，20（13）：226-227.

［24］吴丹.富媒体数字教材的特性及应用研究［D］.北京：北京印刷学院，2015.

［25］提岩.富媒体智慧教材：大中专教材领域按需出版的探索［J］.中国印刷与包装研究，2017，9（3）：41-43.

［26］胡畔，王冬青，许骏，等.数字教材的形态特征与功能模型［J］.现代远程教育研究，2014，128（2）：93-98.

［27］余涛，刘超慧.富媒体教材出版的应用研究［J］.科技与出版，2017，（11）：165-168.

［28］赵晓艳.高等职业教育教材出版的创新与实践［J］.科技与出版，2017，（7）：113-116.

［29］谢坚坚.探究教学刍议：以国际名校公开课的视角为例［J］.教育文化论坛，2017，9（1）：98-101.

［30］张焕庭.教育辞典［M］.南京：江苏教育出版社，1989.

［31］爱德华·桑代克.人类的学习［M］.谭维.译.北京：北京大学出版社，2010.

［32］李中亮.桑代克成人学习理论及其启示［J］.成人教育，2007，（1）：30-32.

［33］西德尼·L.普莱西.程序教学和教学机器［M］.刘范等.译.北京：人民教育出版社，1979.

［34］B.F.斯金纳.科学与人类行为［M］.谭力海等.译.北京：华夏出版社，1989.

［35］钟毅平，叶茂林.认知心理学高级教程［M］.合肥：安徽人民出版社，2010.

［36］周蔚.三种学习理论对远程教育学习支持服务的启示［J］.镇江高专学报，2004，17（3）：44-47.

［37］［美］R. M. 加涅.学习的条件与教学论［M］.皮连生等，译.上海：华东师范大学出版社，1999.

［38］何克抗.建构主义的教学模式、教学方法与教学设计［J］.北京师范大学学报（社会科学版），1997，（5）：74-81.

［39］R. 基思·索耶.剑桥学习科学手册［M］.徐晓东等.译.北京：教育科学出版社，2018：59-94.

［40］张恩铭，盛群力.培育学习者的数字素养——联合国教科文组织《全球数字素养框架》及其评估建议报告的解读与启示［J］.开放教育研究，2019，25（6）：58-65.

［41］UNESCO. Virtual Learning Environment and the role of the teacher: report of a UNESCO/Open University international colloquium［EB/OL］.［2020-5-15］. https://unesdoc.unesco.org/ark:/48223/pf0000110091.

［42］https://en.wikipedia.org/wiki/Virtual_learning_environment.

［43］National Research Council, Center for Science, Mathematics, and Engineering Education, Committee on Development of an Addendum to the National Science Education Standards on Scientific inquiry. Inquiry and the National Science Education Standards: A Guide for Teaching and Learning［EB/OL］.［2020-9-26］. http://www.nap.edu/catalog/9596.html.

［44］NASA Education［EB/OL］.［2020-9-26］. https://sites.google.com/site/aancsite/resource-guide/nasa-resources/nasa-education.

［45］J.M Chambers, M Carbonaro, M Rex. Scaffolding Knowledge Construction through Robotic Technology: A Middle School Case Study［J］. Electronic Journal for the Integration of Technology in Education, 6: 55-70.

［46］R.B Heckendorn. Building a Beowulf: leveraging research and department needs for student enrichment via project based learning［J］. Computer Science Education. 2002, 12(4): 255.

［47］J Dewy. Experience and Education［M］. New York: Macmillan Company, 1938.

［48］J.W Thomas. A Review of Research on Project-Based Learning［EB/OL］.［2020-9-25］. http://www.bobpearlman.org/BestPractices/PBL_Research.pdf.

［49］王海澜.论作为学科学习框架的项目式学习［J］.教育科学，2003，19（5）：30-33.

［50］Min Liu, Hsiao Yuping. Middle School Students as Multimedia Deisnger: A Project-Based Learning Approach［EB/OL］.［2020-9-26］. https://files.eric.ed.gov/fulltext/ED462936.pdf.

[51] 赵呈领,梁云真,阮玉娇.富媒体环境下职业院校课堂教学行为及特征研究[J].中国电化教育,2016(2):113-120.

[52] 王雪,王志军,付婷婷,等.多媒体课件中文本内容线索设计规则的眼动实验研究[J].中国电化教育,2015,(5):99-104+117.

[53] 杨新宇.多媒体课件在课堂教学应用中的有效性研究[D].沈阳:沈阳师范大学,2014.

[54] 翟英杰.基于FLASH的多媒体交互式课件的设计与制作[D].广州:华南理工大学,2013.

[55] 段红娟.设计原则在多媒体课件设计与制作中的应用[J].科教导刊,2019,(2):32.

[56] 杨少华.多媒体课件制作[J].电脑开发与应用,2011,(8):81.

[57] 王军,孙爱国.多媒体课件制作中的美学特性[J].现代教育技术,2006,(5):27.

[58] 史慧.多媒体课件制作需把握的几个要点[J].电脑迷,2018,(4):121.

[59] 秦书生,张瑞,胡晓华.《马克思主义基本原理概论》多媒体课件设计探析[J].课程整合,2012,(4):27.

[60] 李权林.动画在中学物理多媒体课件中的设计与应用[J].科技创新导报,2017,(6):208.

[61] 相龙芬.多媒体教学课件设计与制作中应遵循的原则[J].中国现代教育装备,2006,(9):5.

[62] 曹佳佳,郭璐.高校多媒体课件设计与制作策略[J].信息与电脑,2015,(6):13-14.

[63] 张明军.计算机教学中多媒体课件的设计与制作[J].阜阳职业技术学院学报,2018,(4):42.

[64] 黄如花,李英子.MOOC中富媒体素材采集的特点——以信息素养类课程为例[J].国书与情报,2014,(6):8-13.

[65] 郅芬香,王留芳多媒体课件制作研究[J].职业技术,2015,(08):79-80.

[66] 李立.中职教育多媒体课件开发、应用与思考[J].职业,2019,(6):81-83.

[67] 翟英杰.基于FLASH的多媒体交互式课件的设计与制作[D].广州:华南理工大学,2013.

[68] 于化龙.Camtasia Studio 9.1详解与微课制作[M].北京:清华大学出版社,2018.

[69] 宋雨璇.Camtasia Studio 9汉化、安装、使用全教程[EB/OL].[2019-04-21].https://wenku.baidu.com/view/222d263b50e-79b89680203d8ce2f0066f53364ac.html.

[70] 于化龙.Articulate Storyline 3详解与交互学习资源制作[M].北京:清华大学出版社,2020.